船山学研究论文集

衡阳莫尔雅◎著

百花洲文艺出版社
BAIHUAZHOU LITERATURE AND ART PRESS

偉大的思想家王夫之遺像

曹參不得不因

惠帝

曹參因蕭何之法而治。非必其治也。惟其時之不得不因也。高帝初崩。母后持權於上。惠帝孱弱、而不自振。非因也。抑將何爲哉。魯兩生曰。禮樂百年而後興。唯惠帝之時、言此爲宜爾。周公之定禮也。流言未靖。二叔未夷。商奄未殄。不遑及也。參非周公之德。而値其時。乃欲矯草創之失。以改易一代之典。則人心不寧。而亂卽於此起。易於益之初曰。利用爲大作。元吉无咎。元吉而後无咎。利者非其利也。風淫於上。而雷迅於下。其吉難矣。夫

较之清稿本，《船山全书》（岳麓书社版）中，“曹参”前有“惠帝时”三字。“靖”后无“二叔未夷”四字。

之受知非有言也故武帝之知汲矣衛霍之不知猶衆
人之常也心持於黍米而可以動天地自非耳食道聽
之庸流豈待言而後相知哉
徙荒民於朔
方邊因以實
武帝之勞民甚矣而其救飢民也爲得虛倉廥以振之
廥音儈藏芻藁也
寵富民之假貸者以救之不給則通其變而徙貧民於
朔方新秦者七十餘萬口仰給縣官給予產業民喜於
得生而輕去其鄉以安新邑邊因以實此策鼂錯嘗言
之矣錯非其時而爲民擾武帝乘其時而爲民利故善
於因天而轉禍爲福國雖虛民以生邊害以紓可不謂

讀通鑑論　漢

较之清稿本，《船山全书》（岳麓书社版）中，“不”全书作“见”；“徙”前有“武帝”二字；“方”后有“新秦”二字；无“廥，题注：音侩，藏刍藁也。”

其爲誰氏之族矣。臧宮馬武請北伐。光武曰。吾恐季孫之憂。不在顓臾。奈之何延之於蕭牆之內也。

張佚桓榮不足稱師儒之選

明帝英敏有餘。而蘊藉不足。光武選師儒。而養以六經之教。得其理矣。然而張佚、桓榮未足以稱此。豈當時無閒起之豪傑。守先王之道。以待學者。可以爲王者師乎。抑有其人。而光武未之能庸也。奚以知佚榮之不稱也。帝欲使陰興傅太子。張佚正色而爭之。是矣。帝遂移太傅之命以授佚。佚自非聖人以天自處而亡疑。與夫身爲懿親。休戚與俱。而無容辭。未有可受命者也。佚乃自博

较之清稿本，《船山全书》（岳麓书社版）中“兴”作“识”；“亡”作“无。”

靈帝

竇武策立靈帝

桓帝淫于色。而繼嗣不立。漢之大事。孰有切于此者。竇武任社稷之重。陳蕃以番〻元老佐之。而不謀及此。桓帝崩。大位未定。乃就劉儵而問宗室之賢者。何其晚也。況天位之重。元后之德。豈區區一劉儵寡昧之識。片言可決耶。持建置天子之大權。唯其意以爲取舍。得則爲霍光。失則爲梁冀矣。武以光之不學。冀之不軌者爲道。社稷幾何而不危。欲自免于赤族之禍。詎将能乎哉。武也一城門校尉也。非受託孤之命。如武之於霍光也。所

讀通鑑論　後漢

清稿本为“如武之于霍光也，”，《船山全书》（岳麓书社版）中作“如霍光之于武帝。”

船山山水画

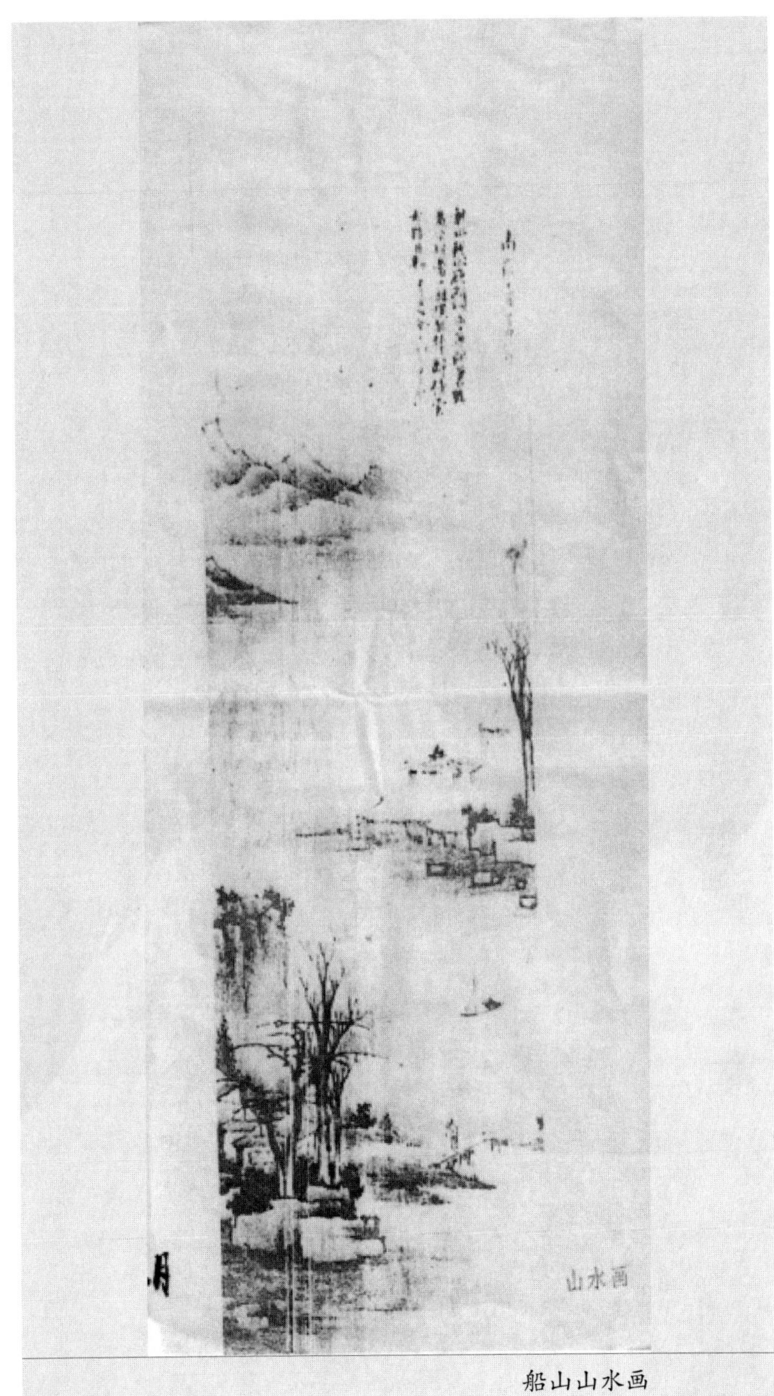

船山山水画

旃檀禅林石额题字

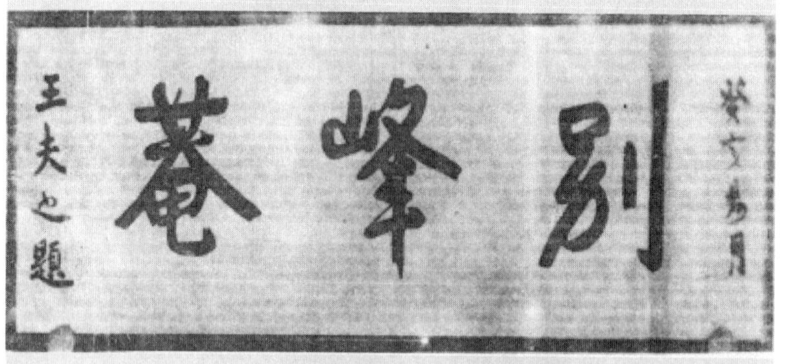

别峰庵匾额题字

船山题别峰庵楹联：

敷弥天云，飞大地雨，琉璃宝瓶中原无一滴，净眼闲观，但在孤峰独往；入针尖影，转邻虚藏，藕丝香孔里摄尽万缘，神威自振，不教钓艇空归。

代　序

船山典籍和船山学弘扬的有功之臣
——读莫尔雅先生《船山学研究论文集》有感

◎徐孙铭

一

莫尔雅先生与我在湖南省船山学社认识和共事有年，在研究船山学说方面也相学相知。近读其研究船山著作二十多年的研究论文集，议论纵横，说古道今，颇有心得，其中不乏真知灼见，于船山史论、人口学、教育学更见功力，读后深受教育和启发。莫氏祖辈历尽磨难珍藏船山书稿《读通鉴论》《宋论》，莫家千方百计藏护、推介船山著作的行为，受到中国社会科学院、国家图书馆和文物部门专家的肯定，并得到日本学者高田淳教授等的支持和资助。莫先生在衡阳船山故里创办船山学校，培养国学后备人才，披肝沥胆，多有建树，称其是弘扬船山学的功臣，诚不诬也。

至于其所藏船山手稿，历来虽有争论，然经省内外船山学研究专家、出版社同仁二十多年反复论证和鉴定，谓是船山清稿本已成定论，确无疑义。这绝不是对莫先生的偏爱或轻信，而是史实确凿，不容争辩也。仅以此论文集中所举康熙“戊辰孟夏癸卯朔论成”这一诸版本中唯一载明《读通鉴论》《宋论》写作年代的记载看，即可断定矣。这绝不是孤证，依刘志盛、胡渐逵等诸位同仁的论证，从莫家藏本《宋论》卷十二光宗一页，与文物出版社版《王船山手迹》第 207 — 208 页，第 262 页，及岳麓书社《船山全书》十一册第 273 页六处有脱文的地方相比较，即可发现：莫氏家藏本明显有内容全、未经删节、无脱落等优点，可以补后两者之不足，说明莫家藏本胜于后两者。莫家藏本《宋论》《读通鉴论》无论从字体、书法笔势来看，还是从内容之全、可资弥补以往所有同类著作之稿本、抄本之不足处甚多来判断，定其为船山清稿本，余认为无疑矣。

莫先生对于珍藏船山典籍与船山学弘扬之贡献，可以与衡阳曲兰船山家乡之石船山俱不朽也。这是献给船山诞辰四百周年的一份厚礼，船山有知，当深感欣慰！

2015 年 3 月 4 日长沙德雅村

二

重读莫尔雅先生关于《宋论》家藏本与嘉怡本、草稿本校勘记诸篇，深感先生爱护和发扬船山手泽之光，弘扬船山思想精粹，可谓殚精竭虑，穷毕生精力，死而后已矣。其中尤以《家藏〈宋论·光宗三论〉与船山手稿校勘记》，论述其家藏本《宋论》“比乾隆年间嘉怡抄本早一百余年”；与新版《船山全书》校勘，“家藏本有三百六十二页，计十三万八千余字，其相异多七百四十余处，佚文数千余字，……比嘉怡抄本多一百七十三页，一万二千余字。”至此，其家藏本《宋论》系船山手稿，“不同于嘉怡本”，是无可否认的事实，令人信服。其中以《宋论·光宗三论》的三处文字校勘最有说服力：（1）光宗一论草稿："于时逆亮败盟，……之可与有为也，而使以方新之气悉帅群工，此变而不失其贞道之得焉者也。"。而家藏本："于时女真寒盟，兵争复起，衰年益倦，抑无以支不固之封疆，知孝宗之可与有为也，用其方新之气，以报久弛之人情，则及身之存，授以神器，亦道之权而不失其中也"，凡六十四字，比草稿多二十九字。与《船山全书》本"且于时女直寒盟，兵争复起，衰年益倦，抑无以支不固之封疆。知孝宗之可与有为也，用其方新之气，以振久弛之人情，则及身之存，授以神器，亦道之权而不失其中也"比较，有"女真"与"逆亮""寒"与"败""……之"与"兵争复起，衰年益倦，抑无以支不固之封疆，知孝宗""悉帅群工，此变而不失其贞道之得焉者也"多处相异，且比草稿更全、更优。（2）光宗二论草稿："诚使减赋而轻之，节役而易之"。家藏本："虽有经界不能域之也，夫岂必堙其沟洫，夷其隧埒，而后畸有所归哉？诚使减赋而轻之，节役而逸之"，有三十九字，比草稿多二十七字。而《船山全书》本除"隧"与"坠"不同外，其余与家藏本同。（3）光宗三论草稿曰："若此者，君之过在可浣濯之污，犹将不可，而况天伦之际，人禽之界，美恶在心，而不徒以迹者哉"。家藏本："且夫君之过，不至于戕天彝，绝人望，犹可浣濯于他日，则相激不下，失犹小也。若夫天伦之叙敦，人禽之界，存于一线，一陷于恶，而无不可逸，是岂雷同相竞，使处于无可解免之地者哉"，凡六十八字，比草稿多三十六字。《船山全书》本有"且夫君之过，不至于戕天彝，绝人（望）[理]，犹可浣濯于他日，则相激不下，犹小也。若夫天伦之叙敦，人禽之界，存于一线，一陷于恶，而终无可逸，是岂可雷同相竞，使处于无可解免之地者哉。”与家藏本比，有“在可浣濯之污，犹将不可”与“不至于戕天彝，绝人望，犹可浣濯于他日，则相激不下，失犹小也”一段较大修改。从以上三段文字校勘中看出，家藏本比草稿本多92字，字数多；与依据嘉怡本为底本的《船山全书》本也分别有多字的差异；而且所增加的内容，思想更深刻（如“女真寒盟”“人禽之界，存于一线”）、内容更准确、更丰富（如“必堙其沟洫，夷其隧埒，而后畸有所归”较“减赋而轻之”），其反清复明思想更鲜明。结合本书《唐玄宗六论》（家藏本全文照片）及对《放姜皎归田》的全文校勘，充分说明能够比船山草稿本和嘉怡抄本字数更多、思想更深刻、内容更丰富、反清复明思想更鲜明者，非船山清稿本（修订本）莫属也；莫氏家藏船山清稿本不仅比嘉怡本有如此不同，而且有胜于嘉怡本者多处，则此两本确非同一抄本。如果说莫氏先人为保存船山手稿冒着九死一生的生命危险，功德无量的话，那么莫尔雅先生以一介草民，数十年如一日，为呵护船山文物和文化瑰宝奔走呼号，为破解船山著作疑团、演绎船山思想而“排除万难”的坚强毅力、文字功力，“愚公移山精神”，更令人敬佩。

2018年8月28日又及

自序

余姓莫，名运松，字尔雅，号田夫野人，一九四一年生于湖南省衡阳县西渡镇百福村树德堂。据家谱记载：远祖友泽公世居河南开封府，友泽公第六子明诚公于明初任衡阳指挥而定居衡阳。十二世祖世祚公于明末迁居衡阳西乡油溪，与王夫之晚年于别峰庵著书之地仅咫尺之遥，第十世祖可真公以师而事焉。故藏有船山史论清稿十七册。

先父犹人公从教二十年有余，未从事农业生产，于一九五一年土改而划为游民。

家兄尔康，为摆脱家庭影响，决定自谋出路。受先父重托，将家藏船山史论清稿，于一九五七年夏，带到江西省安远县公路局。一九五八年冬又带到吉安市汽修厂。一九六〇年随工作调动又将清稿带回湖南株洲市农机厂时社会变化，不便工作，家兄又担心手稿难以保存，有负先父之重托，于一九六三年春节将清稿携带回家。

先父面对船山史论清稿之厄运震惊而曰：“大限已到，个人已矣，藏书事大。”遂叫余到他身边云：“五世叔祖曾以白银一千八百两，将船山史论清稿出售于本县九里渡冯家。吾祖宏宇公获悉后，千方百计找关系，又以二千银两赎回。其人要求出版仅载其先人之名也未予同意。抗战爆发后，衡阳沦陷，吾将一切家资置之度外，独携船山史论清稿流亡而避之。”先父还紧紧握住余双手而谆谆告诫曰：“吾家十多代书香门第就此尽矣，你要发奋自学，克绍箕裘，那箱中的书是王夫之手稿，为吾家传家之宝，你若能避难入赘他乡，妥加保存，吾于九泉之下而庇佑你。”

余遵先父之嘱“思旧居之不安，觅新居以栖身”之意，于一九六三年冬易姓名为仇琳，入赘本县方工乡清泉村石牛口艾家堂仇家，将家藏船山史论清稿等，于半夜时分，用箩筐装好，外盖一些什物，从老家担到艾家堂。途中如遇来人，则担到另一条路上而自己却卧倒于其旁，待来人过后，才返回去仇家之路。

一九六四年三月，因当地政府不肯上户口，又将清稿等担回老家。不久，公社书记唐某前来搜索，翻箱倒柜，将先父抓来的中药散弃于地。然后又到楼上发现一口大木箱。遂叫余母曰：“快将这箱子打开。”余母震惊而曰：“老爷，这箱子不是我的，是我第三个媳妇的，她今早已回娘家去了，我没有她的钥匙，不能打开她的箱子，望老爷高抬贵手。”唐某才离去。但这口木箱内，装的正是船山史论清稿等古籍。其所以未被掠去，斯仰王夫之或余先人之英灵不昧乎？还多亏慈母以巧言而搪塞。中午回家，母亲将上述之事相告，余则震惊不已，于是夜三更，又将船山史论清稿等古籍担到仇家。

余遵先父之嘱，欲克绍箕裘。因从小仅读书五载，学习困难急需一本字典。于是经常半夜起床到十公里外的山上去砍柴，而每担柴只卖捌角陆分钱。凑足十五元，请表叔曾焕章先生（时在长乐医院工作）为余购买一册《康熙字典》。余白天出工，晚上用两根木柱，撑起一块木板于墙上，又用竹筐遮住木板上的油灯，然后坐在稻草垫上的土砖上，阅读《水浒传》《西游记》《三国演义》《红楼梦》四大古典名著，读《纲鉴总论》《袁了凡资治纲鉴》等古籍，然后又拜读王夫之史论清稿。在十年“文化大革命”中，为保存船山史论清稿等，采取丢卒保车之法，将近代一般书籍当众在禾坪上焚毁，以掩人耳目；又将清稿等分别用酒坛二、石缸一装好，待夜深人静之时，与内子仇金娥用梭镖凿穴而埋之。数月后，恐其受潮受损，又转移到仇家十余年。在那风云变化的岁月里，余每时每刻都在担心清稿被抄、被焚，担心自己与家人被批斗，故夜晚经常做噩梦。或梦有人前来搜索，将船山史论清稿等全数烧毁；或梦清稿本等正在转移途中，又被人掠去而焚毁；或梦突遭逮捕，而吓得大汗淋漓。如是者，年复一年，曾不知几何哉。

一九七九年，余到北京中科院自然科学史研究所，请求席泽宗先生对家藏《船山史论》进行鉴定，席先生根据叙论前注有“戊辰孟夏癸卯朔论成”之句而鉴定：“从清康熙以下四个戊辰年看，唯康熙二十七年四月一日与癸卯朔相符合，为王夫之清稿。”

一九八三年，余请求在县城创办船山书院。是年夏，受中国社会科学院宗教研究所任继愈先生邀请赴京，经中科院自然史科学研究所潘吉星先生鉴定：“船山史论清稿系清初纸张墨汁，符合王夫之手迹无疑。”国家文物鉴定委员会副主任史树青先生说：“船山史论清稿非为王夫之草稿，系王夫之清稿，是我国一项国宝、一大发现，马上可在报上发个消息。”因手稿未被有关同志采用，后在鉴定书中，将史老先生的原话未能全文照录，令人遗憾。

一九八八年秋，余致函日本船山学会高田淳先生，请求支持创办船山书院，并获来函表示支持。县文化局相关人员得知后，致函日本高田淳先生，又向省、市有关领导汇报。于是衡阳县市委宣传部在省委宣传部电询下，发表了“关于衡阳县村民莫尔雅，在县城准备私建船山书院座谈纪要”。中有：“莫尔雅私人不能接受日本高田淳捐款。”所以日本船山学会寄来的十七万日元，在省船山学社积压三年。后此事得衡阳市委苏建民书记批示后才予以落实。

一九九〇年四月三日史树清老先生来函曰：“尊藏船山史论手稿，几年以来很受学术界同志的重视，中国科学院自然科学史研究所潘吉星、席泽宗诸同志与我都有同感，从各方面看是当时的清稿不成问题。”

一九九三年，余在县城开办衡阳第一所全日制民办船山学校。因当时经济困难未征足用地，到一九九六年四周已形成建筑群，校址亦无法扩建学校发展受限。

二〇〇九年四月十三日船山学社副社长，湖南省社会科学院哲学研究所、研究院经鉴定写出了鉴定书："综上所述：莫家藏本《宋论》《读通鉴论》无论从字体、书法笔势来看，还是从内容之全，可资弥补以往所有同类著作之稿本，抄本之不足处甚多来判断，定其为船山稿本清稿本、亦无疑焉。"

二〇一二年秋，熊超群县长，以衡阳县人民政府县长办公会议纪要，出台衡办〔2012〕10号文件，与衡阳县规划局规划函〔2011〕9号文件，对船山学校选址建校有明确意见，因县城建设整体规划未出台而未果。

二〇一六年冬，衡阳县委曾秀书记对我校申报在县城选址建校的报告说："船山故里建船山学校，不但是一个很好的平台，对于我们衡阳县能以文化强县，具有十分深远之意义。我们对船山学校的新建不予以支持，那是我们衡阳县委与政府领导失职，我作为衡阳县委书记应当重视这个问题，我会安排县委蒋达宏副书记，配合您莫老先生共同完成这一有意义的事业。"在县委蒋书记召开二次专题会议之后，不到一个月就将选址意见书，七七亩土地红线图、立项等手续办完，以土地昂贵与缺乏资金而告终。

二〇一七年冬，《衡阳尔雅文集》《尔雅家史录》《船山学研究论文集》均已完成。

目录

六经责我开生面

家藏船山无价珍

六经责我开生面

一、浅谈王夫之人口论思想

明亡清兴以后，战争减少，边防稳定，康熙帝又将儒学思想，不断修补与改装，以适应新政之需要。故社会经济，特别是农业生产有所发展，人民生活得到改善。但经济发展，若赶不上人口增长的需要，就会形成社会秩序不稳定之局面。据记载，清顺治八年（1651）时，有人口10633326，到康熙元年（1662）时，有人口19203233，十年之间将增加一倍。王夫之目睹人口如此增长，虽未专门撰文论述，但在《读通鉴论》与《宋论》有关篇章中，亦有关于人口思想的论述。

国家由乱到治平之后，人民生活得到改善，生育者渐多，人民生活愈好，人口发展更快，此天地自然之理。如不采取措施，亦会影响社会秩序。王夫之指出："天下纷争之余，兵戈乍息，则人民之生必蕃，此天地之生理，屈者极，伸者必骤，往来之数，不爽之几也"。"迨其乱定而生齿蕃，后生者且无以图存，于斯时而为之君者将如之何？蕃庶而无以绥之则乱，然则人民之乍然而繁育也，抑有天下者之忧也"。[①] 其有关天地生理的论述，十分中肯。

① 《读通鉴论》卷十九，隋文帝十一论，《船山全书》，第10册，P709。

人口增长，与经济发展速度不相适应之时，人民生活就形成贫困，社会动乱。正如王夫之所说："若夫户口之增，其为欺谩也尤甚。"[①]"曷抑问所从来而知增者之为耗乎。""五代南北之战争，民之存者尽矣。周灭齐而河北定，隋灭陈而天下一，于是而户口岁增，京辅、三河地少人众，且无以自给，隋乃遣使均田，以谓各得有其田以赡生也。唯然，而民困愈亟矣。"[②]所以人口生育问题绝非个人、家庭私事、小事，而是关系到国家与民族安危之大事。

作为一国之主，对人口问题必须予以高度重视，在中国封建社会众多思想家中，王夫之能提出人多为患，人口增长过快会带来社会乱源，具有先进性。由于清王朝统治者，未意识到这一点，到乾嘉以后，人多地少，人民无法生存，农民起义不断，一波未平，一波又起，为清王朝覆亡的重要原因。所以王夫之的人口思想，在我国人口史上，有着极其重要的地位。

中国土地辽阔，自然条件良好，应倡导人民开垦田地，使民有田耕耘，发展农业生产，丰其食，以适应人口增长之需要。王夫之提出："上唯无以夺其治生之力，宽之于公，而天地之大，山泽之富，有余力以营之，而无不可以养人。"[③]反之，不去发展农业生产，而去发展工商业，是轻重不分。如果没有一定的物质与社会经济条件，而独自增加人口，绝非善策，不但增加了国家负担，而且致使人民生活水平下降，

①《船山全书》，第 10 册，P283。

②《船山全书》，第 10 册，P710。

③《船山全书》，第 10 册，P710。

还会造成社会动乱。

民无游闲，有一门专业，或从事工农业，或从事商贸业，都能为社会创造财富，也能减少人口增长与生活资料不相适应之矛盾。所以王夫之又提出“各授以业，而宗以盛”之教导。他主张每一个人都要有一门职业，并有相应的救济贫民之措施，便能维持生计。在生育问题上，若能自觉地实行计划生育，经过长时间，人口一定不会增长过快。在这基础上，王夫之又提出：“宽之恤之，使自赡之，数十年而生类亦有序，而不忧人满。汉文、景得此道也，故天下安而汉祚以长”的论述，为当今计划生育工作提供重要借鉴。

如果人口增长过快，要根据国民经济审时度势，适当减轻人民赋税。要选拔贤能之人为吏以治民，发展生产以养民。王夫之提出：“唯轻徭薄赋，择良有司以与之休息，渐久而自得其生，以相忘而辑宁尔。”[①] 如是，生产发展了，民又得到生息的机会，才能使国家强大，人民生活富裕。

洪亮吉的“治平说”。其办法，一是自然“天地调剂法”，即“水旱疾疫”等自然灾害，会造成人口大量死亡。二是人为“君相调剂法”，使野无闲田，民无剩力，疆土之新辟者，移种民以居之，赋税之繁重者，酌今昔而减之，以解决人口增长的问题。马尔萨斯的人口论思想，是维护资本主义社会的借口，他甚至“提倡用战争、瘟疫”等手段来减少人口增长，他的人口思想流毒甚广。

①《船山全书》，第10册，P710。

王夫之的人口思想，与他们虽有相近之处。但不同的是：人民贫困，是由于人口增长与生活资料不相适应。故需择廉吏以治民，发展生产以养民，以此来减少人口增长之矛盾，观点鲜明，既现实，又科学。

王夫之在三百年前提出人口问题，比洪亮吉之“治平说”早 106 年，比马尔萨斯人口思想早 111 年。其眼光之敏锐，确为他之前代、同时代所望尘莫及。“蕃庶而无以绥之则乱”的论述，对后世执政者有如长鸣之警钟。他对人口的过快增长，虽未提出具体措施，但对历代当政者不会没有积极影响和借鉴意义。

王夫之的人口思想，有其时代局限性，未能提出有计划控制人口增长的办法，但他的论述，对于我们今天进一步认识计划生育的必要性，提高实行计划生育的自觉性，无疑都有重要的意义。

（本文于一九九一年五月二十二日在《湖南人口报》第四版报道，其评价有“农民莫尔雅的发现，他的研究成果，可谓是中国古代人口史上一个新补遗”）

二、浅析王夫之的爱国思想

王夫之不但是我国一位大文学家、大思想家、大哲学家，而且是一位杰出的爱国者。现就他的爱国思想，浅析如下。

王夫之虽然出身于中等家庭，却不想追求那陈旧生活方式，而有一颗爱国热心。明崇祯十一年（1638），他就读于岳麓书院期间，参加邝鹏升等人组织的“行社”。次年，又与管嗣裘等组织“匡社”。其宗旨是匡扶社稷，拥护明王朝天下。

明崇祯十六年（1643）八月，张献忠率军占领衡阳，慕名招王夫之入幕襄赞军务，又拘其父相迫。他为了挽救父亲生命，自伤其体以见献忠而誓不相从。次年（1644），李自成攻入北京，四月，即位称帝，明王朝灭亡。是年五月吴三桂引清兵入关，清王朝定都北京。他闻此巨变，悲痛万分，写下《悲愤诗》一百韵，以表达反对清王朝的统治。

清顺治三年（1646），王夫之以一介书生，上书司马监军章邝，建议调和南北督师，以化解何腾蛟与堵允锡两军之矛盾，而联合当时的农民军共同抗清。但章邝认为此举不能击退清军，反而有助于农民军之发展，遂不听其言。因此，他只得回归故里。

清顺治五年十月，他又与管嗣裘、僧性翰在南岳莲花峰下方广寺举兵抗清；几天时间，当地农民、造纸工人、寺僧就有百余人参加。清王朝得知后，认为此举发展下去，日后其势难以对付。于是，速派驻在湘潭的叛军首领尹长民，率军偷袭方广寺。农民军在无准备下惨遭杀害，管嗣裘也壮烈牺牲。但王夫之刚好外出，幸免于难。是年，他仍不灰心，越五岭，赴肇庆投奔南明永历政权，担任翰林院庶士，后以父亲辞世而回归故里。

清顺治七年（1650）二月，王夫之在南明永历政权任行人司行人，得知奸臣王化澄专权，不顾国家安危，陷害忠良，导致明军节节败退。于是，他不顾个人安危，又上疏于严公："诸君弃坟墓，捐妻子，从王于刀剑之下，党人假不测威而杀之，则君臣义绝，而三纲不正，虽犹效南宋之亡国，白阮谁与共之"。其夫人知道后，惊而泣之。但他却以正词责之，相继又三次上书，弹劾内阁王化澄结奸误国的罪行。奸臣王化澄得知后，即派人捕杀王夫之，幸亏得到农民军首领高一功仗义营救，才得以回归桂林。为了防止奸臣追捕，又回湖南避乱于南岳"续梦庵"。是年，他为了防止清政府追捕，又隐居衡、邵、祁三县交界的耶姜山（今大云山）。

清顺治十一年（1654），王夫之在清政府的追捕下，被迫离家徙零陵、郴州、耒阳、常宁一带，易服为瑶人，寄居于荒山与破庙之中，后又移居常宁西南乡西庄园，从事教书生涯。

清顺治十四年（1657），王夫之再次返回"续梦庵"，在这期间，他常来往于衡州西乡长乐、库宗桥、新塘等地，从事反清复明活动。为了防止清政府再次追捕，他四处寻找离衡州较远，且无官道，又无船行的地方，而寻找栖身之处。于是，他定居衡阳西乡金兰乡高节里，而自筑湘西草堂。他在这里居住，正如其子王敔所言："先父秉孤灯，读十三经，二十一史及朱张遗书，玩索研究，虽饥寒交迫，生死当前而不变，迄暮年体羸多病，腕不胜砚，指不胜笔，犹时置楮墨于卧榻之旁，力疾而纂注"。[①]

王夫之晚年为什么愿意在这与顽石交，与枫马游，又在"良禽过而不栖"的环境中，安之若素，终日不倦而潜心著作。一是为了防止清廷对他的追捕。二是他目睹明王朝不能复兴，清王朝又面临统一中国的现实，难以武装来推翻他的政权，认识到只能依靠撰著书稿以明其志，来疾呼人民抗清与复明。所以他在文稿中，往往涉及这方面的思想。如将清政府比作"禽畜"、"土匪"、"虐老兽心"、"狼子野心"，视满族作"夷狄"等等。现将其说略举数例，而正视其然也。

如刻本："特其曰：绝匈奴不与和亲，其冬来南（犯），壹大治则终身创矣。此则未易言也。非经营数十年之久，未能效也"。[②]

意谓文帝既不与匈奴和亲，又不纳朝错"徙民实边之策"，匈奴于是年冬天将率兵南下到中原，朝廷将费巨大的财力与人力而御之。同时把匈奴驱逐，不是件容易之事，而是要经过数十年之久；欲国富民强，非有一支强大的军队不可。

家藏清稿曰："…其冬来南犯……"。如是清稿比刻本多

①《船山公年谱》P3，凡十七年

②《读通鉴论》卷二，汉文帝十七论，《船山全书》，第10册，P111。

一“犯”字。即谓清政府之所以统治我华夏，不是“南来”的，而是于“其冬南来犯”之故也。

王夫之在唐朝结束二八九年统治后，天下群雄各起，而有五代十国之称而论述：“周主荣废无额寺院，禁私度僧尼，而存寺院二千有奇，僧尼犹六万，说者或病其不力当铲除，乃不知周主之渐而杀其滔天之势也，为得其理。使有继起者踵而行之，数十年而邪心衰止。固非严刑酷令，凭一朝之怒所可以胜者也”。①

船山对周主下诏，废除天下无额寺院，与私自招纳僧尼，而仅存二千有余，僧尼六万人，或有说者言寺院所办不力者当推毁，殊不知周主之所以屠杀这么多寺院僧尼，认为虽有理而不能令人信服。若后世为君者，同样以周主之意行之，数十年后，寺院与僧尼信仰浮屠之说，或可得到控制。又认为单靠国家所施行的严刑与酷令，一时也难能得到解决。

王夫之对太祖赵匡胤陈桥兵变，以武臣篡夺周恭帝天下后，与赵普义取幽州论述：“迨其朱温屠魏博，李存勖灭刘守光，而后契丹之突骑长驱，于河、汴，而莫之能遏。御得其道，则虽有桀骜之夫而无难芟刈。即其不然，割据称雄者，犹且离且合，自守其疆域，以为吾藩棘。此之不审，小不忍而宁掷之敌人，以自（贻）凭陵之祸”。②

意谓玄宗对朱温与李存勖，过于信用，以致他在寿阳造反而长安失守，玄宗与杨贵妃等西奔巴蜀，而有马嵬坡兵变之祸。

①《读通鉴论》《卷三十五代下》二十一论，《船山全书》，第 10 册，P64。
②《宋论》卷一，太祖八论，《船山全书》，第 11 册，P34。

他以玄宗前车之鉴，对太祖议取幽州，而听普之言。那契丹以骑兵突犯我河南、汴京，而驱逐就难，如要防止，必有一批善战晓将前去剿灭。不然天下割据称王者，时有时灭，而各得其土以为已之疆域。又认为能称王者，未必能审时度势，更不理解夷狄之野心，只好将祖国大好之河山让于敌人，也难免不遭其祸。

家藏清稿曰："……此之不番，小不忍而宁制之匪类……"。如是清稿比刻本多"二"字，其性质则大不相同。因为"敌人"为与已有直接利害冲突之人。"匪类"即异类，亦谓土匪、强盗，其行为是抢劫民财，杀人放火，其罪比"敌人"性质要恶劣得多。王夫之谓其将祖国大好河山让与不仅是"敌人"，而是"匪类"，则视夷狄之罪犹恶也。

据史载哲宗"幼冲嗣位，太皇太后高氏临朝，任用贤相，政事修举，国内大治，号曰女中尧舜。太后崩，熙壹党人得志横行，追贬元祐正人，殆无虚日，以致祸乱内变，夷狄乘衅而起，于是中原卒大乱矣"。[①] 王夫之对宋室处于不安定之际，如何面对而论述："草与木并植，而芝兰之芳，不可以为梁栋；鸟与兽并育，而翟雉之美，不可以驾车；天子与后敌尊，而母后之贤，不可以制道法。非是者，自丧其贞，而欲以胜物，徒小人之反噬有辞也。天所弗佑，祖宗之灵所有凭依，天下臣民亦怀疑而其情不固。不贞者之不胜，古今之通义，不可以违者。"[②]

王夫之据史载"高太后为女中尧舜"，在论述中提出"诸

①《袁了凡资治纲鉴》卷三十二。

②《宋论》卷七，哲宗三论，《船山全书》，第11册，P183。

夏内而夷狄外也，君子进而小人退也，男位乎外而女位乎内也”[①]，三大主张而治天下。则认为历代君王相互篡夺中，是谓华人之间之事，是内事，不是外事，而是夷狄侵犯我华夏才是外事，应当放弃相互之争，而一致对付夷狄。又能为民为国家办实事、办好事，一切能服从国家利益之人而用之，对只图为自己谋利益之人而去之；他以男儿主外事，女人主内事，则意味着不论君臣与普天之民，当务责是以驱逐夷狄；谓皇宫后院有高皇太后之贤，谓普天之下妇女，当以高皇太后之贤，以国家利益支持男人为国效力。如是，何尝天下不善治乎，愚认为无疑是对的。所以他以草与树木，同样种植在土地上，虽长得茂盛，其不能作梁栋之材用；鸟与禽兽，同样可以生育小鸟与小禽兽，外表虽长得好看，但不可以为民驾车。天子与皇后不睦，天子母后虽贤，也不能制法以制止。人一旦品德败坏，又不让人知悉，只是那些小人之徒反过来，以巧言美语来掩饰自己的罪过。如是天有灵也不会保佑，祖宗有灵也无凭证为力，普天之民怀疑而认为无理。故谓败类者，为天下臣民所不能容忍，也为古今为人之准则，而不可以违背。

家藏清稿曰：“……匪徒小人之反噬有辞也……”。如是清稿比刻本虽多一“匪”字，其性质则大不相同，亦喻夷狄在我华夏，所作所为与“匪徒”一样，以巧言美语来掩饰自己的罪过。

从上面四例看，王夫之在明王朝不能复兴，自己又接受清

①《宋论》卷七，哲宗三论，P182。

政府统治之现实，在别无选择，只好在著《读通鉴论》与《宋论》中，疾呼人民反清复明与寻找复明真士。其所以不相同者，是因为王夫之五代从孙嘉怡，为防止不遭灭门之祸，将涉及反清复明思想之语删去，刻本沿着该抄本而出版，故与清稿不同。家藏的清稿是王夫之在草稿上，其反清复明思想未经删除，保存原貌，故与刻本不同而无可非议的。如是，则知王夫之反清复明思想之决心，则大白于天下者也。

王夫之在明王朝覆亡与清王朝建立后，不但悲愤交集，哀伤不已，又在著书中往往涉及反清复明思想，还在吴三桂称帝于衡州，曾邀请他撰写劝进表，可他以吴三桂引清兵入关，使明王朝覆灭，深感痛恨而拒绝。

后来清政府一些官吏，对王夫之不为吴三桂撰写劝进表亦为赞赏。因此衡州郡守崔鸣鷟，受巡抚郑端之命，亲自到湘西草堂为其送粟与金帛。可王夫之只受其粟而不受其金帛，自己端坐于楼上不与相见。又自题楹联曰："清风有意难留我，明月无心自照人"。可见他自始至终对明王朝之覆亡，"哀其所败，原其所剧"而著书立说。杝总结历代兴亡的经验教训，其远见卓识、大无畏之民族气节与爱国热情，堪为后世学习之典范。

王夫之常从湘西草堂常去长乐看望兄长王介之，路程有七十五公里，而别峰庵恰好是这段路的中点。因此，他以此庵作为落脚点。又因为他晚年对佛学很有研究，而别峰庵二如长老，对他的文学素质及道德质量又非常崇拜，所以他俩相处至厚。不但有利于二人研究佛学，还经常谈论天下时政得失，宣传反清复明思想。也为他晚年著《读通鉴论》与《宋论》等著作提供可靠又安全之地方。

王夫之隐居湘西草堂，赍志不隳，用力不懈，著书凡十七年，以疾呼人民反清复明斗争与寻找复明贞士为己任，为我们今天振兴中华，尽匹夫之责树立了光辉的榜样。

（本文于一九九一年五月二十三日在湖南日报发表，后有修改）

三、再谈王夫之论诸葛亮

我尝读三国演义，对诸葛公经世之才，忠君之心，无不钦佩。但对诸葛公不听魏延“请从子午谷，直捣长安”之建议，使他与刘备于隆中决策未能实现，更不能为汉朝中兴立千秋之功而深感遗憾。

一九七0年拜读家藏船山史论清稿，方知诸葛公之所以不听魏延之建议，恍然自悟。后又拜读 一九八六年《船山学报》第一期胡刚、唐泽映二位先生著《王夫之论诸葛亮》。第二期夏剑钦先生著《也谈王夫之论诸葛亮》。一九八七年第二期龚鹏九先生著《关于王夫之论诸葛亮两文评议》。对王夫之论诸葛亮的君臣关系，马谡失守街亭，培育人才，留魏延断后等得失之研究持之有故。但对诸葛公不听魏延“请从子午谷 ，直捣长安”之建议，尚未作具体说明。

胡、唐认为：“诸葛亮不听魏延‘请从子午谷，直捣长安’之建议，是由于诸葛亮认为‘不如安从坦道，可以平取陇右，十全必克而无虞’，遂不听魏延之计。诸葛亮之所以不听魏延之计，固然有他做事谨慎，不敢冒险的一面。但主要原因，在于对魏延抱有成见，以为‘雄猜难御’。因此，魏延‘常谓亮为怯，叹恨己才用之不尽’，而后来诸葛亮六出祁山，未能攻魏，更‘无以服魏延之心，而贻之怨怒’”。夏文则认为：“表面上看来是诸葛亮做事谨慎，不敢冒险，似乎真的失去了一次直捣长安的良机吗？诸葛公是不是真正不理会这样的良机呢？我认为这实际上是有诸葛亮不便喻人的苦衷”。龚文又认为：“夏文的分析确切，与当时史实和王夫之论述的原因相符合”。

我虽同意夏、龚二文的分析，但对诸葛公不听魏延“请从子午谷，直捣长安”之建议，其原因尚未说明。本文做如下补充。

刘备在新野三顾茅芦后，以诸葛孔明隆中决策而置身于刘表。然后“东联吴越，北拒曹操”，与吴于赤壁共同战胜曹操。又以荆州为根据地，西取巴蜀，又平定汉中；如是建立蜀汉封建统治集团，形成三国鼎立的新局面，初步实现定三分隆中决策，而未尝不是正确的。

蜀汉政权建立后，诸葛公为一心一意谋取中原，在南征中，采取马谡“攻心为上，攻城为下，心战为上，兵战为下”之建议，而七擒七纵孟获。故南蛮在诸葛公之世，亦未尝作过乱。为什么于此后，他未命一上将率兵出宛、雒，己又不统兵出秦川，亦率孤旅之师而出祁山？其原因很清楚。因为孙权以刘备西取巴蜀与汉中，则不想归还荆州，虽多次派鲁肃到西川索取未果，故常怀恨于心。此时，关羽对诸葛公所主张“东联吴越，北拒曹操”之方针不能理解，而拒绝与吴和亲。其能理解这一方针者，东吴大将鲁子敬又相继谢世，加之时移势异。孙权亦不能审时度势，又考虑到东吴没有荆州，以地狭而兵弱。遂采取“联曹抗蜀”之策，派吕蒙袭取荆州，导致关羽虽直取襄阳亦威惊华夏，魏欲迁都以避其锋。其不能攻克樊城，反使荆州失守，关公父子于麦城遇害，张飞又被部卒杀死。于此时，刘备不以匡扶汉室为己任，又偏重于私义，不听大臣之劝，统大军七十五万御驾亲征，而导致猇亭惨败。于是诸葛孔明所制定“东联吴越，北拒曹操”的战略方针，已从根本上遭到破坏。诚如王夫之所说：“追乎关羽启衅于吴，先主忿争而败，吴交不固，仲谋已老，宛雒之师不能复出，公乃率孤旅以响秦川，事难而心苦矣”。[①]如是诸葛孔明又焉能听从魏延“请从子午谷，直捣长安”之建议。此其一也。

夷陵战后，蜀汉五虎大将之关，张早已亡命，而赵、马、黄又相继谢世。于此时，从军事指挥能力，只有张维还能继承诸葛亮的事业。魏延的武功，虽仅次于五虎大将，但考虑到他浮而不实，不可大用。且虑及在短期内，还有不少国家栋梁之将相继辞世；诸葛公虽谴邓芝与吴修好。但国家取于民穷兵疲，根基已坏，一时不可复兴。而且目睹后主亲小人，远君子，无恢复中原之志，更无中兴之才。且魏有天下二分之一，兵精粮足，贤能者众多，又能争相辅佐。从军事实力看，蜀汉已不足与魏相比，以蜀汉一州之智力、人力、物力与中原争天下，诚难取胜。这一情况，诸葛公在《后出师表》中已说明：“自臣到汉中，中间期年耳，然丧赵云、阳群、马玉、阎芝、丁立、白寿、刘部、邓铜等及曲长屯将七十余人，突将无前、賨叟、青羌、散骑武骑一千余人，此皆数十年之内所纠合四方之精锐，非一州之所

①《读通鉴论》卷十三，第37论，《船山全书》，第10册，P414。

有；若复数年，则损三分之二也，当何以图敌？此臣之未解五也。”诸葛公目睹蜀汉幼主暗弱，后继无人，实力不足之形势，焉能听从魏延之计，遂改变“以攻为守”的战略方针，以不负先主之托，而保蜀汉政权。此其二也。

诸葛公于此时，以规划全局为重，与审时度势，视蜀汉实力不能取胜于魏。又认为魏延之建议，虽能冒险率军突过，或平定咸阳以西诸郡，也无实力长期据守。且长安城固不易攻破，一旦魏军守将待援军至，亦会大举反攻，蜀汉又以粮草军械不继，又何以拒敌。如是，岂不有损于国家大事？且诸葛公受先主托孤之重，以匡扶汉室为己任，焉能听从魏延之言而出此险途？因此，王夫之说：“而公谋之数年，奋起一朝，岂不审于此哉？果畏其危也，则何如无出而免于疲民邪？夫公固有全局于胸中，知魏之不可旦夕亡，而后主不可起一隅以光复也。其出师北伐，攻也，将以为守焉耳。以攻为守，而不可示意于人，故无以服魏延之心而贻之怨怒”。[①] 此其三也。

王夫之在这种情况下，亦认为诸葛公不得已才改变与先主隆中决策。既不命一上将将兵出宛、雒，己又不率兵出秦川，以孤旅之师据祁山，而防魏军入侵。因祁山乃蜀汉之门户，魏军不能越天水、南安、武都、阴平，以攻蜀之北，也不能绕道而攻蜀之西，如此魏军入侵则可以守，一旦天下有变，又可以由此以图中原。诚如王夫之所说“公之始为先主谋曰：天下有变，命将出宛、雒，自响秦川，唯直指长安，则与宛、雒之师相应，

①《读通鉴论》卷十，十二论，《船山全书》，第10册，P385。

若西出陇右，则与宛、雒相去千里之外，首尾断绝而不相知。以是知祁山之师，非公初意，主暗而敌强，改图以为保蜀之计耳。公盖有不得已焉者，特未一一与魏延辈语也”。[①] 这说明诸葛公之所以六出祁山之用意，明以为攻，实以为守，此其四也。

从上述四个方面看，足以说明诸葛公不听魏延“请从子午谷，直捣长安”之建议，有不可喻人之苦衷之所以然也。也意味着两千年人民对此所感叹，做了正确的回答。诚如诸葛公曾在出师表中言及：“臣鞠躬尽瘁，死而后已，至于成败利钝，非臣之明所能逆睹也”。也说明诸葛公对当时之形势，与自己所从事之事业，早已了如指掌也。

（本文于一九九七年在《船山学刊》第二期发表，二〇〇二年中国衡阳王船山逝世三百一十周年暨船山学术研讨会，收入《船山学散文论》）。

①《读通鉴论》卷十，十二论《船山全书》，第10册，P385。

四、王夫之论国家统一

余尝读史鉴，只知秦始皇是一位置民生存于不顾，与专制独裁之君王，但不知其统一中国之功之所以然。20 世纪七十年末，拜读家藏《船山史论》清稿，才知王夫之对历代王朝兴亡得失之故，做了详细又为后世无可非议之论述。又知秦灭六国，置郡县于天下，于今有重要实践作用。

王夫之说："两端争胜，而徒为无益之论者，辨封建者是也。郡县之制，垂两千年而弗能改矣，合古今上下皆安之，势之所趋，岂非理而能然哉"。①

谓两国相争，必有胜败之分，亦无益于民者，此乃封建社会为君者，势必以国家财力、物力、人力来对付敌国，来保护国家安全无虞与自己的统治地位。秦灭六国而统一全国，实行郡县制，历数千年沿革而不变者，使官吏不能独霸一方，无世卿世禄，居其位而天下太平。如是，秦始皇之功确实不小。其所以获此功者，不是什么天意，也不是以理取胜，而是他能审时度势，运用历史发展之规律。诚如王夫之所说，"势之所趋"。他认为秦之所以置郡县于天下，一是加强封建社会中央政权重

①《读通鉴论》卷一，一论，《船山全书》，第 10 册，P67。

要措施，有利于社会稳定与国民经济发展。二是诸侯强弱之分荡然无存，民亦无战争之苦。三是择清廉之官吏以治民，发展生产以养民。四是推翻周朝分封诸侯制，便于择民善者以尽其才。其治民之道与择人以治民，亦何谓而不可乎。以上所论，可见王夫之对秦始皇统一全国，其所以置郡县于天下，其功做了充分之肯定。

王夫之说："古者诸侯世国，而后大夫缘之以世官，势所必滥也。士之子恒为士，农之子恒为农，而天之生才也无择，则士有顽而农有秀；秀不能终屈于顽，而相乘以兴，又势所必激也。封建毁而选举行，守令席诸侯之权，刺史牧督司方伯之任，虽有元德显功，而无所庇其不令之子孙。[①]"

谓周之诸侯，在世代相传之下，而后士大夫又沿着世袭其位，其制度存在种种弊端。亦谓士大夫又代代做官，务农者之子孙，亦代代务农，这样既不合理，也不利于国家长治久安。因为务农之中，也有才华横溢者，但他们的才华却得不到使用与施展的机会。士大夫的子孙，也不是个个满腹经纶，但他们却永居高位，享受荣华富贵。如是，必然激起民怨、民变。秦灭六国置郡县于天下，诸侯与士大夫世袭之制自然废除，国家通过选举考试来录取人才，限制官吏庇佑其无能之子孙世袭爵位，这样有才华者，才能脱颖而出，又能提高为官吏者，其治国安民之能力。所以王夫之说"势相激而理随以易"的论述，此乃非常明智之言。

①《读通鉴论》卷一，一论，《船山全书》，第10册，P67。

王夫之说：“郡县之天下有利乎？曰：有，莫利乎州郡之不得擅兴军也。郡县之天下有善乎？曰：有，莫善乎长吏之不敢专杀也。诸侯之擅兴以相侵伐，三代之衰也，密、阮、齐、晋，莫制之也；三代之盛，王者禁之，而后不能禁也。若甚专杀人也，则禹、汤、文、武之未能禁也，而郡县之天下得矣。”[①]。

谓秦始皇灭六国置郡县于天下，于国于民有利，使州郡官吏不能擅自征兵。同时置郡县于天下，又能限制官吏不能轻易戮杀百姓。否则，诸侯有权征兵，导致诸侯之间相互侵伐，使民不聊生，为夏、商、周，后来政权不但衰退，且无实力来控制各诸侯，而有春秋战国五百余年之乱。夏、商、周三代前期之所以强盛，是有实力来控制各诸侯不能擅自兴军。诸侯其所以能任意戮杀百姓，而禹、汤、文、武又不能制止，及至秦灭六国，置郡县于天下，国家有军队则自然得到遏制。

王夫之说：“班固叙汉初之富庶详矣。盖承六国之后，天下合而为一，兵革息，官吏省，馈享略，置邮简，合天下而仅奉一人，以一王而府天下，粟帛货贿流通，关徼弛而不滞，上下之有余宜矣”。[②]

史学家班固，对汉初之所以富裕做了详细的记载。王夫之却认为其所以富裕，是汉在秦灭六国之后而统一全国，郡县之间亦无矛盾，民又无战争之苦，官吏与粮饷相应减少，又开通信函，此皆天下仅奉一人，以一王而统一天下，则有利于统一全国文字、度量衡、货币等，促使中国封建社会向前发展，国

①《读通鉴论》宋孝武帝七论，《船山全书》，第10册，P585。

②《读通鉴论》卷三，汉景帝七论，《船山全书》，第10册，P122。

家所颁布的各项政策，也不会受到任何阻止，又便于择吏者以治民，发展生产以养民。故谓天下太平，而促使中国封建社会向前发展。

王夫之说：“秦始皇之宜短祚也不一，而莫甚于不知人。非其不察也，唯其好谀也。托国于赵高之手，虽中主不足以存，况胡亥哉！”①

秦之天下，为什么只有十多年，不是秦始皇不善于用人，也不是他不善于观察，而是他喜听阿谀之言用错人。由于他用错人而使赵高专权，置国家法律而不顾，岂中主之才国君，尚且不能保国安民，何况秦二世，乃庸庸无道之君，更不能识别赵高之伪，反而使赵高怂恿胡亥实施一系列暴政，使秦始皇当时所订立的制度，一些为巩固国家统一，符合历史发展，适应民生的政策也无法实行，从而激发社会种种矛盾，天下大乱，酿成楚汉纷争，终以亡国，理固然哉。

从王夫之的论述看，春秋战国之诸侯，欲称霸天下，各尽其才，其谋，其力，相互兼并，致使国虚民贫，社会秩序动乱。国家统一后，这种情况就会得到遏制，统治者就会考虑如何保持社会安定团结，发展国民经济，使百姓安居乐业，以保持自己的统治地位。为此，必将制定各项制度与法律，来限制郡县之官吏不能轻易杀人。对犯罪者，应根据国家法律予以判决，由此人民生命与财产才有保障。州郡官吏未得到国家之允许，不能自行征兵，制造军械，否则国家则视为谋反，将受到制裁，

①《读通鉴论》卷一，秦始皇三论，《船山全书》，第10册，P70。

国家自然太平无战争之苦。如是，国民经济也随着发展，民安其业，官居其位，不亦然乎。

秦灭六国，置郡县于天下，为我国封建社会前进步伐而开先河，又加强中央政权措施，也是巩固国家长治久安之计。为君者，一旦违背人民利益，政治腐败，则天下仍然动乱，国家就会灭亡。故谓“水可以载舟，但水又可以覆舟”之说，乃千真万确之理也。然而反对分裂、维护国家统一，以及知人善任，实行正确政策与策略是不可忽视的。因此，两岸的领导应以大局为重，以民生之计为大事，相互理解与退让，而达到祖国和平统一。如是，其功莫盛焉。

三代天下为什么长达二千余年？因为诸侯奉一王为国君，而国君有实力控制各诸侯。迄春秋战国之世，周王无力控制诸侯，亦相互侵伐与残杀，而形成春秋战国五百多年混乱局面，使民饱受战争之苦。这意味着国家统一之重要性、必要性，也是我们中华民族共同愿望。故谓王夫之论国家统一思想乃明智之言也。

台湾之民，同样是我们炎黄子孙，虽未回归祖国，只要我们中华民族加强团结，共同努力，共同奋斗，以王夫之“诸夏内而夷狄外也”的教导，反对台独而一致对外。在“势之所趋”之潮流推动下，一定能够早日完成祖国统一大业。国家经济、文化、科学、教育、国防等方面将会更加发展，而伟大祖国将会万寿无疆，民又能安居乐业，此不善哉？

（本文于二〇〇二年十月十二日，在衡阳日报发表，11月中国衡阳王船山逝世三百一十周年既船山国际学术研讨会收入论文集。）

五、再谈王夫之人口思想

王夫之是我国历史上一位大文学家、大思想家、大哲学家。在他的著作中，虽没有专门论述人口思想之文章，但在《读通鉴论》、《宋论》与其他文稿中，却涉及有关问题。现将其说浅析如下；

一、 人口增长之原因

清康熙之时，国家政权趋于稳定，人口逐渐增多，是我国历史上人口开始旺盛之时。王夫之目睹当时人口增加，认为没有一定的经济实力，作为人口发展的前提，那么人口超正常增长，就会给社会带来不安定因素。

船山说："天下分争之余，兵戈乍息，则人民之生必蕃，此天地之生理，屈者极，伸者必骤，往来之数，不爽之几也。当其未定，人习于乱，而偷以生，以人之不足，食地之有余，民之不勤于自养也，且习以为常。迨其乱定而生齿蕃，后生者且无以图存，于斯时而为之君者将如之何？"①

从他的论述中，亦认为国家在动乱之后，又恢复统一，民

①《读通鉴论》卷十九，隋文帝十一论，《船山全书》，第10册，P709。

无战争之苦，那民之生育则自然增多，这是天地生育之规律。人口一旦增加，而民需要的粮食也就增多，不设法解决民生存能否之问题，那国家就会动乱。当国家未能统一，民又能适应其中，又能勉强生活，是由于人少地多之下。国家统一后，民无战争之苦，到数十年后，民之生育渐多，而民之生存亦为困难，那就看国家将采取什么措施。因此，可以看出人口增加，必须具备两个基本条件：一是社会稳定。二是民勤于自养。

二、 人口增长过快的危害性

王夫之说："蕃庶而无以绥之则乱，然则人民之乍然而蕃育也，抑有天下者之忧也，虽然，王者又岂能他为之赐哉？抑岂容作聪明，制法令以为之所哉。"①

其理由是谓人口过于增长，不想办法去解决，亦形成社会秩序动乱，使民不能正常生育，为天下民之所忧。如是为君王者，要挽救这种局面，在无法解决民之粮食，又不能制法令以迫民，唯一的办法是减轻民之负担，精选有才德者为官吏，劝农发展生产，与民有休息之机会，然而民才能生存，国家又能安定。因此，增加人口应与物质基础、经济条件相结合，才能适应人口增长。人口一旦增长，需要的粮食也就更多，要让后生者"图存"，就必须在衣、食、住、行等方面有所考虑。因土地资源增加是有局限性的，不可能像人口那样可以快速增加。如是，其生产的粮食以适应民之需也就困难了。因为人每天都要吃饭，否则，人的生命就无法生存。故谓王夫之对人口与土地关系的

①《读通鉴论》卷十九，隋文帝十一论，《船山全书》，第10册，P709。

论述，不但合乎现实，又指出人口增加的危害性。

王夫之说："若夫户口之增，其为欺谩也尤甚。春秋、战国之世，列国争民以相倾，则以小惠诱邻国之民而归己，国遂以强，非四海平康之道也。郡县之天下，生齿止于其数，人非茂草灌木，蹶然而生，实于此者虚于彼，飞鸿偶有所集，哀鸣更苦，非可籍为土著也。曷抑问所从来而知增者之为耗乎？"（读通鉴论卷七后汉安帝二论，《船山全书》，第 10 册 P283）。

从他的论述看，过于增加户口，能说是好事者，乃自欺欺人。对于"春秋，战国之世"，君王以小恩小惠诱邻国之民为己国之民以自强，不是维护国家安全之办法，而是国家乱源之因。对于郡县之天下，人口之增，他认为也要有一定限制。因人非茂草灌木能生存，这意味着人口之增不是好事，而是迫民于痛苦，也不是地少与民未耕种，而实为户口之增与耗粮多之原因。

王夫之说："五代南北之战争，民之存者仅矣。周灭齐而河北定，隋灭陈而天下一，于是而户口岁增，京辅、三河地少人众，且无以自给，隋乃遣使均田，以谓各得有其田以赡生也。唯然，而民困愈极矣"。①

他对于五代与南北朝帝王，为了争夺天下而相互征伐，使当时国家人口大减。在周灭齐、隋灭陈而天下统一，其户口又渐渐增加。以京辅、三河地少人众，而民无可自给，而隋朝派使者为民均分其田，以为民有田自耕自养。但民之苦，仍然不能解决，而且愈演愈烈。

①《读通鉴论》卷十九，隋文帝十一论，《船山全书》，第 10 册，P710。

三、重商轻农之失

王夫之说："史称宣帝元康之世，比年丰稔，谷石五钱，而记以为瑞，盖史氏之溢辞，抑感偶一郡县粟滞不行，守令不节宣而使尔也"(《读通鉴论》卷四汉文帝十一论,《船山全书》,第 10 册 P165）。

他对"史称宣帝元康之世"，其谷价每担只有五钱之说，认为是不可相信的。即使谷价有如此之溅，只能是个别郡与县，也是郡县之吏，为得到朝廷重用而虚报，或以诧传诧之故。

王夫之说："一夫之耕，上农夫之获，得五十石足矣。终岁勤劳而仅获二百五十钱之赀，商贾居赢，月获五万钱，而即致一万石之储，安得有农人孳孳于南亩乎？金粟之死生，民之大命也"。[①]

他在论述中，谓农民一年之耕，仅获谷五十石。一年勤劳只获二百五十钱，商贾得利一月可获五万钱，即使农夫有一万石之储，也比不上商贾之获，农夫又安得去耕作，因为金与粟是关系到农夫生与亡之大事。

王夫之说："人方骤蕃，地未尽辟，效职力于为工为贾以易布粟，园林畜牧以广生殖者未遑，而亟登之版籍，则衣食不充。非民之数盈，地之力歉，而实籍其户口者之无余，而役其户口者不酌其已盈而减其赋也"[②]。

谓人口密集之地方，不去开垦田、土，单靠务工与从商以

①《读通鉴论》卷四，汉文帝十一论，《船山全书》，第 10 册，P165。

②《读通鉴论》卷十九，隋文帝十一论，《船山全书》，第 10 册，P710。

购置布料与粮食，亦忽视园林畜牧可供众多人生存之理，而使民之衣食不足者。不是民所造成的，也不是地少之故，又不是民不勤于耕种，而实籍户口之增与为国君者，以户口来增加国家收入，不如减其赋役。

四、轻徭薄赋，择廉吏者以治民

王夫之说："今隋之所谓户口岁增者，岂徒民之自增邪，盖上精察于其数以敛赋役者之增之也"。①

他对隋朝户口之所以增加，不是民所自愿的，而是隋主为了增加国家赋役，迫民去增加人口。又对汉文、景之世，实行轻徭薄赋来减轻人民负担，以民上交官府十五分之一税金，减少为三十分之一税金，为汉有天下四百多年而赞赏。

王夫之说："民之不辑也久矣，考其时，北筑长城，东巡泰岳，作仁寿宫，而丁夫死者万计，别宫十二，相因营造，则其搜剔丁壮以供土木也，不待炀帝之骄淫，而民已无余地以求生矣"。②

亦谓隋民之不能生存者，已有很长之时间，是由于隋主北筑长城，东巡泰山，修仁筹宫，而民之死者万计，又修别宫殿十二所，均挑选精壮之劳力去务工。诚如此者，而民早已无法生存。

五、天地之大，山泽之富，有余力以营之而可以养人

王夫之说："上唯无以夺其治生之力，宽之于公，而天地

① 《读通鉴论》卷十九，隋文帝十一论，《船山全书》，第10册，P710。

②《读通鉴论》卷十九，隋文帝十一论，《船山全书》，第10册，P710。

之大，山泽之富，有余力以营之，而无不可以养人”。[①]

他面临当时人口增加之情况，认为国家不可置民之生活于不顾，必以国家利益与宽松于民之政策，使民在那广阔的土地中，与山泽之资源，去寻找养活自己的地方与办法。又要根据国家具体情况，因地制宜，采取一些适合于民之政策，使民各务其业。还要鼓励民多开垦农田，增产粮食，教育人民从事园林畜牧，发展养殖业。用今天的话来讲，要向生产广度与深度进军，充分利用“天地之大”之优势，挖掘其可行之潜力，让民能找到自己的职业与务工之处，或从商，那衣、食、住的问题即可解决。

王夫之说：“邓禹之多男子也，各授其业，而宗以盛，不夺此子之余以给彼子也。宽之恤之，使自赡之，数十年而生类亦有序，而不忧人满。汉文、景得此道也，故天下安而汉祚以长。”[②]

他对汉光武之世邓禹，以多子而善于安排其职业，又不将此子之余给另一子，而调动其积极性，谁也不依赖谁是对的。还认为国家要以宽松的政策适应于民，使民能生存下来，数十年后，民则自觉履行生育，那人口亦不会过于增加，也不会影响国家安定。

从王夫之的论述看，他在三百多年前的封建社会里，能清醒地看到“兵戈乍息，则人民之生必蕃”，“蕃庶而无以绥之则乱”，于国于民不利，为社会带来不安定因素，多次著文批判。因此，我们认为户口岁增的问题，绝非个人，或家庭私事、小事，

①《读通鉴论》卷十九，隋文帝十一论，《船山全书》，第10册，P710。

②《读通鉴论》卷十九，隋文帝十一论，《船山全书》第10册，P711。

而是关系到国家、民族安危之大事。同时，这对于我们今天计划生育工作，也有一定的借鉴作用。如果我们能胸怀全局，一切服从国家利益，人口则自然得到控制，那么我们国家就会更加兴旺发达。对当时民之所耕所获，与从商之民得利对比，认为官吏,不尽力农林畜牧,去尽力工商,是本末倒置而主次不分。因经商之人渐多，其尽力农林畜牧者则少，那种粮者亦会减少，而盛产的粮食也就更少。如是，人民无法生存，国家就会发生动乱。所以他强调，为官吏者要以发展农业，增产粮食为主，这才是解决户口岁增与社会安定的主要措施。但与国家现行政策，以发展经济为核心，促进各行各业向前发展有差异。但无论至何时，民仍然是“以食为天”。诚谓王夫之论重商轻农之失，乃无可非议也。对炀帝置民生死于不顾予以批判。又认为君与吏者，不但要减轻民之赋役，而且在征收赋役时，不能以人口多少而论，要视其国民经济状况而定。他还强调为君者，一定要审时度势，择清廉之吏以治民，发展生产以养民，而民才能得到安居乐业之机会。正如他所说：“唯轻徭薄赋，择良有司以与之休息，渐久而自得其生，以相忘而揖宁尔”的论述，诚嘉之言。[①]

王夫之在我国自然与社会科学极不发达的历史条件下，能主张择廉吏者以治民，发展生产以养民，以轻徭薄赋，与宽松于民之政策，利用“天地之大”，“山择之富”之优势，各授其业等措施，来减轻人口剧增之危害，是难能可贵。愚认为在

① 《读通鉴论》卷十九，隋文帝十一论，《船山全书》，第10册，P710。

中国历史长河中，一些暴君、酷吏，不去思考民之生计，而迫民日益于繁重之徭役，这是十分错误的。

王夫之的人口思想，比洪亮吉“治平之说”早 106 年，比马尔萨斯“人口论”早 111 年，其政治眼光之敏锐，为同时代之人所望尘莫及，于后世执政者无异长鸣之警钟。

由于历史的局限性，王夫之未能明确提出控制人口增长，实行计划生育的主张与具体措施。我们不能用今天的眼光来看待他，也不能用现行的政策来苛求于他，更不能用当今改革开放的政策来衡量他，只能将其主张放在当时的历史条件下去研究，秉着古为今用之原则去挖掘其精华以为今用。但无论如何，他的人口思想之论述，对于帮助我们今天进一步认识计划生育工作的必要性，提高全民实行计划生育自觉性，无疑都具有十分重要之意义。

对于人口过于限制的问题，在七十年代，国家提倡一对夫妇，只生一个子女为好之政策，愚意未必为宜也。因为王夫之在人口论中，亦提出人口“生类亦有序”的论述，不单独为了限制人口增长，也意味着限制人口之发展，也有一定的局限性。假使人口处于长期限制中，数十年后，其人口则大为减少。因为人口一旦减少，其为父母者，对子女又过于溺爱，而子女又认为自己是独生子，遂放荡而形成缺乏道德，将为社会带来不安定因素。尤其社会各行各业一旦缺乏劳动力，生产不能发展，国民经济则会下降，那国家何以富强，民又何以奔小康。且一对青年夫妇，需负担双方父母奉老归山之责，亦有巨大的经济压力；双方父母、祖父母一旦有病在床，其陪护之苦不可知也。

故谓一对夫妇生二个子女为宜，利国又利民。如是，人口不会过于发展，也不会过于受到限制，从而达到人口与生产发展两不误。因此，有望国家对此出台新的政策来解决人口问题，何谓而不可乎。

（本文于二〇〇八年收入台湾交通大学经营管理研究所林国雄教授主编“慈惠堂丛书”《宏观经济理论的新儒学再造》一书。）

2006年

六、浅谈王船山的教育思想

王船山是我国一位大思想家、大文学家、大哲学家，他一生著作博大精深，按经、史、子、集四部排列，计一百余种，四百余卷，约八百万字。其教育思想虽未形成专著，但分散于其著作篇章中。我拜读家藏《读通鉴论》与《宋论》两部清稿，以及《船山全书》，将其有关教育思想，按其内容与性质不同，具体归纳为九个部分。本文结合我校办学十七年之情况，浅析如下。

一、文化教育与政治之关系

船山说："盖王者之治天下，不外乎政教之二端。语其本末，则教本也，政末也；语其先后，则政立而后教可施焉"。[①]他认为国家在政权稳定，社会和谐之后，文化教育才能发展。纵观我国五千年历史长河，论天下之势，分久必合，合久必分。如周末七国纷争，并入秦。秦灭，楚汉纷争，又并入汉。汉末又分为魏、蜀、吴，三国灭，再并入晋。之后南北混战而并入隋，隋灭而唐兴。唐末五代十国又起战乱，为宋祖而统一。

①《礼记章句》卷五，《船山全书》，第 4 册，P334。

以及元、明、清之兴起，开国之君十分重视治国安民，制定相关法律，使民能安居乐业，不但文化教育能发展，又能益于国家长治久安。

刘邦以泗上亭长起事，与楚王项羽净天下，因善于用良臣，而开创汉朝基业四百三十二年。到文、景、武帝之世，政治上实现了高度中央集权；经济上兴修水利，推行进步农业技术，集中盐、铁、铸钱大权，人民生活得到改善；军事上打败北边强敌匈奴，开辟通往西域商路亦扩大疆域，使国家政权得到巩固；文化加强上层建筑建设，而有助于文化教育之发展。

杨坚统一南北混乱三百年后，择吏者以治民，发展生产以养民，故政权得到巩固。然而其文化教育比秦、汉与南北朝大有发展，还开创科举制度，这一举措延及到大清王朝，可见当时文化教育发展，处于繁荣阶段。一到杨广之际，施行一系列暴政，全国掀起大规模农民起义，群雄相互混战，民不聊生，致使隋朝仅有三十年天下，而文化教育只得停滞不前。

及至康、乾之世，不论是文学、史学、历法、算术，诸多方面都有很大成就。所推行的八股文，虽是能缓解汉人反清情绪，但文化教育在封建社会发展已达到高峰。其所以如此者，是康熙皇帝平定三藩割据之乱，亲征准噶尔诸部，又收复台湾，天下太平无虞。因此人口增多，生产力又得到发展，民又能安居乐业。所以许多国家来中国朝贡，故史称“康乾盛世”。船山认为治理好国家，不外乎政教两大问题。但两者有先后与本末之分：论先者，亦谓国家政权稳定；后者亦本末则为“教本也”。[1]又谓文化教育之发展，双方关系处理得当，就会促进社会秩序安定与经济发展，这关系到国家兴衰与存亡，即符合他所说“政立而后教可施焉”之论述而无可非议。

同时，船山要求对文化教育必须进行改革：一是文化教育大权，要与政权、兵权，同样掌握在国家领导之下，国家才能从学校取舍人才。否则，其培养的人才，可能会适得其反。二是提倡“教必着行”，作为揭弊纠偏的一项重要措施。要使教与学能结合世用，就必须从力行实践出发，去求知，去安排教学工作。所以力行是获得“真知”的可靠途径，力行比之读书、讲习，甚至比之见闻都更加真切，也就是说百闻不如一见，百见不如一干，干就是力行。因此，教育要学用结合，力图将学与用，理论与实际相结合。三是希望“王者以公天下为心，以扶进人才于君子之涂为道”。[2]他还说：“是用人行政，交相扶以图治，失其一，则一之仅存者不足以救，古今乱亡之轨，所以相寻而不舍也。”他指出国家在用人之际，要大公无私，不论是亲朋与他人，都要同等对待，还要考虑德与才。如果只有文化而缺乏道德，或只有道德而缺少文化，都不能治理好国家，同时又是古今国家乱亡之因。所以在选拔人才，不可以单取其一，而是选具有德才兼备者，方可以达到目的，相反则有误国家大事。四是文武结合，国家不论在太平与动乱，或经济困难之时，都不能忘记发展文化教育。他认为政治是支配文化教育发展之动力，文化教育又反作用于政治，为社会政治服务，

①《礼记章句》卷五，《船山全书》，第 4 册，P334。

②《读通鉴论》卷十一，晋武帝十一论，《船山全书》，第 10 册，P427。

这便是政治与文化教育发展之规律。故谓船山论文化教育与政治关系，其见解是非常正确的，使后人无可置议。

二、文化教育发展与社会经济之关系

船山说：“衣食足而后礼义兴。……《易》曰：黄帝、尧、舜垂衣裳而天下治”。[①] 他总结我国五千年封建社会进步，显示人类文化教育发展，必须依赖于国家政权巩固，社会秩序安定，以及人们物质生活条件改善。相反，若人们处于“日争一饱，夜争一宿”之际，与衣、食、住这些方面都不能解决，那社会秩序何以安定，文化教育岂能发展？故谓社会生产力发展，人们物质生活改善，是关系到文化教育发展的决定因素。人们思想进步、道德规范，受教育者就会日增，国家整体文化素质就会相应提高，那科学与工、农业生产就越来越发展，人们的生活就会更加美好。

船山说：“善恶赖藉于生计”。指善与恶之形成，有赖于人们能否有饭吃，有衣穿。人们能安居乐业，社会风俗就会向好处发展。社会风俗好，《船山全书》，能促进文化教育发展，此乃事物循环发展之规律。他说：“则民安土无求，守先畴而生其忠爱，然后农壹士秀，风俗美而学校可兴也。”[②] 他认为国家一旦太平，民能安居乐业，士人也就别无他求，守其家业世代相传，而人才方能辈出，社会风俗才能形成弃恶从善局面。船山说：“行密从之，垂至于李氏有国，而江、淮之民，富庶

①《诗广传》卷五，《船山全书》，第 3 册，P491。

②《礼记章句》卷五，《船山全书》，第 4 册，P335。

甲天下，文教兴焉。”[①] 在这里，谓高勖劝杨行密将国家多余的物资，与邻国未有的相与贸易，以供国与军用。同时择吏者以治民，发展生产以养民，不过数年之后，国家自然富强，而杨行密从之。垂至唐太宗佐父削平海内群雄，化家为国。在治国方略中，一是善于纳谏而听群臣之直言，知人善用，几怒魏征而不贬。二是以炀帝苛政亡国为借鉴而励精图治。三是制定适应于民、实行轻徭薄赋等惠民政策。四是大力发展农业、手工业等各项生产。如是，人们生活得到改善，社会秩序安定，而文化教育随着社会经济繁荣而发展。因此，很多国家派使者来中国学习、交流，使中国成为当时世界文化教育最发达的国家。

唐太宗又在弘文殿聚集群书二十万卷于其侧，选天下文学之士，令更日宿直，听朝之陈，讲论前言往行，而文教兴。故韩愈、柳宗元，李白、杜甫等文人应世而出。致使江、淮之民有富甲天下之称。故史称“唐太宗治道之盛，三代以下未有也”。

王船山认为：人们的思想与行动，是受现实生活与环境好坏所影响。生活于农村的贫苦人，被视为是“贫乏”者，受其生活环境限制而不能受到教育。生活于城市悠闲环境中的人，不但能受到教育，而且会形成一种“骄纵邪侈”，即会产生一种骄傲自大情绪。因此，想要改变人的思想与道德观念，启迪人们潜在的智慧与能力，必须要改变其生活条件，满足其物质生活需要。

①《读通鉴论》卷二十七，唐昭宗五论，《船山全书》，第10册，P1058。

王船山说："饮食男女，人之大欲共焉者也。"[1] 谓上至帝王将相，下至庶民百姓，不论男与女、老与少，为了生存于社会上，不可能不吃饭，可见解决人民生活问题，与发展文化教育是十分相关的。从客观上来分析，如果不能满足人们的物质需要，是违反自然发展规律。他又批判历史上有些理学家，认为人们需要过多物质，是万恶之源。

船山认为，人们追求物质生活，是促进社会进步，推进生产力发展，是创造社会财富不断增值之动力。所以他说："若无私欲，即无圣学"。他不但把"圣学"与"私欲"相提并论，而且认为"圣学"是出于私欲基础上演变而来。故谓"圣学"不是封建社会统治者，如卫道士所说之"圣学"，而是具有现代科学基础的论述。可见王船山在三百多年前，能有如此别开生面之说，不但为前人所不及，更为我们今天后学者，在科学研究方面提供强大的精神力量。

今天的文化教育之所以发展。一是国家政权巩固，而善于处理内外干扰。二是社会生产力得到前所未有的发展，国民经济不断增强，而人民生活逐渐进入小康水平。三是国家提倡"科教兴国、以教育为本"，促进文化教育而发展。四是在普及九年义务教育前提下，实行"两免一补"政策，而规定人人都有受教育的义务与权力。五是在发展公办教育的同时，又颁布《民办教育促进法》，而鼓励发展民办教育。这些举措，为发扬与继承我国的光荣传统，而有功于千秋万代。

①《诗广传》卷二，《船山全书》，第3册，P383。

船山论文化教育与经济，以及生产与文化教育发展的关系，而是相互依赖与并举的。他指出经济是制约文化教育发展的决定因素，而社会风俗好坏直接影响文化教育的发展。他的论述在我国教育史上可谓独树一帜。

三、教育与人性论之关系

在我国教育史上，对于人性之形成，人之素质，人才之培养，众说不一，争论不已，但大致不外乎唯心与唯物两类。其两者之焦点，又是论及“习”与“性”，与人自然素质是否需要通过受教育之过程。

船山说：“夫性者何也，生之理也，知觉运动之理也，食色之理也，此理禽兽之心所无，而人所独有也。”① 我们在天地之间所见之物，一曰植物；二曰动物；三曰矿物。其动物又分两种，禽兽之类也称动物，而人类则称高等动物。人与禽兽有生理之别，人之大脑与智慧以及在吃、穿、住等方面包含着文明，而禽兽则不然者。是因为人独有的耳、目、口、鼻、心等器官潜在的机能，具有思维能力“心之官”与生俱来，与禽兽有显然不同，而相比之下。正如古人所说“人为万物之灵也”。

历史上的唯心理学家，称“先天之性”，论人成才是“天成之”，是天生之才能，是天然之素质，是命运注定的。船山却认为成才者，不是“先天之性”，是“后天之性”，而是受教育的结果。不论“先天之性”，与“后天之性”，从发展角度来看，“性”都在不断生长或“生成”。

①《四书训义》卷三十五，《船山全书》，第8册，P676。

人性之形成，是离不开生长的。正如船山说：“目日生视、耳日生听、心日生思，形受以为器，气受以为充，理受以为德，取之纯，用之粹而善；取之驳，用之杂而恶；不知其所自生而生。是以君子自强不息，日干夕惕，而择之，守之，以养性也。于是有生以后，日生之性益善而无恶焉。”[①]他认为人生下来，其感官机能、认识能力之所以能发展，在于人平时在“习”字上能下工夫。人通过受教育，运用其感官机能，才能达到“日用而日生”。人有受教育的生理基础，每个人生下来，都具有“知觉运动之理”。但这种“知觉运动之理”，可说“可知可能之质”，必须采取合理的教育方法，才能开发其智力。人的才智在形成过程中，不可能不接受教育。从另一角度来看，人的天生资质，往往是“不齐”的，是千变万化的。有的不喜欢读书，但善于其他行业，或有一技之长，可成为工贾能手，或善于政治权术，其前程辉煌，甚至有所胜出。俗话说：“人不可以貌相，海水不可以斗量”，其言不谓不然。

教师还要视其学生爱好、特长、接受能力，按不同层次进行教育，切不可盲目行事，要适应其心态，达到各成其才，各得其所。人之所以能成才，必须要经过教师教育过程，以启发与提高学习兴趣，要按照人的生理心态与客观发展规律，才能开发人之智力，以“尽人之才”。

船山说：“初生而受性之量，日生而受性之真”。[②]谓人生下来，就具有各种器官与潜在之机能。智力与思维能力不断

①《尚书引义太甲二》，《船山全书》，第2册，P301 。

②《思问录内篇》，《船山全书》，第12册，P413。

发展，才能使知识从无而有，从有而“富有”。想要达到这些要求，教师必须遵循“生之理”，按其本身发展规律进行教育，才能使学生学习日新月异。

船山认为，“后天之性”是指善与恶之形成，成才与不成才者是受教育，或教育不当之结果。他说：“性为最初之生理，而善与不善皆后起之分涂也。”[①]说人生下来，就具有习性。一旦不去加强教育，就会染上恶习，甚至愈演愈烈。可见王船山重视教育功能，认为思想与道德观念之提高，是受教育与学习之结果。教育与学习能提高智商，增强知识，达到“习成”与“性累移而异”。从不知达到已知，从学业粗浅达到有用之才，在人之“成性”中，起着主要作用。他说“习尚渐渍而为之移。”[②]他进一步肯定环境与学习是形成人的“习性”之关键。他在这里肯定人生下来就具有不同差异，要给予合理培养，发展其自然素质与潜在之能力。

他又认为“先天之性”得助于天，不通过受教育而学好知识是不可能的。其所以能学好，只能是利用“自然之质”与“生之理”相结合，然后进行教育，才能达到学知之目的。他反对“生而知之”与“上智下愚不移”的观点。认为不学而知之人，在天地之间是不可以存在的。只有人与天“相受”而知，“日受日生”。其“生而知之”是一种“相命之说”，亦“无心无目”，是历史上别有用心之理学家所说的谎言。社会之所以产生“生而知之”与“上智下愚”的说法。一是古代贵族“世官”

①《四书训义》卷十八，《船山全书》，第7册。

②《礼记章句》卷十九，《船山全书》，第4册。

世袭制，形成后世“龙生龙、凤生凤”的血统论思想。所以王夫之说：“是以古人之为法，士之子恒为士，农之子恒为农，非绝农人之子于天性之外也”。[①]按古代之规定，其为官者，而子孙亦可为官为吏，而务农之子孙还是耕田。其实“世官”与士大夫也“有顽、有愚”，而在农民与工人子弟中亦“有贤”又“有秀”。二是后世所谓学者，有意“推崇圣人”，加以神化，圣人并非“生知”与“上智”，而是善于学习，广积古人、众人知识于一身。其说圣人生知，不待学而知道，此乃“荒唐迂诞邪说”。[②]可见王船山以唯物主义思想，对历代理学家所谓“圣学”之说，以卓越之见解，指责其“圣学”乃欺世之论。

王船山对“先天之性”与“后天之性”，做了明确分析，论证两者之含义及相互关系，教育对培养人才之作用，无工匠则不成器，人无教育，而终不能成为有用之才。我认为王船山论教育与人素质之关系，既合乎情理，又符合当今国家所提倡素质教育。对培养学生德、智、体、美、劳全面发展，无疑具有借鉴作用。

四、教育与道德之关系

王船山认为人的道德观念，亦标志着人在工作与生活中的行为，而是人能否成才之大事。其道德又分为“天性”与“习性”两部分。其天性者，以荀况、王充、柳宗元、王安石等，以提倡“无于内而取于外”之观点，而以孟轲与二程，朱熹等，主

①《读通鉴论》卷十，三国二论，《船山全书》，第10册，P375。

②《四书大全说》卷六，《船山全书》，第6册。

张以“有于内而资于外”的唯心主义派，认为“天性”是人之才能、智慧与道德规范，是在社会实践中逐步成长，不需要通过教育而形成。船山却认为：那些危害国家的人，也不是天生的本性，而是一系列未受教育的结果。其“习性”是指人们对某种事物、工作已形成一种习惯与兴趣。但这种习惯与兴趣的好坏，也取决于所受的教育环境好与坏。因此，人的知识、才能，亦“非生知”，而是通过“后天之性”学知的。人的坏习惯、坏作风，为人们所厌倦，也不是天生所有的，“非性之本然”，而是未受教育或未受好教育的结果。

对于汪精卫当汉奸，能说他未受教育，非也，而是他受好多教育。他之所以如此者，是他生下来，正如船山所说：乃“自然之质”与“生之理”相结合所形成。故谓汪精卫虽受到教育，也不能改变其恶习。愚以为这一败类现象，必然还是极其少数的。但主流学好与学坏，还是关系到受教育或未受好教育所影响。因此，王船山在论德育过程中，提出了几个问题，让教育工作者从实践中去学习，去探讨，而求得真正的教学技巧。

一是“致知”。他认为德育过程中的“知”，能促使人接受道德知识而形成道德观念。在生活实践中，做到“知其不可为”与“知其可为”，亦不会出现“有过不自知”。要想达到“自主”与“自觉”履行道德行为，就必须了解“致知”的道理，然后通过教育，形成船山所说“必昭昭然知其当然，由来不昧而条理不逮”之要求，可见“致知”在德育过程中之重要性。他还进一步探讨“致知”的途径与内容。道德之“致知”，本身是一个由低至高的过程。他说：“大抵格物之功，心官与耳目均用，学问为主，而思辨辅之，所思所辨者，皆其所学问之事。致知之功，则唯在心官，思辨为主，而学问辅之。所学问者，乃以决其思辨之疑，致知在格物，以耳目恣心之用，而使有所循也”。[①]“夫知之方有二，二者相济也，而抑各有所从，博取之象数，远征之古今，以求尽乎理。所谓格物也，虚以生其明，思以穷其隐。所谓致知也，非致知则物无所裁而玩物以丧志，非格物则知非所用，而荡智以入邪；二者相济，则不容不各致焉。”[②]

他认为受教育者，在学习中能专心听老师讲课，在多看、多读、多写的基础上，运用学与思的学习方法，不单独取其一，须紧密配合，其功能才会显现。一是运用得越好，其进步就越快。二是虚心学习，对问题认真思考，知其得失所在，其知识才能达到愈深、愈广的程度。受教育者认为知识是不学而知就会丧失其志向，不会发奋学习，更不会去努力求进取，会染上坏习惯。想要挽救这些习性，自然是件难事。从王船山上述两段论述中得知，道德认知分为两个阶段。一是格物与致知。二是学与思。前者是谈受教育者感性认识与知识之积累。后者是讲受教育者理性之认识与知识之贯通。受教育者，必须通过上述两个阶段道德认识后，才能形成择善去恶之理性。具备了这种道德理性之后，才有道德自觉性，在今后工作与生活实践中，方可辨别自己在道德行为中是否正确。

二是“知”与“行”，可分为两大段。他说：“知行之分，

①《读四书大全说》卷一，《船山全书》，第 6 册，P404。

②《尚书引义》卷三，《船山全书》，第 2 册，P312。

有从大段分界线者，则如讲述义理为知，应事接物为行，是也。乃讲述之中，力其讲述之事，则亦有行矣。”① 其意已在“致知”的论述中讲明，在“知”和“行”的问题上，王船山批判有些理学家“知先行后”之说，认为“知先行后”亦离开人类生活实践。他强调“主教有本，躬行为起化之源，谨教有义，正道为渐摩之益”的论述，是很有道理的。②

德育必须建立在“躬行”的基础上，只有“躬行”受教育者才能产生道德观念，而形成道德质量。在知行二者之中，而行是最重要的。因为“知”来源于行，故曰“知”之形成，必须依靠行才能达到，而“行”不能彻悟“知”。因知之效果，必须通过“行”方得以体现。所以“行”是德育过程中最根本的环节，是形成道德质量之基础，也是道德质量之标志，从而形成人的道德观念。

三是“知行相资为用”，是指德育过程中行与知，各有自己的特点与作用。但他们二者并非截然分开，而是相互联系在一起的。他说“诚明相资以为体，知行相资以为用，唯其各有致功，亦各有其效，故相资以互用”。③ 他认为“知”与“行”，在德育过程中起着极其重要的作用。由于它们各有自己的功能与效果，也就导致“相资以互用”，“知”与“行”有着不可分割的关系。

王船山说：“由知而知所行，由行而行则知之，亦可云并

①《读四书大全说》卷三，《船山全书》，第 6 册，P562。

②《四书训义》卷三十二，《船山全书》，第 8 册。

③《 礼记章句》卷三十一，《船山全书》，第 4 册，P1256。

进而有功”。[1]他进一步论述了知之愈多，就行之愈笃、愈力，则知之愈深，知与行之间，是一个并进而有功之整体。他又继承先贤所说的“学、问、思、辨、行”等五个环节是教育学生，形成思想过程的方法。进一步指出“行”是道德观的来源，是形成道德观念的基础，而且“行”是道德的体现。

船山说：“未成可成，已成可革”。[2]他认为人的习性可以改变，还没养成的可以养成，已经养成的还可以再改变。人的恶习之所以形成，是人在失教与教育不当情况下造成的。想要挽救这些有恶习者，必须通过教师教育，利用新环境，采取有效措施，促使其改变“恶习”。

船山说：“教育是个大炉，冶与其洁，而不保其往者，无不可施”。[3]亦谓学校等于一座冶炼的熔炉。其功能将学生的不良习惯，通过教师加强教育，或采取措施，逐渐改变，使之能自觉地去学习，达到去恶从善之目的。如果“失教”或教育不当，学生就会向坏处发展，干非法之事，危害于社会。

船山说：“人不幸而失教，陷入于恶习，耳所闻者非人之言，目所见者非人之事，日渐月渍于里巷村落之中，而有志者欲挽回成性之者，非洗髓伐毛，必不能胜。”[4]人一旦不受教育，就会随心所欲去干坏事，所言非人所该言，所做非人该做之事。时间一久，所做的坏事越多，越恶劣，越危害于社会。要想改

①《读四书大全说》卷四，《船山全书》，第 6 册 P598。

②《尚书引义》卷三，《船山全书》，第 2 册 P301。

③《读四书大全说》卷九，《船山全书》，第 2 册，P1015。

④《俟解》，《船山全书》，第 12 册，P494。

变这些成性之人，将是一件难上加难之事，必须通过“洗髓伐毛”。也就是说，将学生身上的灰尘洗干净，将不良习惯改变，达到弃恶从善之目的。否则，还是枉费心机，不了了之。诚如船山说：“道德教育是形成青少年善恶之关键”，而不可否认之事。

船山说：“世教衰，风俗坏，才不逮者染于习尤易，逐日远于性而后不可变”。[①] 如果社会不加强教育，道德败坏之风渐盛，未受教育者则容易被侵袭，时间久了，那些恶习成性者，就很难改恶从善。尤其是人在小时候，如不加强教育，更容易受到坏影响，而形成一种“恶性”。人一旦步入恶性，如不采取惩罚，加强教育等有效措施，让其发展下去，其恶性是无法改变的。所以想要挽救这些成性者，必须做到学校与家庭、社会教育相结合，只有这样才能改变其恶习，与“尽人之材”，而达到人才辈出之目的。

船山的德育思想，从理论上倡导“知行相资互用”，从实践工作上突出道德与实践相结合。他将道德修养与教育、生活实践、政治实践结合起来，提出注重实践，经世致用的学术思想，对于我们今天培养全面发展之人才，具有极其重要的借鉴作用。

五、教育是启发学生自觉性之过程

船山说：“善教者必有善学者，而后其教之益大，教者但能示以所进之善，而进之之功在人之自悟”[②]，亦谓一位善于

①《张子正蒙注》卷三，《船山全书》，第12册，P134。

②《四书训义》卷五，《船山全书》，第7册。

教书先生，必须有一批善于学习的学生，通过教师的教育，那学生学习的进步也就更快。但学好知识，还是靠学生自己去努力，去争取，去拼搏。所以他又说：“人习于善，士习于学，学成而习于教，各尽其职分之所当，无假于宠，而抑杞人爵之所能宠哉”[①]，亦说明人之从善与从学者，都离不开教育之过程，一旦成性，成为习惯，在工作中能尽职尽责，辨别是非，则不会虚而无实，岂以地位高低与厚禄所能改变其习性。

船山说：“有自修之心则来学而因教之，若未能有自修之志而强往教之，则虽教亡益”。[②]他认为学生本身想学，一旦遇到难题，就会请教于老师；经过教师加以教育、启发，其功能才会日新月异。相反，学生不肯去学习，一心一意想去玩耍，又沉迷于网吧、电游，教师再怎么教育也是枉然，可见学生学好知识，还是靠学生自己去学习。但学好知识不能靠模仿、死读，而是遇到相应的问题，不能“举手异用”和达到“成其变化”，就等于空学。因此，教师在任教期间，要充分发挥学生自身存在之潜力、智慧，加以引导，启发，使学生牢固掌握知识，又能消化与运用知识，才能算是自己的才能。

船山反对“离物求觉”，主张“依物求觉”的观点。因为离开“依物求觉”的概念，其结果就会“坠其志，息其意”，亦没有信心、恒心去学好知识。如果能遵循“依物求觉”之道理，就会在学习过程中下功夫，求得真才实学，不会想入非非，其理想就能如愿以偿。在这个基础上，教师在教育学生时，要有“立

① 《宋论》卷十四，理宋二论，《船山全书》，第 11 册，P311。

②《礼记章句．曲礼》，《船山全书》，第 4 册，P16。

志”与“正志”的决心。因为有立志，就会向目标奋斗，向“立志”方向去争取，其进步才能日增，聪明才能日盛。其“正志”，是自己有正确的追求与理想，而不是想入非非之事。如立志做一位教师，或医生，那就在学习上下功夫，争取考上师范与医科大学。同时又可以启发学生的积极性、自觉性，还具有批判与选择才能，在今后工作中就不会迷失方向，就能始终如一，孜孜不倦去学习，更不会陷入“玩物丧志”之境，不会被某些古人的巧言花语所牵引，被唯心主义所侵袭，更不会做坏事。由此可见，立志与正志好与坏，关系到人生的命运与能否成才。诚如古人之言：“学非志不成”，“志定而学乃益”。这是教师教育学生之铭言，而必不可忽视。

船山说：“人之所为，万变不齐，而志则必一，从无一人两志者”。[①] 谓人生于社会上，犹如大海一舟，其思想是千变万化的，各有所长、所短，一个人只能有一个志向。因为有两个志向，人之能力、精力、财力有限，是难能成功的。因此教师在教育学生时，要求学生只立一个志向。

他说：“人之所以异于禽兽者，唯志而已矣，不守其志，不充其量，则人何以异于禽兽哉”。[②] 人与禽兽之所以不同者，是人有志向、有道德规范，而且具备了一定的文化素质，又能通过教育就不会任从所欲，而禽畜则不可如此。如果人不按自己的志向去努力，又不肯接受教育，则与禽兽无异。

他强调受教育者，在德育过程中，必须了解“立志”与“正

①《俟解》，《船山全书》，第 12 册，P491。

②《思问录》外篇，《船山全书》，第 12 册，P451。

志”的含义，去追求“至善”，才能达到道德完善的境界。他要求教师不但要教育学生“立志”与“正志”，而且本身也需要“立志”与“正志”。因为教师有了“立志”与“正志”，在教学中就会以身作则，对于教育学生将起到示范作用，有利于教育学生“立志”与“正志”。故谓教师“立志”与“正志”，是教育学生一项非常重要之举措。

船山还要求教师掌握“蒙以养正”的教学方法。即正确引导学生与正面教育之外，还要采取批评与惩罚为辅的教育方法，使学生能自觉地、有效地转化。对学生采取“惩罚”，与“强制”手段是外因；促使学生能主动、自觉去学习，改恶从善才是内因。只有通过外因与内因相互作用，才能使学生由被动转化为主动，由不自觉转化为自觉。当今社会上有些家长，却认为教师采取惩罚与强制的方法，不符合现行教育方针与政策，从而与学校、教师产生矛盾。家长爱护子女是人之常情，但对待这个问题，要看教师的心态及出发点。按常理教师与家长，同样是关心学生学习与成长。如果出于私心，体罚学生，摧残学生，则另当别论。所以船山说“教之功”，是说学生善恶之形成，知识之深浅，是靠教师教育，才能使受教育者从内心改过自新。

当今社会，由于人民生活水平不断在提高，家长疼爱子女，情愿自己少吃少穿，而任从子女随心所欲，而船山认为这不是真心爱护子女。其真心爱护子女，就要紧密配合学校，多与老师联系，多了解子女，教育子女树立正确的人生与价值观，明确读书之目的，更要意识到子女在小时候，一旦养成了恶性，长大后难以改变，关心子女要从长远着想。如果一味溺爱就会害了他，甚至落入法网，那时再捶胸顿足，嚎啕大哭，悔之晚矣。所以船山认为：教育是启发学生自觉学好知识，改恶从善的过程，是必不可缺的途径。

六、学、思结合，以思为主之学习方法

船山说："天下之理，思而可得也；思而不得，学焉而愈可得也；而有非思与学之所能得者，则治地之政是也"。[①]受教育者在学习的时候，只运用"思"的方法，而学好知识是有限的；或只学而忽视"思"，同样也是学不好的。想要学好知识，必须运用"思"与"学"相结合的学习方法才能实现。

他说："凡天下之民，谁不有可知可能之理"。[②]谓天下之民，没有什么理由不受教育、不学知识，也没有什么理由学不好知识。因为人生下来就具有理性感觉。他反对"上智下愚"之说，否定人之知识与才能是"生而知之"，他认为是"学而知之"。人的知识不是一成不变的，只要人能认真去学习、去思考，其知识一定能增多。他又提出"有物始有知"，"学之始事，必于格物"，"庶物之理，非学不知"的论述；认为知识实体即是事物，事物之"理"，就是事物之知识。"理因物而有，无物则无理，故穷理必即物而穷之"[③]，而不是唯心主义所谈空虚玄妙的东西。他在知识观点上，坚持唯物主义路线，对历代神学、玄学、理学等唯心主义知识论，进行有力的批判。认为

①《宋论》光宗二论卷十二，《船山全书》，第11册，P275。

②《四书训义》卷二，《船山全书》，第7册。

③《礼记章句·大学篇》，《船山全书》，第4册

知识实体是事物，知识是客观存在之反映。只存在已知与未知之事，而不存在不可知的问题。所以他又说："学以启愚也，不善学者，复以益其愚，则汉人专经保残之学，陷之于寻，丈之间也"之说，此乃弥足珍贵之言也。

王船山说："致知之途有二，曰学、曰思，学则不恃己之聪明，而一唯先觉之是效，思则不徇古人之陈迹，而任吾警悟之灵。乃二者不可偏废，而必相资以为功"。[①] 他认为受教育者，在学习之中，必须掌握"学"与"思"的学习方法。不能以为自己略知一二，就骄傲自大而放松学习。应从学习中来扩大自己的知识面，在思想上不要按古人陈旧的思路去钻研，要发挥自己的智慧与能力，得出自己的认知。否则，就会"守其故物而不能日新，虽其未消，亦槁而死"。[②] 谓受教育者只读课本上之书，不追求新知识，其知识是有限的。故谓学与思不是互不相关，而是相辅相成。不去扩大自己的知识面，则有碍于独立思考的发展。不去独立思考，则不能深入理解其内容。

船山说："学愈博则思愈远，思之困则学必勤"。是指善于学习的人，在学习中就会独立思考，学、思并用，其成绩就会更好。学识愈广博则思考事物越深远，视野越开阔。反之，思考问题缺乏深度，遇到困惑，就需要更加勤奋学习。知识浅薄，就要更加发奋学习，其成绩才能有新的突破，日积月累，其知识定能增加。思想的广度与深度，才有助于学习，达到"致知"之目的。全面深入增加自己的知识，其"才日用而日生，思以

①《四书训义》卷六，《船山全书》，第7册。

②《思问录》外篇，《船山全书》，第12册。

引而不竭”。一个人潜在之能力，是取之不尽，用之不竭，“日用而日生”，越用越聪明，越用越发达。诚如船山说：“目必竭而后明”，“耳必竭而后聪”，“心必竭而后睿”。故他又认为：“所以然者，何也，天下之思而可得，学而可知者，理也；思而不能得，学而不能知者，物也”。[①]谓天下之人，想要得到的东西，办好一件事，有决心与信心，方可得到，与天下之难事，同样会做好，此自然之理。相反既得不到，遇事又不会做，于物而不可思议，理二者庸置之辨也。

船山说：“大抵格物之功，心官与耳目均用，学问为主，而思辨辅之，所思所辨者皆其所学问之事。致知之功则唯在心官，思辨为主，而学问辅之，所学问者乃以决其思辨之疑，致知在格物，以耳目资心之用而使有所循也，非耳目全操心之权而心可废也”。[②]受教育者，想要学好知识，必须从内心运用学与思，以思为主的学习方法。但二者具有不同的功能，有其统一性，又有区别，在不同情况下，又有主次之分。所以学好知识，关键在于“学与思”是否下了功夫。耳、目、心三者是相互联系与依赖、又相互作用的。如果不运用耳与目之功能，而单靠其心去学习，也不能提高人之知识。可见王船山论“学思相资”，以思为主的关系，为今天的学者指明学习的方法与方向，观点明确，意义深远，在我国教育史上具有深远意义。

七、先知其心与量材而授之教学方针

①《宋论》卷十二，光宗二论，《船山全书》，第 11 册，P276。

②《读四书大全说》卷一，《船山全书》，第 6 册，P 404。

船山要求教师首先要具备“深知其心”与“因材授教”的教学方法。[1]指学生的内心世界与资质不尽相同，有钝、有敏。掌握的知识有多、有少，有深、有浅，道德不同，志向不一，教师要根据学生的资质，从实际出发，“各如其量”进行教学，而做到人无不可教，教无不可施。怎样才能做到这一点？他要求教师在学生已知的前提下，进行不同层次的教育。但又不能以此为限，还应该发挥学生自身存在的潜力，在已知已能的基础上，推向未知未能阶段，必须“引之以知，勉之以行”。其“因材而授”，绝不是迁就学生水平，而是在原有水平上有所进步与突破，从不知到已知，从知少到知多。教师在授课之余，对成绩低劣之学生，还要加强个别辅导。

王船山说：“吾之与学者相接也，教无不可施，吾则因其所可知，而示之知焉；因其所可行，而示之行焉，其未能知，而引之以知焉；其未能行，而勉之以行焉，未尝无有以诲之也”。[2]他在教学中认为：学生学好知识，与教师教学的好与坏有一定的关系。又认为通过教师教育，都是可以教好的，也没有谁学不好知识，还要根据学生所学的知识多与少而加强教育，才能使学生学习进步。还要根据其素质与学生存在的问题，有针对性地进行教育、辅导。对确实不知道的学生，不能盲目地进行教育，而是要做好细致的引导工作。

船山认为教师在运用“因材而授”的过程中，关键是要了解学生内心世界观，“洞知其所自蔽”，才能“因其蔽而通之”，

①《礼记章句》卷十八，《船山全书》，第4册。

②《四书训义》卷十一，《船山全书》，第7册。

亦知学生之所未知之处，然后根据其未知之处而教育。如是，亦等于对症下药的教育方法，才能使学生得到改正之机会，其效果就要好些、快些。已知学生存在的问题与知识之深浅，那教师又要做大量“因量善诱”的工作。工作做得好与坏，就看教师的责任感与方法。其责任感之强弱与方法对否，关系到学生学习进步快与慢，成才与不能成才，善与恶等方面。所以教师在这方面要十分重视，并认为是教好学生不可缺少的方法。教师在“因量善诱”的前提下，还要掌握教学技巧，以不同的方法吸引学生听讲，增加学习兴趣。

船山认为：在教学中还要掌握“教之术”。可“教之术”，亦分“因机设教”与“因材启发”两个部分。“因机设教”即教师应根据学生知识之深浅，接受能力之快慢传授知识。学生在接受知识中，亦称“受之时”，而教师不能视其性之固然，必须善于了解学生，对存在的问题予以启发。此二者相应而不离，相因而共存。其“因材施教”，亦谓“教之序”。在教学中，其一要有序而不息，不但自己知识要丰富，而且在教学中，不能听之任之，应按顺序传授知识。其二是组织与安排，教师教学应按先与后，难与易的顺序进行。其三是教学内容的逻辑性，教师在教学中所讲知识，不但要合乎事实，而且不能讲空洞无根，无叶之学，然后根据其深与浅而授之，这才能使学生易懂，易接受，知其精义之所存。

船山认为：学生真的掌握了知识，形成求理心态，亦会主动探索与领会学习之过程。相反学生因知识浅薄，教师所讲知识又听不进去，乏味，在课堂上就会讲小话、搞小动作，其教师传授知识是没有效果的，而学生一无所获。

他又认为：当学生对某个问题，正在思考之中有所了解，而未明确解答，或不能用准确语言表达出来，教师要予以开导，否则就没有效果。所以教师在启发学生时应注意时机。一是学生不能对答之处，要予以启发。二是学生有“若知若不知之机”，要予以开导。三是学生“不愤”，虽予启发，也不能使学生明白。所以教师在学生自觉基础上进行教育，不然是言多益少，或多言无益。基于此，而学校的领导也要开导教师，督促教师掌握这些方面的技巧去教育学生，其效果就要好些。这说明船山论教学，采取“深知其心”与“因材授教”之教学方法，为今天执教者，提高教学质量指明了方向、方法。

八、教学恒心与己之明之重要性

船山提出教师当采用“恒教事”与“知自明”的教学办法。他认为教师在教学过程中，对学生学好知识与否肩负着主导之作用。因此，他要求教师在教学工作中，要有决心、有信心，把教学工作搞好，不能以遇到困难就丧失其志，或不从事教学工作也是不对的，应认识到教书育人有着深远意义。

船山说:“经纶草昧太虚，不贷于云雷丽泽”。[①]谓一位园丁，想要把花养好，就要根据气候之变化，进行不同程度去浇水、除草、施肥，其花自然长得茂盛。如果遇到高温天气而不去加强管理，其花自然枯死。比如农夫在耕作田、土之时，做到精耕细作，定能得到好收成。相反，只依靠其自然条件让其生长，

①《姜斋文集》卷一，《船山全书》，第15册。

虽不受干旱，也得不到好收成。“讲习君子，必恒其教事”[①]，即要求教师在教学中，像园丁培养花卉、农夫耕作田、土一样，而孜孜不倦于教学工作。还要求教师在教学中，达到“教人明”之目的，需要具备“悉知之”、“决信之”、“率行之”。[②]其“悉知之”，是教师在传授知识之前，要熟悉教材内容。“决信之”，是指教师有决心把学生教好。在知识方面，从不知达到已知，在道德方面，形成弃恶从善。“率行之”是指教师以自己行动作为表率，使学生来改变自己不良的习气。在教学中能达到这种要求，教师必须理解“既知且行”这个道理。他还强调教师在传授知识中，学生不但要知道，而且能适用于实践，这才算是学生明白了。

想要让学生明白，首先教师要自明。如果教师取于似知而不知，或不熟悉，贸然到讲堂去传授知识，而学生岂能知其所以然。教师将教材内容熟悉透了，其文章结构、中心思想、重点、难点、生字、难词等内容，都刻印在脑海里，讲课时则不会吞吞吐吐，而有条有理将知识传授给学生听，那学生自然能听明白，其成绩自然有所提高。故谓船山“欲明人者先自明”之说，是非常正确的。[③]

他批判当时的教师“大义不知其纲，微言不知其隐”。是指封建社会的教师，在教学中不讲解立人之道，仁与义之含义以及谗言之真伪。对所学的知识不能运用到日常工作中去，如

①《姜斋文集》卷一，《船山全书》，第 15 册。

②《四书训义》卷三十八，《船山全书》，第 11 册，P183。

③《四书训义》卷三十八，《船山全书》，第 7 册。

此一来，学生岂能领会知识之精华，反而会使学生“学而愈惑”。所以船山要求教师“必先穷理格物以致其知”，“博学详说”。教师传授知识之前，必须掌握教材内容，达到“由来不昧而条理不迷”，才能融会贯通其教材，不仅达到“知自明”，还要考虑到学生能知道多少，才算是符合“因材授教”的教学方法，才能提高教学质量。

船山“教者之事”的论述，归纳教育要具备高深的学问，懂得教育的规律，因材而授，扶正人心，为国家民族培养人才。分开来说，教者在政治上，理论上要正正当当，以“正道”、“正教”、“正言”、“正行”来教育学生，在学识上要做到“欲明人者先自明”，博学而明辨，知其然又知其所以然；在实施教育的艺术和能力方面，要顺应教育之序，因人因量施教。所以他要求教师在教学中切不可虚伪，必须具有真才实学，知之为知之，不知为不知，切不可蒙混过关，误人子弟。还要“持之有故”，不可华而不实，也不可守旧不放，无开拓思想，不然的话，亦不可为师者。他认为那些无真才实学，又不努力学习的所谓“艺苑教师”，他们所谈的都是自欺欺人，自缚缚人，非求自明者。在熟悉教材知识之外，还要以课外知识来教育学生，使之能扩大知识面。同时，又要牢记船山所说的“解析万物之理”与“学而不厌、诲人不倦”的精神，去分析种种事物的发展规律。还要学习传统文化，取其精华，加以发展，对不符合当今的旧思想予以排除，从而增加新的知识，又能提高分析能力，促使其成为全面发展之人才。

以上之论，为执教者在教学中，应牢记王船山提出的“恒教事”与“知自明”之教导，加强自身文化素质与学习，而促进学生更进一步明白。

九、教育与培养人才要适应于当务

船山处于明王朝覆亡之际，将培养人才视为救国安民之大事，亦认为秦之所以速亡，不是 “乏才”，而是秦始皇“无以养之也”。秦之兴，是秦始皇注重吸引与重用人才。统一全国后，颁布适应于民之政策，废诸侯为郡县，加强中央对地方的控制权，使民得到生息之机会。后来，秦始皇为了防止人民反抗与夷狄之侵略，而确保自己天下万万年。一方面兴修万里长城。两方面焚书坑儒。所以当时知识分子诚惶诚恐，而文化教育大受挫折。商鞅一旦归西去而秦无人继任，致使李斯以督责之术导谀劝淫，赵高以小人之技而弄权于天下。如是，陈胜、吴广，乘机起义，豪强相互混战。故秦之天下仅十四年而告终。

船山说“蜀非乏才，无有为主效尺寸者，于是知先主君臣之围图此也疏矣。勤于耕战，察于名法，而于长养人才，涵育熏陶之道，未之讲也”。[1] 谓蜀汉之所以无才，不能为国谋与捐躯者，是先主刘备与诸葛孔明，而疏于对人才之培养。虽君臣很重视发展农业、军事，适用于民之政策，但缺乏发展文化教育与培养人才。所以一到诸葛亮临终前夕，而福奉后主刘禅之命，问丞相百年后，谁可任大事者，而福又曰：“适因忽遽，失于咨请，故复来耳”！孔明曰：“吾死之后，可任大事者，蒋公琰其宜也。”福曰：“公琰之后，谁可继之？”孔明曰：“费

①《读通鉴论》卷十三国三十二论，《船山全书》，第10册，P408。

文伟可继之”。福又问：“文伟之后，谁当继者？”然而孔明其不答者何也。[①]是他认为蜀汉以后未有其人。其原因：一是蜀主刘禅无帝王之才，又无中兴之志，只图安享之乐，逆耳忠言不能辨。二是诸葛公六出祁山，决意伐魏，以攻为守，为确保蜀汉天下，而忽视发展文化教育与培养人才。当公与蒋公琰、费文伟归西去，蜀汉亦无人继任，致使邓艾引兵入侵阴平而不知。张维虽能继丞相之志，终以腹背受敌，寡不敌众而蜀亡。故谓“王者以公天下为心，以扶进人才于君子之涂”之说，实为后世君臣之借鉴而不可失也。

他认为，培养人才不是一朝一夕之事，而是需要长期发展文化教育。他说：“国家以学校为取舍人才之径，士挟利达之心，桎梏于章程，以应上之求则立志已荒而居业之陋”。[②]他认为只有通过学校教育，才能培养真正有用之才。在我国封建社会里，由于统治者推崇唯心主义理学，认为成才是先天资质所定，而唯物主义认为成才是受教育的结果，却被统治者所忽视。故人们知之甚少，致使当时所开办的教育机构所培养出来之人才，难以适应国家与社会需要。因此他说：“人才者，大臣之以固国之根本也，时未有贤，则教育之不夙也。不此之务，惴惴然求以弭谤而贻国家之患，可深惜也夫”。[③]则认为培养人才，是培养国家大臣之来源，关系到是否贻祸于国家之大事。

他主张在实施教育时，还要注意“教行化美”与“造士成

①《三国演义》第104回。

②《读通鉴论》卷十七，梁武帝七论，《船山全书》，第10册，P629。

③《读通鉴论》卷十四，东晋孝武帝七论，《船山全书》，第10册，P515。

材”。认为教师在教学中，不但要求学生学好文化，还要注重道德，才能为国家培养人才。又批判“无益于世”之才者，当国家处于危难之际，却无“扶危济难”之策，更不会挺身而出为国家效力。虽读书万卷，其目的是想当官发财，终日只能揣摩其文，不务实际，鼠目寸光，对于国家与民族危亡则置之度外。更不能“启其愚”，反而“益其愚”，谈不上“适时合用”。如果不遵照“教行化美”与“造士成材”去教育学生，将会产生如下后果：一是学生不会向好的方向发展，也不能开拓学生的智慧与能力。二是学生会沉浸于愚迷之中，所学知识等于空学。所以说“教行化美”与“造士成材”具有深远意义。

船山说:“学者之所以学,教者之所以教,皆有其当务焉。”① 在他看来，学生在学习之时，教师在教学之中，都要适应于当世所用。但不能以当时所流行之客话、套话、风流话，无骨之学来教育学生，否则将贻误学生前途。学生不能把读书当成是一项任务来消遣时光，而要将所学知识适应于社会。船山提出教者要以“因时立义”。是指教师在教学中，不但要根据时代需要来教育学生，而且要认为是自己的职责。船山提出学者要“读古人之书，以揣当世之务，得其精意而无法不可用矣”。② 他要求学生在读古人之书时，要“察其书中之精义”，明白书中的宗旨是什么，亦能辨别事之非非，亦不会陷入邪道，而不影响自己之前途。而且要结合当时之“时会”，并从书中找出能适应今世所用之知识，这才能产生效果。所以他说：“读古

①《四书训义》卷五，《船山全书》，第7册，P335。

②《读通鉴论》卷十，《船山全书》，第10册。

人书而不知通，且识而夕行之，以贼道而塞天下”。则认为不读书古人之书，或不能理解其意者，亦不知仁义道德，以非人性之术而祸天下，皆为教师在教学中，对学生进行教育而尤为关注之大事。

船山的“生平志”，就是以反清复明为己任。所以他在南岳与管嗣裘进行反清斗争。失败后，在明桂王王朝任行人司行人，对奸臣王化澄进行检举揭发，力图为明桂王能成就中兴之业。在险遭其迫害中，幸亏得到农民起义军首领高一功营救才回归衡阳。他目睹明王朝不可复兴，又接受清政府的统治。在湘西草堂与别奄著书中，以疾呼人民反清复明与寻找复明“贞士”为己任，又批判那些贪生怕死，只求终生荣华富贵之徒，不顾国家存亡者，“以哀鸣望瓦全，弗救于亡而徒为万世羞”。[①]亦体现船山爱国思想之明。

船山说：“行不足以尽之理，而教必著于行”。[②]指教师所教之知识，虽不能尽付之于实用，但必须要求学生去做。其目的是让学生的知识进一步得到巩固。其“教者期于行”，是指所学的知识不是单独为今天所用，也要为以后所用。学与用相结合，知识才达到有用之处，这才是教学目的。如船山所说：“知之尽，则实践之而已”。[③]以上所论，说明培养人才与文化教育都要适用于实际。故谓船山先生之见解，乃精辟之论述，则有别开生面之说，也为当今任教者，传授知识于学生指明了

①《宋论》卷十五，《船山全书》，第 11 册，P335

②《礼记章句》卷二十四，《船山全书》，第 4 册，P1130

③《张子正蒙注》卷五，《船山全书》，第 12 册，P199

方向与方法。如是，学生才能适应于社会。否则，徒劳无功。

船山疾呼受教育者要“学以致用”与适应于“今日之才”。如忽视他的教导，让学生去死读、强记课本上的知识不能灵活运用，变成一种应付考试的“机器”，又不能适应于千变万化的社会需求，那学生不但等于空学，而且为今天受教育者指明了学习方向、方法，乃弥足珍贵之言。

结论

王船山在三百多年前，对文化教育的发展，认为要在国家政权巩固、社会秩序安定、生产力发展的基础上，文化教育才能发展，又是关系到国家兴亡之大事。他又提倡“后天之性”，反对“先天之性”。亦要求教师在传授知识给学生，要采取“因材而授”，利用内因与外因之关系，“立志”与“正志”等办法来教育学生：又要求教师在教学工作中，要持之以恒，求得真才实学，达到“欲明人者先自明”。对学生要进行道德教育，反对“离物求觉”，提出“依物求觉”的唯物主义世界观，是批判与继承中国古代关于教育的理论。其见解深刻又丰富，有许许多多睿智之议论，发前人所未发，包含着若干正确因素与倾向，是难能可贵的。他的论述，不但已近于今天的科学方法，而且对今天的教育工作具有借鉴作用，实在令人感慨万千。

（本文二〇〇九年十月二十至二十五日，参加“中国、湖南、庆国庆、走江湖、拜祖庭、弘文化、促和谐系列活动”并收入本次论文集，衡阳日报二〇一〇年七月三日、一〇日、一七日、二十四日发表）

2009 年夏

七、王夫之论“娄敬祸天下”

《袁了凡资治纲鉴》卷六，《汉纪》第 41 页，汉高祖“癸卯九年冬，遣刘敬使匈奴，结和亲。匈奴冒顿屡犯北边，上患之。刘敬曰：天下初定，士卒罢于兵，未可以武服也。冒顿弑父妻母，以力为威，未可以仁义说也。诚能以适长公主妻之，彼心慕为阏氏，生子必为太子，冒顿在国为子婿，死则外孙为单于，岂尝闻外孙敢与大父抗礼哉。帝曰善，欲遣长公主如匈奴。吕后不可，乃取家人子，名曰长公主，以妻单于，使刘敬结和亲约”。

“癸卯九年冬十一月，徙齐、楚、大族富豪于关中。刘敬言关中民少，北近匈奴，东有疆族，一日有变，陛下未得高枕而卧也。愿徙六国后，及豪杰名家居关中，无事可以备胡，有变率以东伐，以疆本弱末之术也。于是，徙昭、屈、景、怀、田氏及豪杰于关中，与利田宅，凡十余万口”。[①]

据《汉纪》记载，史官对娄敬向汉主刘邦之进谏，欲遣长公主嫁匈奴与徒齐、楚大族富豪于关中，其得失，虽有评论，而王夫之以唯物论的观点，对其说则认为大不相同。现将其说作一浅析，而知其所以然也。

①《袁了凡资治纲鉴》卷六，《汉纪》汉高祖 p41。

王夫之说："娄敬之小智足以动人主，而其祸天下也裂矣！迁六国后及豪杰名家居关中，以为强本而弱末，似也。遣女嫁匈奴，生子必为太子，谕以礼节，无敢抗礼，而渐以称臣，以为用夏而变夷，似也。眩于一时之利害者，无不动也。乃姑弗与言违生民之性，姑弗与言裂人道之防；就其说以折之，敬之说恶足以逞哉"！[①]

娄敬所献策与匈奴和亲，与徒富豪大族于关中，虽有利于当时，又被汉主刘邦所用，而王夫之认为娄敬之言乃小人之智，又是祸乱天下之始。所谓迁六国之后及富豪名家居关中，为富国之道，以御北狄之策，从表面上看似乎可以。其与匈奴和亲，公主生子必为太子，以封建社会礼节，女婿与外孙焉能与岳翁、外公所能抗衡，与称臣于我，则不会轻举妄动以犯我中原，而我华夏之主，以华夏之精神文明，则可改变其习性，似乎为我朝所用。以当时的利害衡量，使民免遭战争之苦，又能安居乐业也是对的。但违背民之生性，与破坏防夷狄之策。就此二者之言，娄敬之说，其恶遗患千载而不息亦显示出来。

王夫之说："夷狄之有余者，猛悍也；其不足者，智巧也。非但其天性然，其习然也。性受于所生之气，习成于幼弱之时。天子以女配夷，臣民狃而不以为之辱，夷且往来于中国，而中国之女子妇于胡者多矣。胡雏杂母之气，而狎其言语，駤戾如其父，慧巧如其母，益其所不足以佐其所有余。故刘渊、石勒、高欢、宇文黑獭之流，其狡猾乃凌操，懿而驾其上。则

①《读通鉴论》卷二汉高帝15论，《船山全书》，第10册，P89。

礼节者，徒以长其文奸之具，因以屈中国而臣之也有余，而遑臣中国哉”[①]。

胡人之所以能侵犯我中原者，是胡人恃其骁勇，不怕死。其所以缺乏者，是胡人智谋不足。此二者之所以形成，是胡人本性所决定的。他认为刘邦以一朝天子，尚且遣长女嫁匈奴，亦不以此为羞辱，臣民更不以此而与胡人联婚。于是，胡人亦往来于中原，向汉人求婚也就渐多，为后来汉、胡两族联姻之始。所生子女非我汉人之气，又非胡人之习。其言语，其本性犹如其父，其智慧犹如其母。虽非我汉人之才，但有辅佐之能。故后来有刘渊、石勒、高欢之流，其狡诈之术不在曹操、司马懿之下。在道德上，不知礼义廉耻之为何，唯有奸邪之能。这就导致胡人后生者，亦有智勇双全者，为后来乱我中华之道。并以种种手段，掠夺我财产，残杀我华夏之民，使我华夏向夷狄称臣者而达数百年之久。

王夫之说：“富豪大族之所以强者，因其地也。诸田非渤海渔、盐之利，不足以强；屈、昭、景非云梦泽薮之资，不足以强；世家非姻娅之盛、朋友之合、小民之相比而相属，不足以强。弃其田里，违其宗党，夺其所便，拂其所习，羁旅寓食于关中土著之间，不十年而生事已落，气焰沮丧”[②]。

富豪大族，其所以强者，是因为拥有大量的土地，而有足够的收入。今田氏等大族移居关中，却没有渤海渔、盐之利，焉有未居关中以前之富裕。然而昭、屈、景、怀这些大户人家，

①《读通鉴论》卷二，汉高帝15论，《船山全书》，第10册，P90。

②《读通鉴论》卷二，汉高帝15论，《船山全书》，第10册，P90。

一旦居关中，非有云梦泽、鱼、米之资，又焉能自强？他们一旦居关中，亲家相互之盛，戚友之合好，不如小民之比，而不足以自强。其所以居关中者，是朝廷通过手段，而被迫才居于此，既不能奉录宗庙，又未有其便，更无其习惯，无法而置居于此。所纠集各处富豪大族，其思想不一，形态不同，邪念易生，祸乱易发。原有田宅被朝廷收缴，虽给予相应之资，焉能享受昔时那种高贵生活，不待十年而为祸乱生事之因。

从上面的论述看，刘邦为巩固刘家天下，却不思后世之祸。以轻信娄敬，欲遣长公主嫁匈奴，与徒富豪大族居关中，使致民遭涂炭之苦，与遗祸于千载而不息，虽王夫之用唯物论的观点予以批判。但有些问题，还是值得商榷的。

娄敬为什么向刘邦献策？是他考虑到国家当时的军事实力不足，认为刘邦与项羽争天下，连年征战，国家财政空虚，民不聊生，亦无力对抗匈奴，民又能安居乐业，而愚认为这是对的，也是权宜之计也。此举虽得到刘邦的认可，但他却忽视后患无穷。因为遣长公主嫁匈奴，其子婿与外孙，乃父子之亲，彼且杀父以代立，况妻子之父乎，又何足以信。冒顿杀父弑母，不可以仁义说之，而以长公主嫁匈奴，为前代君王所未有。骨肉之恩，尊卑之序，唯仁义之人才能知之，奈何欲以此来感化冒顿？历代君王，对于防御夷狄之策，能信服我中国者，以礼相待，乱者以武力清剿，而未闻与夷狄联姻。刘邦以开国之君，任百战之将，却未有防御胡人之策，却以长公主配匈奴，而为后世君王驭戊人之上策。不惜公主之贵而与畜民之配，就是田舍翁尚且不忍，何况刘邦以天子之尊，而听娄敬之说，遂让成千载之患也。

娄敬在匈奴未侵犯我中国时，应向刘邦进谏，择吏者以治民，发展生产以养民，形成国富民强之势，在国内精选强将，加强边防军事各项建设，做好随时应战准备。如匈奴一旦入侵，就有实力对付，则不需要与匈奴和亲。由于娄敬未意识到这一点，未曾向刘邦提出这些办法。可刘邦只图目前利益，同意遣长公主嫁匈奴，亦忽视后患，遂让成后世夷狄之乱而不可收拾也。因此，一到汉武帝时，匈奴多次入侵上谷等边境，虽被卫青、李广等名将击败，但民受其苦而不可诉也。

一到北朝，胡、汉互相残杀，使中原之民，饱受近二百年战争之苦。到唐朝中期，安禄山以狡诈之术而得到玄宗重用。他为了与杨贵妃长期厮守，举兵十五万反于范阳，并攻破长安城，玄宗与杨贵妃等，从延秋门至咸阳。中午未食，杨国忠以胡饼献，民争以粗饭、麦、豆，皇孙辈争以手掬而食之，须臾殆尽。诚如王夫之说："凡斯二者，皆敬之邪佞，以此破之，将孰置喙？而徙民之不仁，和亲之无耻，又不待辨而析者也"的论述，是无可置议也。[①]

娄敬提出与匈奴和亲。但王夫之认为是"祸乱天下而不息者"的论述，与当今国家提出的包括汉、满、蒙、维、藏等五十六个民族，不存在夷狄之分，是有些相悖的。他对于与徙齐、楚大族及富豪居关中，也认为是乱天下之源，与当今国家提倡农民进城定居，发展城镇建设，壮大国民经济，也有些不同看法。

a《读通鉴论》卷二汉高帝15论，《船山全书》，第10册，P90。

但愚认为娄敬之说，在当时的条件下，能向刘邦提出如此之言。也非心血来潮，而具有不寻常人之见解也。但王夫之对娄敬之说，在封建社会与科学极不发达之下，有如此深刻的论述与批判，虽然存在一定的历史局限性，已属不易。

（2012年十月收入《纪念王船山先生逝世320周年暨国际学术研讨会论文集》）

八、浅谈袁绍不听田丰之说及其成败

我尝读《三国演义》，得知董承与皇叔刘备，受汉献帝密诏，为确保汉室天下而计议灭操。因董承家奴举报，曹操怒杀贵妃，害董承，诛王子服，兵下徐州。备自知势孤，不能与操抗衡，而求救于袁绍。绍曰："吾生五子，唯最幼者极快吾意，今患疥疮，命已垂绝，吾有何心更论他事乎？"谋士田丰曰："今曹操东征刘玄德，许昌空虚，若以义兵乘虚而入，上可以保天子，下可以救万民，此不易得之机会也，唯明公裁之。"绍曰："吾亦知此最好。奈我心中恍惚，恐有不利"。丰曰："何恍惚之有？"绍曰："五子唯此子生得最异，倘有疏虞，吾命休矣，"遂决意不肯发兵救备。田丰以杖击地曰："遭此难遇之时，乃以婴儿之病失此机会，大事去矣，可痛惜哉。"遂跌足长叹而去。[①]

从史载看，袁绍不但为汉末一大诸侯，且为袁氏四世五公之裔，其见多识广，对田丰之言，发兵以袭操之后，其得失应该清楚。但他为什么会轻易放弃如此大好机会？对此，我一直百思不得其解。后来拜读家藏王船山史论清稿，才恍然大悟。现将袁绍不听田丰之说，与操与备三者之成败之因而浅析如下。

①《三国演义》第二十四回，p134。

王船山说："曹操东攻先主，田丰说绍乘间举兵以袭其后，绍以子疾辞丰而不行，绍虽年老智衰，禽犊爱重，岂止以婴儿病失此大计者？且身即不行，命大将统重兵以蹑之，亦讵不可？而绍不尔者，绍之情非丰所知也。操东与先主相拒而绍乘之，操军必惊骇溃归，而先主追蹑之，操且授首；先主诛操入许而拥帝，绍之逆不足以逞，而遽与先主争权；故今日弗进，亦犹昔者拥兵冀州，视王允诛卓而不为之援，其谋一也。"①

曹操起兵之后，在荀彧劝说下，劫献帝驾幸许都，而挟天子以令诸侯。其谋在削平海内群雄，达到篡汉而有天下。当他得知董承与刘备受密诏，便迫不及待统大军东征刘备。备自知力不足而求救于绍，绍以子疾为借口，不肯发兵相救。绍之所以不肯发兵救备者，是因曹操东征刘备，一旦发兵攻许都，曹操必回兵相救，备必然乘势驱操，而操两方受敌必为备所擒。备一旦入许都，以叔辅侄号令天下，而天下诸侯莫不称臣听命。如是，袁绍就失去与备争天下之优势，所以他不如按兵不动。一是想坐山观虎斗，待一方失势后，再从中取利。二是袁绍怕救了刘备，反过来又怕刘备对付自己，这与当年王允诛董卓，袁绍拥重兵守冀州而不兴勤王之师，其目的是为了保存自己的实力，养精蓄锐，以便他日与诸侯争夺天下。

王船山说："岂徒绍哉！先主亦固有此情矣。绍之兴兵向南，众未集，兵未进，虽承密诏与董承约，抑何姑藏少待也；待绍之进黎阳，围白马，操战屡北，军粮且匮，土山地道，交攻而

①《读通鉴论》卷九，后汉献帝21论，《船山全书》，第10册，P359。

不容退，乃徐起徐、豫之兵，亟向许以拒操之归，操且必为绍擒。而先主遽发以先绍者，亦虑操为绍擒，而己拥天子之空质，则绍且枭张于外，而逼我孤危，将为王允之续矣。唯先绍而举，则大功自己以建，而绍之威不张。绍以此制先主，先主亦以此制绍，其机一也。”①

当时天下纷乱，诸侯各霸一方。刘备与董承虽受密诏于献帝，同样是等待天下局势之变取而代之。袁绍之所以举兵向南，视天下诸侯未结盟，未举兵，欲与曹操争天下。曹军被困于白马之时，其势以屡年征战，财力空虚，军粮、器械不继，将陷入临兵不能进、退却又难的困境。刘备如能率徐、豫之众，袭取许都以拒操之归，操军前后受敌必溃，将为绍擒。但绍不听田丰之说，又不发兵以袭操之后，却于曹操破徐州，备投绍之时，而听备之言，率大军进黎阳，于白马大败。备之所以求救于绍者，是想借绍灭操。但又虑及操为绍擒，自己虽拥帝于朝，则徒守空名而不能制约天下，而绍之逆谋未除，仍可与己争天下。亦如王允诛卓时，献帝且自不能保，自己又被贼党所杀，而难免不复蹈王允杀身之祸。袁绍不听田丰之说，不肯发兵救备，是想借操灭备。备求救于绍，是想借绍灭操。故谓备与绍之间的矛盾，在相互利用、相互反制。

王船山说：“夫先主岂徒思诛操而纵绍以横者乎？两相制，两相持，而曹操之计得矣。急攻先主而缓应绍，知其阳相用而阴相忌，可无俟其合而迫应其分。”②

①《读通鉴论》卷九后汉献帝21论，《船山全书》，第10册，P359。

②《读通鉴论》卷九后汉献帝21论，P359。

备受密诏以后，只计议灭操，而忽视灭绍吗？非也。一是因操劫驾幸许都，挟天子以令诸侯，已具篡逆优势。如不及时剿灭，其势愈张，逆谋愈速，难图之愈深，所以必须先行除之。二是备视操与绍二者之势，衡量其轻重，宜先灭操再灭绍。因绍虽系一大诸侯，又有冀、青、幽、并四州，其才、其谋不如曹操，难于成大器，容易剿灭，故将灭绍放在灭操之后。曹操东征刘备，备求救于绍，绍以子疾为借口，不肯发兵救备，其意以备牵制曹操。备之意以曹操牵制袁绍，此备与绍之间的矛盾。正如船山所说："两相制，两相持"。曹操为防止先主投靠袁绍，唯恐他二人联合来对付自己。所以他又采取各个击破的方针，首先打败刘备，然后再图袁绍，此乃曹操能取胜袁绍之谋。

袁绍以四世五公之裔，门生故吏甚多，盍天下九州，而有冀、青、幽、并四州。如能举四州之才、之富，知人善用，逆耳忠言亦能辨，其取天下易如反掌。但他为什么不能取天下，正如船山说："袁绍之自言曰，吾南据河，北阻燕代，兼戊狄之众，南向以争天下。起兵之初，其志早定，是以董卓死，长安大乱，中州鼎沸，而席冀州也自若，绍之亡决于此矣"。[①] 所以袁绍不能拒操而定天下。

从上面的论述看，可见绍之亡。一是他起兵之初，目睹长安大乱之际，却固守冀州，而不挥师南下之故也。若绍能以冀州等为根据地，内修政治，外联诸侯，趁董卓被诛之后，长安

①《读通鉴论》卷九，后汉帝二十三论，《船山全书》，第10册，P36。

大乱，天下无主，率军入长安，灭异党，挟天子以令诸侯，而天下不归绍又何也。二是袁绍不听沮授之策，却听淳于琼不迎天子于危困之中，使操后来能听荀彧之谋迁献帝于许昌，从此为操挟天子以令诸侯，而致绍为操所败之一因也。三是先主求救于袁绍，绍不但不肯发兵相救，反而听先主之言，又不听田丰之劝而进兵黎阳，致颜良、文丑被诛，众谋士被禁，从此绍军不可复振。如果袁绍当时能听田丰之说，率军袭许都，使操前后受敌，操必败无疑，备不会失徐州，奔新野，依刘表，而绍亦不会有官渡之败，仓亭之失。如是三者成鼎足之分，操攻绍，先主可以派兵援之；操攻备，绍可以率兵救之，三者相互牵制。若如此，那时天下局势，将不知又如何也。

刘备与董承同受密诏于汉献帝，董承又与吉平谋杀曹操，未果而遭杀身之祸。备者，视汉室之天下，已处于崩溃瓦解之际，离长安而守徐州，此乃避操所杀之计也。先主与曹操与袁绍其篡逆之谋，有所不同者，是因为备自知实力不足，只能等待机会。备求救于绍，是想借绍灭操，此乃备明智之举。绍大败于白马，备心感不安，而献计于绍。曰："刘景升镇守荆襄九郡，兵精粮足，宜与相约，共攻曹操"[1]。绍中其计，遣备与之约，不仅计高于袁绍，而且是防止绍杀己之谋也。故谓备投绍非为辅绍，而是借绍灭操。所以他于新野三顾草庐之后，善用诸葛公为军师，听其言，用其谋，与孙权败操于赤壁。以荆州为根据地，然后取两川，而开创蜀汉之基业。由此可见，备当年其

①《三国演义》，p159。

谋取天下之计，与袁绍、曹操相同，只不过早与晚之事。而这一点，非董承所知也。

曹操起兵之初曰:“任天下之智力,以道御之,无所不可”[①]。亦说明曹操在起兵后，能知人善用，又能容纳天下智谋之士，行权术而谋取天下。当他听到荀彧说：“昔晋文公纳周襄王，而诸侯服从；汉高祖为义帝发丧，而天下归心。今天子蒙尘，将军诚因此时，首倡义兵，奉天子以众望。若不早图，人将先我而为之矣。”[②]操善从其言，迎汉献帝于许昌，然后灭绍与平辽东，为篡汉划好了蓝图。但他后来于南征中，号称雄兵百万，战将千员，欲踏平江南八十一州县而未果。其原因正如船山所说：“操之所以任天下之智力，术也，非道也。术者，有所可，有所不可；可者契合，而不可者弗能纳，则天下之智力，其不为所用者多矣。”[③]因此，曹操在南征中，东吴智谋之士，如阚泽、庞统、黄盖之士，不但不为他所用，而且出奇计以破操，故操有赤壁之败。所以他只能统一中国北方，形成三国鼎立局面，此乃势也，非人力而不可为也。

田丰说绍乘间举兵袭许都，是田丰善观当时之势，为绍谋取天下之计，不避祸而谏之。却不知绍是借操灭刘备，于中取利，故累累相劝而自取灭亡，为后世谋臣所借鉴者也。

2009 年

①《读通鉴论》卷九，后汉献帝，《船山全书》，第 10 册，P361。

②《三国演义》第十四回，p74。

③《读通鉴论》卷九，后汉献帝二十三论，《船山全书》，第 10 册，P361。

九、王夫之论《司马国璠兄弟奔秦》

余尝读史鉴，知操之篡汉，尚有功于扫除天下群雄，使汉天下能延续数十年而不亡。但司马懿之事魏，亦无大功于天下，仅以呈其私智，秉魁柄篡魏而有天下。故其子孙者，惠帝孱弱无比，八王树兵，自相残杀，五胡乱华，子孙只传四主，五十二年后而偏安于江左。东晋之世，安帝口不能言，寒暑饥饱亦不能辨，饮食寝兴皆非己出。故有桓玄之乱于前，后有刘裕方为国患者，又甚于桓玄之祸，子孙又不得善终。因此，王夫之以高度的爱国思想，与唯物论之观点，对司马氏子孙之道予以批判，为启迪后人以此为戒也。

王夫之说："国之将亡，唯内逼而逃之夷，自司马国璠兄弟始。楚之，休之相继以走归姚兴，刘昶，萧寶寅因以受王封于拓跋氏，日导之以南侵，于家为败类，于国为匪人，于物类为禽虫，偷视息于人间，恣其忿戾，以侥幸分豺虎之余食，而犹自号曰忠孝，鬼神其赦之乎？[①]

晋自渡江以来，国家政令不行，戎狄肆横，虎噬中原，而司马国璠兄弟，在刘裕清剿晋室宗社有名望之士，以防其祸害

①《读通鉴论》卷十四，东晋安帝十五论，《船山全书》，第10册，P537。

不虑宗社之将亡而逃之夷狄。相继司马休之，司马楚之，又投奔秦主姚兴，而司马休之还事秦为扬州刺史。刘昶，萧宝寅之所以受拓跋氏之封王，是为夷狄之向导而日趋伐晋，此乃晋室宗社之败类，国之匪徒，物类之禽虫，其偷息于人间，以泄其私忿，而侥幸欲分豺狼虎豹之余食，还自以为国家忠孝子孙，其罪鬼神而不可赦者。

王夫之说："然则国璠之流，上非悼宗社之亡，下非仅以避死亡之祸，贪失其富贵，而倒行逆施以徼幸，乃使中夏之士相率而不以事夷为羞，罪可胜诛乎？国璠之始奔慕容氏也，以桓玄之篡，玄固可旦暮俟其亡者，而遽不能待，继奔姚氏也，刘裕之篡固尚未成，可静俟其成败者也。不能一日处于萧条岑寂之中，望犬羊而分余食，廉耻灭而天良无遗矣"。[①]

司马国璠其所以投奔夷狄，上不能哀悼宗社之亡，下非独避杀身之祸，而是为贪其富贵，去反行逆于夷狄，去妄求其余食，使中国之士相率而不以事夷狄为耻辱，其罪恶胜于其诛之乎。国璠之所以投奔慕容氏，与桓玄之篡相比，而桓玄之乱亦可在短时间内以消灭，且这是我华夏内部之事。然国璠投奔夷狄，旋而又投奔秦主姚兴，这是我华夏与夷狄相争亦为外事，且其祸患将影响于后世，而王夫之认为国璠在刘裕篡逆尚未成功，不当奔秦，要审时度势，不能以一时之情，去灰心丧志，就投奔夷狄去分其余食，而廉耻与天良亦荡然无存。

王夫之说："丕之篡，刘氏之族全，炎之篡，曹氏之族全，

①《读通鉴论》卷十四，东晋安帝十五论，《《船山全书》》第十册，P537。

山阳，陈留令终而不逢刀鸩。刘裕篡而恭帝弑，司马氏几无噍类。岂操，懿，丕，炎之凶慝浅于刘裕哉？司马氏投夷狄以亟病中夏，刘裕之穷凶以推刃也，亦有辞矣，曰：彼将引封豕长蛇以蔑我冠裳者也.而中夏之士，亦不为之抱愤以兴矣。”①

丕之篡，未诛刘氏宗族，炎之篡，又未戮曹氏子孙，丕废献帝为山阳公，炎废曹奂为陈留令，然而此二帝终非为篡逆者所弑，盖其幸也。刘裕篡晋之后，以残酷手段毒弑恭帝，盖司马氏三代几无不在作恶为逆，则难辞其咎也乎。操与懿，丕与炎之残忍亦不如刘裕，非也，而王夫之认为司马氏之投奔夷狄，其祸贻于后世。所以刘裕之弑恭帝，亦无须言之非，亦言司马国藩兄弟投奔夷狄，而为华夏之羞也。今华夏有些人，不顾国家利益，愿为异国之民，对国仇不为之愤恨而振兴中华，谁能知其为何许人。

从王夫之的论述看，他对司马国璠兄弟，在刘裕对晋之宗社有名望之士予以诛戮，不顾社稷安危亦投奔夷狄而觅其余食，而认为比刘裕之祸与桓玄之罪多矣。但与当今社会相比而谈点看法。

司马炎在魏主陈留王幼弱之际，而篡夺魏之天下，然而其子孙者，如“惠帝孱弱无比”，“安帝却口不能言，寒暑飢饱不能辨，饮食寝皆非已出”，为历代帝王家所未有也。故谓恭帝之所以被刘裕所弑，皆司马氏三代作恶之报也。

当今有极为少数之人，一旦有权有财，将子女与内子之户

①《读通鉴论》卷十四，晋安帝十五论，《船山全书》，第10册，P537。

籍、财产转到异国，只留己一人在国内，或举家到异国而定居。可你的权力与财产，也是国家与人们所赋予的，故谓与国璠兄弟之所以投奔夷狄，是国藩兄弟在裕之清剿晋室有名望之士，或有说在无可奈何之下，才有所行为。如今国家对你未曾采取什么过急行为，国家在经济日趋发展，民之生活又逐渐改善，综合国力有所提高，此等情形之下，还要行此下策而为异国之民，故谓其失者甚于多矣。还有一些人，花数万元到国外去旅游，连电饭锅也从国外购回。如是将钱送给外国人，又受旅游与携带东西之苦，其心思之为何，令人不可思议也。

还有在异国留学生，也不顾其所交之押金，不愿回国而为他乡之民。你之所以能到异国去留学，是国家发工资于教师培育了你，而不是你有天生之知识，就可到异国去留学。国家其所以允许到异国去深造，为进一步增长你的知识，将为国家贡献力量。相反，不思报效国家与人们之恩，还投靠异国，为异国效力而觅其余食。诚如王夫之说："则犹能知其类也"的论述，也为当今去异国为民所思也。[①]

余认为此二者，须深刻领会王夫之对"司马国璠兄弟奔秦"之论述，去反思，认识其失之所在，应尽炎黄子孙之责，为振兴中华而尽绵力，才对得起自己的良心。故谓司马氏三代行恶之报，不可不有所警示也。

至于人才与财产，一旦流入他乡，则为他乡科学与经济的发展造就条件，而形成敌强我弱之势，则危害国家安全。因此，

①《读通鉴论》卷十四，晋安帝十五论，《船山全书》，第10册，P538。

国家对此二者应加强监督力度，对于转到异国去的财产应限期追缴，或以有力措施而制裁。对留学生以优惠政策吸引他们自愿回国。如是，人才与财产为我用，则自然形成我强敌弱之势，国家何愁而不富强与安全？因此，国家对此该核量其轻重，加大力度来挽救这莫大损失。否则，其贻祸于后世而不可知也。

2010 年

十、王夫之论“粟斛三十钱”

《袁了凡资治纲鉴》.《东汉纪》卷十一第49页，“明帝己巳十二年，是时天下安平，人无徭役，岁比登稔，百姓殷富，粟斛三钱，牛羊被野”。愚认为明帝之天下，民之所以如此富裕，是因为明帝克勤克俭，与惠民政策，又能尽民父母之责之结果，可为我国封建时代之贤君也。但王夫之对史载之说却有不同看法。

王夫之说：“史有溢词，流俗羡焉，君子之所不取。纪明帝之世，百姓殷富，曰粟斛三十钱。使果然也，谋国者失其道，而民且有馁死之忧矣。”①

从他的论述中看，认为东汉明帝之世，其所以富裕，是世人通常所说的好话，为有知识之士而不可取信的。史载明帝之世，曰百姓富裕，所谓粟斛只有“三钱”之说，即使是真，其为国家主政者，也是失察的，民必有饿死而不知者。

王夫之说：“一夫之耕，中岁之获，得五十斛止矣。终岁勤劳，而尽得千五百钱之利，口分租税徭役出于此，妇子食于此，养老养疾死葬婚嫁给于此，盐酪耕具取于此，固不足以自活，民犹肯竭力以耕乎？所谓米斛三十钱者，尽天下而皆然乎？

①《读通鉴论》卷七，东汉明帝七论，《船山全书》，第10册，P259。

抑偶一郡国之然而讹传之也？使尽天下而皆然，尚当平籴收之，以实边徼，以御水旱，而不听民之狼戾。然而必非天下之尽然也，则此极其贱，而彼犹踊贵，当国者宜以次轮移而平之，讵使粟死金生，成两匮之苦乎？”。[①]

亦谓一个农夫，一年耕作，只能获五十斛，而一斛又只能值三十钱。一个农夫一年到头收获这一千五百钱内，以供一家数口人起居饮食，租税与徭役，还要储蓄以备养老、疾病、子女婚嫁、农具添置等经费，尚且不能解决，民怎能肯尽力而耕作？所谓天下“粟斛三十钱”之说，王夫之不但不相信，还以唯物论观点而批判：认为普天之下，粟斛价不可能如此便宜。即使也只能说偶尔有个别县与州，或是以讹传讹。又认为“粟斛三十钱”之说，果真属实，那国家应采取有效措施，以平价收存，以供边防之需，以防水、旱灾年之缺，既可以救活饥民之命，又可解决民多余之粟，又可以变钱以适他用。但民既受终年耕作之苦，又要受输移之累。

王夫之说：“故善为国者，粟常使不多余于民，以启其轻粟之心，而使农日贱；农日贱，则游民商贾日骄；故曰：粟贵伤末，粟贱伤农。伤末之与伤农，得失可择焉？太贱之后，必有饿殍，明帝之世，不闻民有馁死之害，是以知史之为溢词也。”[②]

谓善为国家谋政者，对农夫耕作所获之粟，应有全局规划，只能满足民之需，不能有过多剩余之粟。如是民有轻粟之心，

①《读通鉴论》卷七，后汉明帝七论，《船山全书》，第10册，P259。

②《读通鉴论》卷七，后汉明帝七论，《船山全书》，第10册，P259。

不勤于耕种，那粟则自然就会降价，而不值钱。民一旦不勤于耕种，且终岁勤劳得失不当，怎肯尽力而耕作。国家一旦不重视农夫耕作所获之利，民又不能适应其支出，那游民与商贾认为粟愈贱，其购粟之钱愈少，其得利愈多，而会形成轻农之态。农夫耕作之粟一旦不能满足民之需，就会造成民有饥饿而不可收拾。其粟一旦剩余过多，国家又不采取有效措施，以平价收存，另作他用，农夫亦会产生消极心态，而不勤于耕种。两者利害关系，应如何选择。一旦选择农夫耕作之粟，取于极不值钱之际，民以得失不当，则自然失去耕作热情。民一旦失去耕作信心，其粟又不能满足全民之需，亦会产生邪念，对国家政局稳定不利，而形成社会动乱局面。因此，史载所称明帝之世"粟斛三钱"之说，为不可取信者。

从上面的论述看，王夫之对史载东汉明帝之世，所称"天下安平"之说，是不可取信的，而且对农夫一年耕作之获，认为得失不当，与当前农民一年耕作之获相似。因此，愚对当前农村田、土荒芜，与良田大量流失，又如何设法挽救而谈点看法:

一是国家对农民耕作之获，按农民耕地面积给予经济补偿。二是限制粮食收购最低价格。三是对农民多余的粮食国家实行收购。四是对灾区人民无偿发放粮食，其政策为我国封建社会数千年所未有。但愚又认为国家所提出的四种办法，不是彻底解决缺少粮食的办法，有望国家出台新的措施。

我国虽是人口大国，盛产粮食以适民之需是不成问题，也是可行的。为什么还要从国外进些粮食？因为国家倾向于城镇化建设，亦占有大量的土地与良田。在促进房地产事业的发展中，亦需要农村一大批劳力来务工。且农民在外务工的钱，比在农村耕作之获，要高于数倍或数十倍，而农民又焉能安心在农村耕作。因此，耕地面积一旦减少，农村田、土如此荒芜下去，其粮食产量则自然减少，则不能供民之需。所以从国外进口粮食以供民之需，不是一件好事，而是关系到国家市场繁荣与长治久安的大事。

一旦出口粮的国家遇到天旱，不能自给，或发生冲突，哪有粮食出售与我，且粮食不是一喊就有，而是需要一周年时间才能生产出来，而民又不能一日无粮。如果国家面临以上情况又怎么办，值得我们去思考。因此，国家领导不可忽视“民以食为天”之说，应高度重视，衡量其轻重，不能以大量的土地大搞房地产开发，以出售土地与征收其税金，作为国家财政收入的主要来源。因为此二者属于泡沫工程，乃目前之利益，实为不可取也。为今之计，只能从长远利益着想，不能忘记农业生产，尤其是粮食问题，时刻不能忽视，以提高本身生产能力与其他产品出口率。如是，获其钱，而民与国家也就富强了。

对于房地产开发与房价，应由政府根据具体情况有序开发，结合成本加利润出售于民，使经济薄弱之民能购得起房，那房地产开发商的暴利，与需要农村的劳力一旦减少，房地产开发则自然会放缓，农村的劳力也就增多了，农村的田、土也不会荒芜，而粮食缺少的问题又解决了，这一切岂不善乎。

从国家发放农民种粮补贴金来看，本来是一件大好事。但有些乡、镇、村干部，不按国家政策，将农民种粮的补贴金未发放到位，层层克扣，使农民所得者寥寥无几。尤其是农民在外务工之钱，比在农村种粮之获多得多。农民其所以外出务工，是来改善自己之生活，与培养子女成人成才。所以能打工者都去外地务工，在农村皆为老弱病残幼儿者，致使农村田、土无人耕种而荒芜。若不是袁隆平院士杂交水稻高产，那我国十三亿多人吃饭问题也就更难解决，只能向国外进粮以供民之用。想要解决这些问题，唯改善农村存在的实际问题。一是取消农民种粮补贴金，让这些补贴金提高粮价，使农民同样增加收入，又能防止乡、镇、村干部变相贪污。二加大对农村投入资金，用于农村各项建设。尤其对水库与不通水之渠道，由县级水利主管部门统一安排，管理国家投入资金而维修好，对不能蓄水之山塘挖深，挖宽，既能蓄水保旱，又能缓解洪涝发生，塘内又能养鱼。三是降低农化肥与农药价，使农民减少种田成本，与节约务工时间。四是加强对农村危房改造、教育、卫生、交通等设施投入，使农民认为在农村不比城市生活差，使农民在外务工之钱，与其在家务农之获相对平衡，然则劳动力亦不会偏于一方，达到在外务工，与自觉在家务农的观念一致。如是，农村田、土不会荒芜，粮食也就增多了，与城镇建设亦不会受影响。然而，此二者之矛盾，则自然而化解者矣。

王夫之在三百多年前的封建社会，对农夫一年耕作之获，粮食贵与贱之得失，其相互关系，以唯物论观点进行论证。并就此问题，对如何调动农民种粮积极性，又使农民多余的粮食，能发挥自身作用，能提出相应的解决办法。其远见卓识，为前人鲜所及也。但王夫之所言“粟斛三十钱”，与史鉴所记载的“粟斛三钱”不合，谁之正确与否，让人寻味而不知也。

2010 年

十一、王夫之论“诸葛北伐孙资主曹睿攻南郑”

诸葛孔明在智取三城之后，以马谡失守街亭，而退军于汉中。司马懿认为蜀兵锐气已挫，回长安朝见魏主曹睿。奏曰：“今蜀兵皆在汉中，须尽剿灭，臣乞大兵，并力收川，以报陛下。”尚书孙资曰：“昔太祖武皇帝收张鲁时，危而后济，常对群臣曰：南郑之地，真为天狱，中斜谷道，为五百里石穴，非用武之地。今若尽起天下之兵伐蜀，则东吴又将入寇，不如以现在之兵，分命大将，据守险要，养精蓄锐。不过数年，中国日盛，蜀吴二国必自相杀害，那时图之，岂非胜算，乞陛下裁之！”睿乃问司马懿，“此论若何”。懿奏曰：“孙尚书所言极当”。睿从之，即命懿分拨诸将把守险要，留郭淮、张郃守长安，大赏三军，驾回洛阳。① 但我觉得孙资之言，其理由且信且疑，尤其能得到魏主曹睿之信用，亦能阻止司马懿乞大兵伐蜀，其原因究其如何，且看王夫之论述。

王夫之说：“曹孟德推心以待智谋之士，而士之长于略者，

① 《三国演义》九十六回，p544。

相踵而兴。孟德智有所穷，则荀彧、郭嘉、荀攸、高柔之徒左右之，以算无遗策。迨于子恒之世，贾诩、辛毗、刘晔、孙资皆坐照千里之外，而持之也定。故以子恒之鄙、叡之汰，抗仲谋、孔明之智勇，而克保其磐固。”[①]

魏国为什么有如此多智谋之士，又能提出这样的奇智？王夫之认为曹操在起兵之后，与诸侯争天下之中，对智谋之士，求之如渴，推心置腹，言听计从。所以天下智谋之士，慕名而来，忠心辅佐。操每遇大事、要事，难于决断，又善于征求众多智谋之士意见。同时向操献策者，不但未曾有误，而且都取得了令人瞩目的效果。如移汉献帝于许都一事，能听谋士荀彧之策，为操后来与诸侯争天下提供了有利的资本，也为魏国后来，有众多谋士相助而开先河。一到曹丕之世，又有一批智谋之士来辅佐，故魏乱而不亡。论曹丕、曹睿之才，焉非其父，其祖操之比。其能败孙权，又能拒孔明北伐，使魏终有天下数十年而不亡者。诚如王夫之所说：“魏足智谋之士，昏主用之而不危，故能用人者，可以无敌于天下”。[②]故谓他的论述为后世君王治理好国家所借鉴。

王夫之说：“孔明之北伐也，屡出而无功，以为司马懿之力能拒之，而早决大计于一言者，则孙资也。汉兵初出，三辅震惊，大发兵以迎击于汉中，庸讵非应敌之道；乃使其果然，而魏事去矣。汉以初出之全力，求敌以战，其气锐；魏空关中之守，即险以争，其势危；皆败道也。一败溃而汉乘之，长安

①《读通鉴论》卷十，三国第十一论，《船山全书》，第10册，P384。

②《读通鉴论》卷十，三国第11论，《船山全书》，第10册，P384。

不守，汉且出关以捣宛、雒，是高帝破项羽之故辙也，魏恶得而不危？资筹之审矣，即见兵据要害，敌即盛而险不可踰，据秦川沃野之粟，坐食而制之，虽孔明之志锐而谋深，无如此漠然不应者何也。资片言定于前，而拒诸葛，挫姜维，收效于数十年之后，司马懿终始所守者此谋也。”①

孔明六出祁山以伐中原，其所以不能取胜，不是司马懿有卓越的军事才能，对孔明所运用的军事战术能施展其对策。其不能取胜者，是孙资对国家的形势，能审时度势，知己知彼，其了如指掌之说，向魏主曹睿做了汇报，曹睿又善于从其言，而未做伐蜀之举。魏主曹睿，若听司马懿之言，举兵伐蜀，是自取失败。因为蜀汉，正当处于兴旺之势，在军事指挥能力看，不仅有诸葛孔明智谋深沉，还有赵云、魏延、张维、张包、关兴、王平、邓芝等数十位，其久经战场的指挥员。从军事实力看，魏军一旦犯蜀，蜀将举全国之兵力以迎敌，且魏军又以战线过长，其实力难能相比，故谓魏军又焉能取胜。且关中无魏军驻守，以地险而贸然进兵犯蜀，从形势看也是危险的，魏军不知汉中地险林杂，又不识其路径。当魏、蜀两兵相交，蜀兵必然诈败，引魏军入内，然后蜀兵三面夹击，魏兵又以粮草、矢石不继，则自然败退。于此时，孔明深知其长安无守军，亲统大军从子午谷直捣长安，东出关而取宛、雒，欲效高帝破项羽之策，而魏之天下，将不知为如何。

从王夫之的论述看，魏之天下终有数十年而不亡者，是因

①《读通鉴论》卷十，三国第11论，《船山全书》，第10册，P384。

孙资向魏主曹睿，言不可伐蜀。认为一旦伐蜀，东吴则会趁机犯境，将面临东西两方受敌，不如待时以进。蜀兵一旦入侵，见我军分兵据守要害，又见我军守秦川富庶之地，兵不愁食，不战也能拒敌于外；虽然孔明志坚谋深，也无济于事，而国家固如泰山。故孔明北伐不能成功，张维亦有九伐中原之败，此乃司马懿按照孙资原定的智谋，终生运用亦不变者，而未尝不是正确的。但我认为还有其他原因，而有待商榷。

孔明在平定两川之后，为日后与操争天下，而解后顾之忧。在南征中，采用参军马谡“攻城为下、攻心为上、心战为上、兵战为下”之方针，七擒七纵孟获而平定南蛮之地。据史载：“诸葛公在世之日，南蛮无叛乱之心，其远方进贡来朝者，高达二百余处”。故谓蜀汉取于富国强民之中，于是孔明亲统大军三十万，兵屯汉中以备伐魏。魏主曹睿遣驸马夏侯楙为大都督，调关中诸路兵马于汉中以拒蜀军。因夏侯楙心急，又最吝，虽掌兵权，未尝临过阵，一旦与蜀军交战，魏军被蜀将赵云力斩五将，大都督夏侯楙也被王平生擒，相继又攻破安定、天水、南安三郡，蜀军之势，势如破竹，而魏之天下危矣。

诸葛孔明在蜀军势如破竹，魏国又面临失天下之势，为什么北伐不能成功？一是诸葛孔明在北伐中，累胜而魏败，又用奇计火烧上方谷，几乎把懿父子烧死，奈天降大雨，故懿父子幸免于害，此天不佑汉而纵其奸也。二是孔明屯兵五丈原，累令人搦战，魏兵只不出，他又取妇人巾帼缟素之服，遣人送至魏营，懿以好雄善兵，而不敢动。其甘受巾帼之辱，不但知懿之无计可施，而且知懿之豁达大度也，又能以柔而克钢也。三是孔明缺乏自保其身之道，而不听主簿杨颙之言曰：“某见丞相自校簿书，窃以不必。夫为治有体，上下不可相侵。譬之治家之道，必使仆执耕，俾典兴爨，私业无旷，所求皆足，其家主从容自在，高枕饮食而已。若皆身亲其事，将形疲神困，终无一成，岂其智之不如俾仆哉？夫为家主之道也。是故古人称坐而论道，谓之三公；作而行之，谓之士大夫。昔丙吉优牛喘，而不问横道之死人；陈平不知钱谷之数，曰自有主者。今丞相亲理细事，汗流终日，岂不劳乎？”。[①] 所以孔明在治军中，认为部下办事不力，亲当处置而耗尽精力。在关键性大战中，以身患重病于床，焉能指挥三军以破魏，亦昭然若揭矣。四是孔明如能听杨颙之言，效丙吉与陈平为官之道，各司其守，不但能取胜于魏，还能增寿十岁。如此，不但可以擒懿，且取长安以东诸郡，势如破竹而下，中原可定，而汉室可兴也。五是诸葛公出世未得其时，在运筹治国与战略中，又未得其主，使公不能施展其才华，与先主于隆中决策不能实现。故谓其情、其景岂不悲哉、哀哉也乎。

诸葛公在出师北伐中，曾上表于后主，有三致意亲贤人远小人之说，可后主在公大破司马懿，亦不辨逆耳忠言而听宦官黄皓之言：“可诏还成都，削其兵权，免生叛逆”。于是，后主下诏：“宣孔明班师回朝”。公受诏后，仰天叹曰：“主上年幼，必有佞臣在侧，吾正由建功，何故取回。我若不回，是欺主矣，若奉命而退，日后再难得此机会也”。[②]故谓公出师北伐，

①《三国演义》103回，589。

②《三国演义》100回，p570。

其不能成功者，诚如他自己所言曰：“谋事在人，成事在天，不可强也”。如此之说，诸葛孔明之言，不可谓之不信，而且有未可明言之苦衷也。

愚尝读史鉴，欲观历代名人忠与才，未有如诸葛公能两全者，然而又未得其志，史上唯公一人也。此乃天也、时也、势也，为愚一生最为敬仰与痛哭者一也。正如王夫之说：“圣而周公、忠而孔明，用此道也”。[1]他之论述，非所虚言，也为后世为臣者所学习之典范也。

2010年

①《读通鉴论》卷二十，唐太宗九论，《船山全书》，第10册，P765。

十二、王夫之论“太祖遵杜太后传位之命”

《袁了凡资治纲鉴》卷二十九《宋纪.附辽纪》“辛酉建隆二年夏六月，宋太后杜氏殂。鉴初太后疾革，召赵普入受遗命。谓帝曰：汝知所以得天下乎。帝曰：祖考及太后积庆也。后曰：不然，正由周世宗使幼儿主天下，故汝得至此，汝万岁后，当传位光义，光义传光美，光美传德昭，国有长君，社稷之福也。帝泣曰：敢不如教。后顾谓赵普曰：尔同记吾言，不可违也。普即榻前为约誓书，于纸尾署曰臣普记，藏之金匮，命谨密宫人掌之，后遂殂。”[①] 其后太祖遵太后杜氏之遗命，将皇位不传其子德昭，而传位于光义，史称太宗。

王夫之说：“将欲公天下而不私其子乎？则亦唯己之无私，而他非所谋也。将欲立长君，托贤者，以保其国祚乎？则亦唯己之知所授，而固不能为后之更授何人者谋也。故尧以天下授舜，不谋舜之授禹也；舜以天下授禹，不谋禹之授启也。授禹，而与贤之德不衰；授启，而与子之法永定”。”[②]

①《袁了凡资治纲鉴》卷二十九，P9。

②《宋论》卷一，宋太祖十四论，《船山全书》，第 11 册，P46。

为国君者，不以天下授己之子，那公天下之心可见，则不为子孙之计与非为己之情可知，而不知继承者有所谋也。至于国立长君，托贤能者，以保其国祚，似乎可以。因为对自己所立的继承者有所了解，但不知其继承者，将天下又授予何人，更不知后来继承者另有所谋。所以太祖以周恭帝七岁入继大位，面对寡妇孤儿之时，而认为是取天下之时。于是，他与诸将合谋，托言有辽、北汉连兵入侵，故有陈桥兵变。其开创大宋三百二十年之天下，而谋不可谓其不深。据宋史记载：庚申宋太祖建隆元年二月，陈桥之变，先遣楚昭辅入汴，慰安家人。闻之曰："吾儿素有大志，今果然矣。"[①] 由此言之，太祖取周之天下，乃事先之谋。故谓尧帝以公天下之心，将天下授予舜，舜帝又以大禹治水有功，又将天下授予禹，禹同样又以公天下授予益，可天下诸侯不奉益而奉禹之子启为天子。但启不将天下授予贤能者，却将天下授予其子太康，自此家天下之制度，历代君王沿着世袭到大清王朝，凡四千余年。在这漫长的历史长河中，历代君王之兴废，不计其手段，可歌可泣，而不可尽言。对于太祖遵杜太后传位之命，其不和人论之道，终为后世君王所不可取，而认为无须之言。

王夫之说："宋太祖惩柴氏之托神器于冲人而传之太宗，可也。乃欲使再传廷美，三传德昭，卒使相戕，而大伦灭裂，岂不愚乎！我以授之太宗，我所知也。太宗之授廷美，廷美之授之德昭，非我所知也。臣民之不输心于太宗之子，而奉廷美、

①《袁了凡资治纲鉴》卷二十九，P5。

德昭，非我能知也。”①

宋太祖既受周主之重托，又以恭帝年少得大位，然后传位于太宗，从表面上看，似乎可以。但太祖遵杜太后传位之遗命，以兄弟与叔侄相传，王夫之认为不但不合人伦之道，却愚而不可言。太祖能遵杜太后之遗命，传位于太宗，因为他了解太宗。至于太宗传廷美，廷美又传德昭，非太祖所知。然而臣民能否拥护太宗之子，或奉廷美与德昭为帝也非太祖所知。

从船山的论述看，杜太后在临终前夕，其所以召太祖与谱于床前，遗命太祖万岁后传位于光义，光义传位于光美，光美再传位于德昭之原因。是杜太后以周主年少，赵匡胤才有陈桥兵变，故有赵氏天下。他为确保赵氏天下长久之计，以国有长君而遗命太祖以兄弟与叔侄相传。可王夫之以忠君思想，人义道德而批判："而不为之制，廓然委之于天人，以顾母命而爱弟，蹈仁者之愚而不悔”的论述，为前人所未有也。但有些问题，有待浅析。

杜太后只知周之所以亡，而不知周之所以以亡者，是周主荣托孤未得其人，而是托孤于有谋逆之人。所以赵匡胤虽受周主厚恩，一旦主少国危，不但不尽心辅佐，却与诸将合谋而取天下。使太祖能效周公辅成王之故事，当管叔、蔡叔、霍叔，以文王之子而流言。曰：“公将不利于孺子”，遂与武庚造反。周公假成王之命以征讨，将武庚、管叔诛之，将蔡叔贬于郭鄰，降霍叔为庶人，遂定淮夷而国家安宁。匡胤在陈桥兵变，虽受诸将拥立，若帝同样能效周公旦之故事，伸大义于天下，诛锄

①《宋论》卷一，宋太祖14论，《船山全书》，第11册，P46。

叛军，退居藩服，周主虽少，而周之天下又焉能亡也。

太祖在陈桥兵变之前，即派员告诉其母杜氏，从此可见太祖谋逆之心非一日之事，而是早有预谋。若太祖兄弟三，能遵太后之遗命相传，其在位者，均以二十年计之，那德昭之年，已是七十岁有余，焉有年迈之老人，而可以帝天下。太后唯据一己之见，造此荒唐之说，而安得为贤乎。不此之虑，卒陷其子孙之恶，岂不悲乎，惜哉。

杜太后只知周世宗以幼儿主天下而亡，却不知太祖之子德昭，非恭帝之幼，而光义焉保有伯道之心。因此，太后与赵普就榻前之书，尤为可悲。使赵普为经国之臣，以周公辅成王之故事，立论而力争之。曰成王固幼，周公虽贤，未闻以位次周公而及成王者。宜当以光义为周公之示，则誓约之书，亦不可为之明矣。

太宗面对德昭、德芳相继而亡，廷美又不得自安之下，对传位与谁未决之时，欲访赵普者，看赵普之言为如何。若赵普有大公于天下之心，而宜对曰：太祖以唐尧至公之心待陛下，陛下当以虞舜至仁之心报太祖，太后之命，誓约之言，遂不可忘。如此，太宗虽有据位不传之心，亦不容他不传位于光美。奈何赵普者，为考虑到自己与子孙后来之计，行狗屎之心。乃曰："太祖已误，陛下岂容再误"。遂使太宗翻然改图，遽起背恩负约之意，由是世之天理，人之大伦，为普一言而丧之。故太宗遂决意以天下，不授其弟光美，而以天下授予其子恒，史称真宗。真宗以此相传至高宗，计九代，凡一百八十七年而终也。

高宗虽然无子继位，但他可从真宗子孙中，挑选有德才者作为皇子而继位。其所以未能如此者，是他认为赵氏之有天下，乃太祖之天下，然有意将天下禅于太祖子孙。适利州提点刑狱范如圭，以掇至圣和嘉祐间名臣奏章，凡三十六篇，合为一书，囊封以献，请断以至公勿疑。帝感悟，即日下诏，以普安郡王为皇子，加恩平郡王。据开封仪同三司判大宗正寺，称皇侄。王自育宫中，至是三十年。此乃太祖六世孙秀王称之子，史称孝宗。而史载评价云："高宗仗义，建立贤主，尔者椒寝未繁，册为宗社之本，可谓始终不负公天下之心也"。[①]以此而言，太祖之天下，于今仍然归于太祖，此天理昭昭之矣。其子孙有天下者，计七代，凡一百三十三年。这明示凡为事者，应以光明磊落而为之，却不可行欺天欺人之道，宜为后世人等之所以明鉴也。

从史载上看，历代君王为争夺天下，亦不吝手段者，不可一一枚举，只能略举数例以论之。如秦始皇确保子孙天下万万年，置天下民之生死于不顾，去修万里长城，致有胡亥杀兄而天下短祚。

还有唐太宗为保存自己天下，于六月四日，在玄午门杀建成、元吉，亦有高宗之柔懦，而有武氏之祸，卒使大唐中道灭亡。

尤其是宋高宗欲登九五之尊，置父母与兄之辱而不顾，反而割地输金帛与金合议，使中原之民遭夷狄剥夺之苦达数百年，为他后来无嗣，而传位于太祖子孙孝宗。

孙中山先生领导的辛亥革命，推翻清王朝的统治，建立中华民国新政府，主张以"天下为公"，贤能者上，非贤能者下

①《袁了凡资治纲鉴》三十五卷。

的总统任期制度，又颁布民族、民权、民生三大政策。终以推翻我国数千年封建王朝制度，又能以自己的力量，打垮夷狄之满族在我国的统治，与宇文化借助外夷力量而得天下，亦大不相同。故谓孙中山先生称为国父，与三代以下君王所少有也。但袁世凯却背道而驰，窃取辛亥革命胜利果实，继而称帝改元洪宪。又以蔡锷为首组成的护国军进行讨袁，其结果以六个月而告终。之后，张勋当权，又拥废帝溥仪复辟，终因受到全国人民反对而败亡。

从上面的例子看，为君王者，只有以德治天下，视民如子，其子孙才能继其大位。不然，其子孙不得善终与亡国，岂自然哉，故谓家天下制度不可取也。因为家天下一旦形成，不但子孙内部争权不休，流血事件不断，而且国家的大权，被集中于少数人之手，既不能发扬民主，又不能唯贤用人。亦说明孙中山先生所提出的以“天下为公”，托贤能者以治国，非终身总统制度是人心所向，是国家长治久安之计也。故谓王夫之论宋太祖遵杜太后传位之失，是无可非议也。然而可知在漫长的历史长河中，其为君王者，以争夺天下，亦不惜手段而比比皆是，悲何极哉。

据野史传“太祖病危，召光义入，竟以外闻斧声绰影，旋即传帝崩，”于是有说者谓光义杀帝也。因赵匡胤亲历武将以夺周恭帝之天下，所以将兵权授予亲弟光义，不授外人而防其篡也。光义为其不使太祖传位于德昭，以太祖病危伺机杀之而得位。如是，历代数千年中，君王以防臣之篡，莫不诚然如此哉。故谓杜太后传位之命，可信又不可信，此乃史上奇案而不可大白于天下也。

2011 年

十三、王夫之论“岳武穆之立身定交”

《袁了凡资治纲鉴》卷三十五。《南宋纪》.高宗庚申十年夏五月，金兀术撤离分道入寇，复陷河南陕西州郡。闰五月：岳飞大败金兀术于郾城之后，又大败金兀术于朱仙镇。兀术叹曰：“自我起兵北方以来，未有如今日之挫”。金将乌陵思谋素号骁勇，亦不能制其下。但谕之曰，毋轻动，俟岳家军到即降。金将王镇崔庆及韩常等，皆以其众内附。飞大喜.语其下曰：直抵黄龙府，与诸军痛饮尔。因上奏兴等过河，人心愿归朝廷，金兵累败，兀术等皆令老少北去，正中兴之机，而秦桧方欲画淮以北与金议和，讽台臣请诸将班师，且知飞志锐不可回，上言飞孤军不可久留，迄速召还。于是飞一日奉十二道金字牌，飞负惋泣下，东面再拜曰：十年之力，废于一旦，乃自郾城引兵还，民遮道痛哭诉曰：我等戴香盆运粮草以迎官军，金人皆知之，相公去，我辈无噍类矣。飞亦悲泣，取诏示之曰“吾不得擅留”，哭声震野，飞留五日，以待民徙，从而南者如市，飞亟奏以汉上六郡闲田处之。”于是飞回朝。岳飞在这大好的形势下，父子为什么遭诛谬之惨，而王夫之却有新的论述。

王夫之说：“岳侯之死，天下后世胥为扼腕，而称道之弗绝者，良繇是也。唯然，而君子惜之，惜其处功名之际，进无以效成劳于国，而退不自保其身。遇秦桧之奸而不免，即不遇秦桧之奸而抑难乎其免矣。”①

岳侯之死，天下后世称其才与忠心报国，为历代将相堪称绝伦，这是正确定论，亦无可非议的。但朝廷的君子，所惜岳侯欲立功建业，其忠心报国，其结果有劳无功，既不能恢复中原，又不能迎还二帝，自己反遭其祸，此乃不善于自保其身之道。岳侯由于缺乏这一点，当遇到秦桧这样的奸臣，焉能不遭杀身之祸。即使不遇秦桧这样的奸臣，也难免不受其害。

王夫之说：“谓名之不可亟居，功之不可乍获也。况帅臣者，统大众，持大权，立大功，任君父安危存亡之大计，则求以安身而定上下之交，尤非易事矣”。②

为人臣者，在名誉上不可居其极位。因为其名、其功太大、太重，则被同僚所嫉妒。尤其是身为将帅者，一旦拥有大权，得大位，关系到君王安危与国家存亡，身受其祸的危险性也就越大。要免遭杀身之祸，又要达到安身立足的目的，在搞好上下人际关系上，就要下大功夫，不是轻易所能办到的。可岳侯在这些方面，做得很不够。因此，当他获取极高地位之后，而遭如此诛谬之惨，不亦悲乎。

王夫之说：“宋氏之以猜防待武臣，其来已夙矣。高宗之见废于苗、刘而益疑，其情易见矣。”③

①《宋论》卷十，高宗十二论，《船山全书》，第 11 册，P243。

②《宋论》卷十，高宗十二论，《船山全书》，第 11 册，P243。

③《宋论》卷十，高宗十二论，《船山全书》，第 11 册，P244。

宋太祖之所以得国，是以周主年少无知，所以他才能以武臣叛君而有天下。现在他自己做了皇帝，又怕武臣来叛己。为防止这一类之事不再发生，又能让大宋天下万万年，而太祖以杯酒亦解石守信等兵权。所以高宗欲效太祖之法，对苗传累代世将，有劳于王室，与刘正彦以招降遽盗，不但朝廷不重用，相反以猜疑废之，而说明高宗对武臣之成见无所说也。

王夫之说："呜呼！得失成败之枢，屈伸之间而已。屈于此者伸于彼，无两得之数，亦无不反之势也。故文武异用，而后协一。当屈而屈者，于伸而伸，非追求而皆得也。故进退无恒，而后善其用。岳侯受祸之时，身犹未老，使其弢光敛采，力谢众美之名；知难勇退，不争旦夕之功；秦桧之死，固可待也。"①

人臣之事君者，其正确与否，成功与失败，关键在于能屈能伸。两者能运用得好，其事才能成功，反之，那就只有失败。但不论成功与失败，只能是一种结局，这是势之所趋。故谓文臣与武将者，能以不同方式去运用。但最终还是离不开屈与伸，当屈则屈，不当屈则不为，切不可强求而行之。故谓人臣者，在为事之中，其进与退应把握好时机。否则，给奸臣进谗言之机，为谋害之由。岳侯以年轻少社会经验，只知率部卒在前方英勇杀敌，为国家效劳，而不知朝廷众多美言，为其身遭祸害之根源。如他能深知取功名之际，与难言之也难，亦知进退，又不获大功之喜，那秦桧之奸，时间一长则自然被朝廷识破。其诛之是早与晚之事，而岳侯未意识到这一点，故遭其害。

①《宋论》卷十高宗十二论，《船山全书》，第11册，P245。

王夫之说："高宗君臣，固将举社稷以唯吾是听，则壮志伸矣。韩、刘锜、二吴不惩风波之狱，而畜其余威以待，承女真内乱以蹑归师，大河以南，无难席卷。即不能犁庭扫穴以靖中原，亦何至日敝月削，以迄于亡哉！故君子深惜岳侯失安身定交之道，而尤致恨于誉岳侯者之适以杀岳侯也。"①

高宗之君臣，能以社稷为重，使尽其才，其光复中原，迎还二帝，指日可待。然而高宗君臣，其不能收复中原？是因为高宗对韩世宗大败兀术于江中，刘锜有顺昌之捷，吴玠有和尚原之胜，吴璘有新复十三州之举有成见。高宗若能以社稷为重，又无私心，去拯救百姓于水火，不召还其部卒，又不牢禁他们，对其功予以嘉奖，其军事实力又得到了保存。之后，趁女真内乱之际，举兵向北击其后，亦能彻底击败金兵，又能铲除金兵巢穴黄龙府，那黄河南北的土地，则不难于光复，国家不至于与金和议而称臣于女真。故后世认为其中原不能光复，与宋之亡国者，乃高宗之罪也。至于岳侯之死，是他缺乏自保其身与外交之道。尤其是朝廷上下对岳侯累战累捷，尽忠报国，载歌颂德，导致高宗与奸臣而猜疑。故岳侯父子身受其祸。

从上面的论述看，王夫之对岳侯之死，认为高宗对武臣虽有猜疑之嫌，又有秦桧之奸，但他不至于有如此死之快。其所以死之快，是岳侯缺乏"立身定交"与自保其身，故遭秦桧之害。但笔者还认为有其他原因，现补充如下。

秦桧为什么一日连下十二道金字牌，召岳飞班师回朝？因

①《宋论》卷十，高宗十二论，《船山全书》，第11册，P245。

为秦桧于靖康二年，与二帝被金兵掳而北去。又于宋高宗庚戌四年十月，金主以桧赐棰懒，为其任用，及南伐以为参军。回宋后，秦桧又得金主书曰：“汝朝夕以和议，而岳飞方为河北图，必杀飞始可和”。[①] 桧亦以飞不死，终梗和议。于是，秦桧力谋杀岳飞，直至将岳飞父子牢禁两月而处死。

秦桧为什么对 刘宗正等人，请以百口保飞无他。且曰：“中原未靖，祸及忠良，是忘二圣不欲复中原也”。[②] 但秦桧为什么不听刘宗正等人之劝，而对岳侯有如此之仇？一是他承诺金主之命。二是其事一旦爆发，必然牵连自己。所以他采取这一手段，陷害岳侯，以防己今后不遭杀身之祸。

又从汉高祖皇帝看，他于己亥五年夏五月，帝置酒洛阳南宫。问诸将曰：“吾所以有天下，项氏所以失天下者何”。高起，王陵对曰：“陛下使人攻城掠地，因以与之，与天下同其和。项羽妒贤嫉能，有功者害之，贤者疑之，此所以失天下也”。上曰：“公知其一，未知其二，夫运筹帷幄之中，决胜千里之外，吾不如子房；镇国家、抚百姓，给饷馈不绝粮道，吾不如萧何；运百万之众，战必胜、攻必取，吾不如韩信；三者皆人杰，吾能用之，此所以取天下者也。项羽有一范增而不能用，此所以为我擒也”，群臣悦服《袁了凡资治纲鉴》卷六，《汉纪》。

从高皇帝自述之所以取天下，是他能运用三杰之才，亦知张子房、萧何、韩信之功则不必说了。韩信，封大将军淮阴侯，与高祖起汉中，定三秦，汉之所以能得天下者，大多数皆其功也。

①《袁了凡资治纲鉴》三十五卷。

②《袁了凡资治纲鉴》三十五卷。

后被吕后从陈平伪游之计，擒而诛之，还夷三族。萧何，封相国，带剑履上殿，入朝不拜。据汉纪记载："汉高祖丙午十二年十一月，相国以长安地狭，上林中多空地弃，愿合民得入田。上大怒曰：相国多受贾人财物，为请吾苑，下廷击之"。[①]故谓历代君王，为保存自己的皇位，哪有不如此者乎？

高帝为什么要诛韩信，又要将萧何"下廷尉击之"？是因为韩信、萧何位高权重，有些放心不下，是怕他们谋取己之天下。因此，高帝采取这一办法以除后患。张良一生素来多病，从上入关，即道引不食谷。曰："家世相韩，及韩灭，不爱万金之资，为韩报仇彊秦，天下振动，今以三寸不烂之舌为帝者师，封万户侯，此布衣之极也，于良足矣，愿弃人间事，欲从赤松子游耳"。[②]而张良在名利双全之下，却不愿受其封，故他与其子孙得以善终者乎。

张良为什么能作此决策，是他明辨达理，虽知神仙之虚伪，却从赤松子游，其智可知也。是他面对功名之际，人臣之难，又见淮阴侯被诛，萧何被牢禁，所以他欲托从神仙之游，弃人间事，置名利而不顾，此子房明哲保身之道也。

岳侯若能效张子房明哲保身之法，不急于为国立功，弃官归田，安养天年，或待时以进，其功可成。即使功不可成，己与子也不至于遭诛谬之惨。故谓人臣者，当以张子房置名利于不顾，己与子孙才得以善终，而岳侯亦不然，乃自取其咎也。

可岳侯对宋代帝王素以防武臣叛之于不顾，在大获郾城与

①《袁了凡资治纲鉴》卷六，汉纪高祖，P51。

②《袁了凡资治纲鉴》卷六，汉纪高祖，P31。

朱仙镇之后而不收敛，及到金兀术皆令老少北去，民又遮道痛哭以挽留，这就导致高宗与奸臣，认为民之所以如此者，是岳侯已得民心，于朝廷不利而产生猜疑，及至遭到杀身之祸也。

岳侯既然急于为国立功，又能贞忠报国。以古语云："将在外，君命有所不受"，而不奉金牌召回，应与当时梁兴会，太行山忠义社及两河豪杰广为响应。中原各地皆择日兴兵与官军会合，各路义军都以岳为号而服从指挥。欲以河之南北父老百姓，顶盆焚香迎岳侯者，充满道路。自燕京以南，金人号令不行，兀术欲征兵以抗飞，河北无一人应者的大好形势下。岳侯应联合各路义军，帅部卒北驰，直抵黄龙府，将金国灭亡，那时谁能加害。如此，比唐时郭子仪还要光彩多矣。可岳侯思不及此，听奸臣金牌之召而归，致使中原不能恢复，民遭涂炭之苦，二帝及皇太后困死于金国，更是父子遇害，岂不悲乎。

从南宋史载看："曹勋以太上皇帝手书至自金。太上皇既渡河十余日，谓曹勋曰：'我梦四日并出，此中原争立之象，不知中原之民，尚肯推戴康王否'。因出御衣绢半臂，亲书其领中曰：'便可即真，来救父母'。又谓勋曰：'如见康王第言有清中原之策，悉举而行之，毋以我为念'。康王夫人邢氏，亦脱所御金环，使内侍持付勋曰：'幸为我白大王，愿如此环，得早相见也'。勋遂间行至南京，以御文进入，帝泣以示辅臣。勋因建议募死士人至金东境，奉上皇由海道归，执政难之，出勋于外。[①] 从此，亦知高宗面对父母与兄之辱而不顾也。

①《袁了凡资治纲鉴》卷三十三，宋高宗，P11。

宋高宗在家仇与国仇之中，为什么不按太上皇手谕，又不采纳曹勋救太上皇之策，还将曹勋赶出殿门之外，从此可以看出高宗其不救父兄之意所在。于是，可联想高宗当年正旦之日，率百官遥拜二帝，其尊师重传，崇学尚文，谒圣视学，乃虚伪之举，而是掩饰天下人之说也。

“钦宗丁未二年二月，皇后太子入金师，孙傅从之，户部尚书梅执礼，侍郎陈如质，程振，给事中安秩死之。时吴坚，莫俦督胁皇后太子，共车而去。傅曰：‘吾为太子傅，当同死生，金人虽不吾索，吾当与俱行’。傅寓皇城下，其子来省，叱之曰：‘使汝勿来，而竟来邪，吾已分死国，挥使速去’。子泣曰：‘大人以身殉国，儿尚何言’。遂以留守事付王时雍，从太子出，百官军吏奔随号哭。太子亦呼云：‘百姓救我’，哭声震天。”①

从上面史载看，高宗与金有不共戴天之仇，为什么于此却无动于衷。因为他若听忠臣之言，率诸将北征，亦能收复中原之地，他猜想那钦宗则自然回国即皇帝位。如此，大宋之天下非我赵构之天下，我又焉能登九五之尊？他为了自己的宝座，宁愿屈辱于女真，称臣割地，输金帛，以维持自己的皇位，此高宗不遵太上皇手谕、曹勋之策真正之原因。故谓高宗如此之败类，只为后世昏君效此法而开先河，以保自己的统治地位，其恶为君子者，所痛哭流涕者乎。

由于赵普向太祖献猜防之谋，使宋代后有诸多贤臣与武将，以容身自保为厚福，而不敢为朝廷建功立业以取祸，也为宋 代

①《袁了凡资治纲鉴》卷三十三，钦宗，P17。

武备薄弱，与金屡犯我中原之因。如不是金主后来数十年之内乱，而宋代焉有三百二十年之天下。其所以如此者，或许天所佑也。故谓普之恶当诛亦不可赦，而岳侯思不及此。当他执掌兵权太重，高宗也怕岳飞效太祖之法而取己之天下。因此，他听奸臣之言而陷害岳侯。

中国历代数千年中，未有如高宗者，既有众多贤相，又有那么多良将，不去恢复中原，置父、兄之仇于不顾，而成为历史罪人。余又认为高宗，若能听宗泽与岳侯之谏，率诸将北驰，将金兵驱遂于关外，而平定中原之地，其功莫盛焉，那天下之民无不高呼高宗万岁，诸将又焉敢不拥高宗称帝，钦宗又焉敢与高宗争天下。如是，高宗岂不两全其美。高宗其不能如此者，亦不如周赧、晋惠懦弱之比也。正如《南宋纪》评价云："高宗与夷狄不共戴天，无时而不可忘也，顾乃御殿受朝，晏然姿肆，则是忘亲禅怨，非人子矣"。[1]故谓历代君王，未有如高宗之愚也。

当兀术数败于朱仙镇，欲弃汴而去。有书生叩马前曰："太子毋走，岳少保且退矣。"兀术曰："岳少保以五百骑破吾十万，京城日夜望其来，何谓可守。"生曰："自古未有权臣在内，而大将能立功于外者，岳少保且不免，况欲成功乎。"兀术悟，遂留不去。如此看来，岳侯以精忠报国之心，可谓气壮山河。奈我华夏之民，焉有如此败类之书生，不顾国家安危子民之苦，而叩马兀术前且又诉岳少保退军之理，致使我中原之地尽归夷狄，民受其苦达两百多年。愚认为此等败类之言，

①《袁了凡资治纲鉴》卷三十五，宋高宗，P16。

乃历代所未有，可诛九族而不为过也。

至于秦桧之恶，诚如史载有云：“桧居相位十九年，劫制君父，倡和误国，一时忠臣良将，诛锄略尽，其顽钝无耻者，率为桧用事，以诬陷善良类为功，郡国事唯中省，无一至帝前者，开门受贿，富敌于国，外国珍宝，死犹及门，阴险深阻，与同列论事，帝未尝力辨。但以一、二语倾吝之，俾帝自怒，凡陷忠良，率用此术，晚年残忍尤甚，数兴大狱焉”。[①]故谓秦桧之恶，乃千刀万剐，亦不足为过，为后世为臣者所借鉴者也。

2011 年

①《袁了凡资治纲鉴》卷三十五，宋高宗，P21。

十四、王夫之论梁武帝失天下

《袁了凡资治纲鉴》卷十八《梁纪》。梁朝总论有云："萧衍负龙行虎步之相，因宝卷失政，起义襄阳，以宰制天下。数其在位，可录者多，断郡之献奉，侈泰抑矣。赦吉翂之代死，慈惠昭矣。修孔子庙，文教崇矣。求成于魏，恤民切矣。书其视学，所尚端矣。书行五礼，而创制嘉矣。使繇是而渐克有终，武帝之为君，则必可以无为天下戮矣"。

梁武帝其所以能取天下，是在"齐明帝疑忌横生，术数是用，香火流涕，殄灭十王，以绝太祖，世宗之子孙，诚谓豺狼之性，有甚无悛者矣。宝卷继之，凶恶炽祸，刀刺秉轴，六贵同朝，阿父阿兄居要地，宝孙伥子，凌大臣，赵鬼读西京，而殿壁涂炭，潘妃有国色，而步步生莲。甚者剖腹视男女，缚菰斩高宗，茅乐穷奇，躬亲裨贩，凶暴淫乱，顽冥不移"。[①] 于是，梁武帝在天下民心离散，诸侯争霸之下，举义兵于襄阳，然后消灭群雄而有天下。在执政之初，善政累累，如能自始至终而行焉，那武帝之天下，则长享太平无忧，而且可称一代明君。但武帝后来终有天下数十年？子孙又尽皆绝灭？究其原因，且

①《袁了凡资治纲鉴》卷十七，P56。

看王夫之如何论述也。

一、梁武帝自知不容圣教而就浮屠

王夫之说："天监十六年，乃罢宗庙牲牢，荐以蔬果，沉溺于浮屠氏之教，以迄于亡而不悟。盖其时帝已将老矣，畴昔之所希冀而图谋者皆已遂矣，更无余愿，而但思以自处。帝固起自儒生，与闻名义，非曹孟德、司马仲达之以雄豪自命者也；尤非刘裕，萧道成之发迹兵间，茫然于名教者也。"①

帝于天监十六年，开始废除宗庙所用的猪、牛、羊等祭品，以蔬菜、水果而代之。帝之所以如此者，是他过于信仰浮屠氏之说，及至天下大乱而国亡，尚不知是信仰异教之失。所失者，因帝时年已老，为使天下世代相传，已知曾与己取天下，且图谋不轨的老人已逝世，于是帝则无所虑，以自己所想而为之。所以帝于晚年之间，一心向往浮屠，竟无臣敢上谏。且帝本是读书人出身，其赋予名与义之重，与治理天下之才，不如曹孟德、司马仲达雄豪之才；更非刘裕、萧道成，其出身于兵士，知取天下之难，可帝不以此为然，盲目而就浮屠之说。

王夫之说："既尝求之于圣人之教，而思有以异于彼。乃圣人之教，非不奖人以悔过自新之路；而于乱臣贼子，则虽有丰功伟绩，终不能盖其大恶，登进于君子之途。帝于是彷徨疚媿，知古今无可自容之余地，而心滋戚矣。"②

帝常求圣人之教以教之，又思以异教而佑之，可圣人之教，

①《读通鉴论》卷十七，梁武帝十四论，《船山全书》，第10册，P638。

②《读通鉴论》卷十七，梁武帝十四论，《船山全书》，第10册，P639。

不是不对于犯有错误者，有改过自新的机会，而认为逆贼，不论以前其地位多高，功劳再大，也不能掩盖其罪恶，须受到国家法律制裁，又不能列入君子之途。由于帝未遵圣人之教而就浮屠，对自己一生所为之事，心感不安，惭愧。以古今之大义、通义，来衡量自己，是无法可以容忍的，于是帝陷入异教而不可收拾。

王夫之说："浮屠氏以空为道者也，有心亡罪灭之说焉，有事事无疑之教焉。五无间者，其所谓大恶也，而或归诸宿业之相报，或许其忏悔之皆除，但与皈依，则覆载不容之大逆，一念而随皆消殒。帝于是欣然而得其愿，曰：唯浮屠之许我以善而我可善于其中也，断内而已，绝肉而已，捐金粟以营塔庙而已，夫我皆优为之，越三界，出九地，翛然于善恶之外，弑君篡国，沤起幻灭，而何伤哉？则终身沈迷而不返，夫谁使之反邪？不然，佞佛者皆愚惑失志之人，而帝固非其伦也。"①

浮屠之说，非实际，是色空理论，亦谓有心从事恶事者，必遭神灵诛之，是因果报应，而认为自己本身所从事善与恶事者，都可以来教育人。所谓五无间者，是堕入无间地狱的五种重罪。如杀父、杀母、杀阿罗汉，出佛身血，破坏佛教之间的团结，虽这些不可饶恕的重罪，又能得到好的归宿，或终生享受荣华富贵，是前生做了好多善事，今生才有如此好的报应。即使犯下滔天之罪，只要能改过自新，信仰浮屠氏之说，其应受的苦难，则自然消逝，与皈依，亦谓信奉佛教而对佛法、僧

①《读通鉴论》卷十七，梁武帝十四论，《船山全书》，第10册，P639。

表示归顺依。又称三归，其心态是对自己的言行负责，为自己今生和后代的幸福积累资粮，依佛法去修心，潜心念佛，再多的罪过也能随着解脱。由于帝深信浮屠之说，又认为这是浮屠允许我从善也是我善于其中，于是，帝自绝于声色之欲望，禁渔、肉等，而以蔬菜自食。又捐钱、捐粟，以资天下营造塔庙，这些是帝最喜欢做的事，故当时天下营造塔庙风行一时。越三界，是谓帝从事浮屠之说，已超越佛教三界所规定的范围，亦称欲界、色界、无色界，还自谓不存在什么善恶。或有弑君篡国之罪，亦能解脱，而不惜其伤天害理之事。由于帝专注于佛教，无暇、又无心来处理朝政大事。且帝敦尚文雅，而疏简刑法，故公卿大臣不以此为然。帝每遇断重罪，则终日不怿，或有逆谋事觉，亦泣而宥之，于是朝纲不振，王侯将相益横，或白昼杀人于都街，或昼夜公行于摽掠，有罪亡命者，匿于主家，有司不敢前去搜捕。帝虽知其弊，由于他过于心迷，不能自克，对于逆谋者，还幻想神灵会为他谴而灭之。但帝却不自知，因信仰浮屠而致天下无一寸净土，且无心感到惭愧。帝之所以如此者，是被佞佛迷惑了，使他失去当年治理天下之志，不去履行君王之责，将他们绳之以法。故天下逆谋不法事者，则终日不能禁，而帝固非其咎。

王夫之说："呜呼，浮屠之乱天下而遍四海垂千余年，趋之如狂者，唯其纳天下之垢污而速予之以圣也。苟非无愧疚于屋漏者，谁能受君子之典型而不舍以就彼哉？淫坊酒肆，佛皆在焉，恶已贯盈，一念消之而无愧疚，儒之駁者，窃附之以奔走天下，曰无善无恶良知也。善恶本皆无，而耽酒渔色，网利逐名者，皆逍遥淌瀁，自命为圣人之徒，亦此物此志焉耳。”[①]

浮屠之说，不但是祸乱天下之源，而且其恶遍及全国各地已有一千多年，那些趋之若鹜之人，其污秽顿变馨香，听信其蒙昧之说，以为圣人之教。对于那些信仰浮屠者之祸，欲如民遇屋漏之苦，谁能信你伪君子不弃而听信其说，而把淫坊酒肆作为浮屠修道之场所，其恶贯满盈者，以一念消遣为借口而无愧疚。那些心术不正的读书人，还暗地信仰浮屠之说而传播于天下，自谓不论是善、是恶，都认为是好事，是善事。只能说是那些溺爱酒色之徒，不顾自己的名节，唯声色是图，从容漫步，悠然自在，似水波动者，且不知已之羞，还自谓是圣人之道，此乃沉迷不悟之流。

二、武帝耄荒纳侯景之降

王夫之说："至其受侯景之降，居之内地，萧介危言而不听；未几，听高澄之绐，许以执景，傅岐苦谏而不从；旋以景为腹心，旋以景为寇仇，旋推诚而信非所信，旋背约而徒启其疑，茫乎如舟行雾中而不知所屆，截然与昔之审势度情者，明暗杳不相及；盖帝于时年已八十有五矣，血气衰而智亦为之槁也。”[②]

由于武帝信仰浮屠之说，而梦中原牧守以地来降，遂轻信朱异以"此宇内混之兆也"之说，适与景遣丁和来上表，言臣与高澄有隙，请举十三州以内附，和至称景定计实以正月乙卯，梁主愈神之。仆射谢举等曰："顷岁与魏通和，边境无事，今

①《读通鉴论》卷十七，梁武帝十四论，《船山全书》，第10册，P639。

②《读通鉴论》卷十七，梁武帝二十八论，《船山全书》，第10册，P656。

纳叛臣，窃非所宜”。上曰：“得景则塞北可靖，机会难得。[1]遂不听其言，决意纳侯景之降，封河南王，还遣兵援之以助其叛。又遣侯景伐魏，当被魏守将所败，自求贬削，可帝以景兵新破，不忍移易，仍以景为豫州牧。萧介上表谏曰：“窃闻凶人之性不移，天下恶之也，侯景以凶狡之才，荷高欢卵翼之遇，欢坟土未干，即还反噬，逃死关西，宇文不容，故复投身于我，弃家国如脱履，背君亲如草芥，岂知远慕圣德而为江淮之纯臣乎”。[2]而帝弗听其言，仍以景为豫州牧。不久，魏王澄以侯景之叛，深恨之，欲设计以图景，遂致书与梁复求通和。朱异曰："静寇息民，和实为便”。于是帝轻信魏王澄之谋，而听朱异之谗言，与魏通和欲执景。司农傅岐曰：“高澄何事须和，必是设间，欲令侯景自疑图祸耳，若许通和，必堕其计”。[3]但帝不听其忠告，以景为重臣，时而以景为寇仇，时而重用时不用。如是之下，景自生疑心，举兵反于寿阳城，此帝之所以纳景之降，犹如孤船行于浓雾江河中，尚不知其遇险耶，与昔时执政之时，尚能审时度势，有着明显不同；帝之所以如此者，是由于帝年已有八十五岁，血气衰退而缺少智谋所致。

王夫之说：“智者，非血气之有形者也，年愈迈，阅历愈深，情之顺逆，势之安危，尤轻车熟路之易为驰也，而帝奚以然也？其智资于巧以乘时变，而非德之慧，易为涸也。且其中岁以后，熏染于浮屠之习，荡其思虑。夫浮屠既已违于事理矣，而浮慧

①《袁了凡资治纲鉴》卷十八，P28。

②《袁了凡资治纲鉴》卷十八，P29。

③《袁了凡资治纲鉴》卷十八，P29。

之流，溢于机变，无执也，可无恒也；无疑也，可无不为也；恍惚而变迁，以浪掷其宗社人民而无所顾恤，斯岂徒朱异，谢举之荧之哉，抑非老至耄及之神智衰损之为也？”①

人之智慧，非人之血气所固有的，而是人之年逾老，在处理各项事务中，其经验也就愈足，对事情好与坏，形势安与危，犹如空车在熟习的道路行走，亦能识别事之对与否，安与危，而帝则不然。其年愈老，其智慧应于时代之变，可帝于晚年，亦非如此，不讲仁义道德，又非昔日智慧，其天下焉能不易于他人。故帝于中年以后，又染浮屠氏之说，在处理朝政事务中，缺乏思考能力，故有违背世事之常理，亦无须信赖，无须保存，更不可善于其事。因为浮屠氏之说，似有、似无，模糊不清，且反覆不一，祸及国家，置民疾苦于不顾，岂徒谢举、萧介、传岐之能力可挽救之乎，而是帝因年老已至八十有余，其精神与智慧尽皆衰损之原故。

三、梁武帝惑于浮屠致子孙无君父兄弟之恩

王夫之说：“父子兄弟之恩，至于武帝之子孙而绝灭无余矣。唯萧综凶忍而疑于东昏之子，其他皆非蠭目豺声如商臣，帝亦未有蔡景之慝。所以然者，岂非慈过而伤慈之致哉？正德之逆也，见帝而泣；萧纶之悖也，语萧确而亦泣。绎也，范也，詧也，誉也，虽无致死以救君父之心，而皆援戈以起。然而迁延坐视，内自相图，骨肉相吞，置帝之困饿幽辱而不顾也。且其人非无智可谋，无勇可鼓，而大器之笃孝以安死，方等之忘身而自靖，

①《读通鉴论》卷十七，梁武帝二十八论，《船山全书》，第10册，P657。

咸有古烈士之风焉。”①

至于父子兄弟之恩，谓生我者，我生者，世上之恩莫过于此者；兄弟之恩，情同手足，此乃世事之常理，无人而不知者，然则武帝之子孙，为什么尽皆绝灭。唯萧综残忍似东昏侯之子，其他子孙皆蜂目豺声，不可用者如商臣，而帝未有蔡景之愚。其所以如此者，岂非帝过于慈善亦受慈善之故。而是帝之子孙，受帝之惑于浮屠所留下之祸患者。故值侯景之反，帝子萧正德，奉君父之命，督诸军于丹阳郡，他所置大船数十余艘，名为诈称载荻，可他暗地与景约而救之。景攻台城，正德奉命守宜阳门，帅众于张侯桥，又迎景入城，尝与帝语侯景之反而泣之。萧纶之悖，与正德之逆无不相同，尝与帝言永安侯确以讨景不克，而身亡亦泣之。湘东王绎，河东王誉，武陵王纪，各据一方，皆淹留不进。唯帝之孙宣城王大器，以御贼不克而身亡；晋安王方智，以十三岁继梁大位，以国亡不屈而自尽。此二者，乃有古代烈士之风。

王夫之说：“而不但此也，人主之废教于子者，类皆纵之于淫声美色狗马驰逐之中。而帝身既不然，教且不尔，是以诸子皆有文章名理之誉，而固多智数。然而所习而读者，宫体之淫词；所研诸虑者，浮屠之邪说；二者似无损于忠孝之大节，而固不然也。子不巧言鲜仁？则言巧而仁忘，仁忘而恩绝矣。”②

武帝之子孙其所以无君父、兄弟之恩，不是他对自己子孙未教育，而历代君王皆纵其子孙于淫声美色与追逐于狗马之中，

①《读通鉴论》卷十七，梁武帝二十九论，《船山全书》，第10册，P657。

②《读通鉴论》卷十七，梁武帝二十九论，《船山全书》，第10册，P658。

致使国家败亡。但武帝置身于困辱，及至国亡，其子孙又非淫于美色与追逐狗马之中，其天下为何而失？因为帝之子孙，值侯景之反，不兴勤王之师，以救社稷之危，这难道是帝对子孙所教育，非也，而是帝之子孙皆有满腹文章，足智多谋，应伸明大义，知君父之恩，社稷之重，又为何而不救。然而帝之子孙，所喜欢读的书，都是宫廷有关享乐腐化书藉，所考虑与研究者，都是浮屠邪说而被迷惑之故。此二者从表面上看，似无损于忠孝大节，实为置帝于困辱与国亡之因；也是帝过于信仰浮屠，所留下的祸患所致。谓人之子者，在父前讲实话，则知子有仁义道德，为人之子者，在父前讲假话，亦非仁义道德之子。一旦为人之子者，丧失仁义道德，则君父兄弟之恩自然绝灭。然而帝之子孙有正德之逆，萧纶之悖，受君父之命而不顾，反而引贼入城，尝与帝语亦泣之。如是武帝之子孙，如此非仁、非义、非德，而帝之天下焉能不亡。

王夫之对梁武帝于执政之初，对裴叔业要之北奔，萧颖胄欲请救于魏，萧渊藻诬邓元起之反，敕曹景宗之下韦叡，亦认为他能识别其真伪，又能唯才是用，可谓任将有功，图功有成。奈何帝于晚年，过于信仰浮屠，又昏庸无道而终以失天下，愚认为是对的。但对此有待商榷之处也。

欲观帝于执政之初，在处理国家大事，任人等方面，其审时度势，逆言、忠告之别，与晚年有着截然不同之分。其原因：因帝不遵圣人之教而就浮屠之说，且帝年老体衰，其智与思维能力有所退化。帝如能听仆射曰，不纳侯景之降。听萧介之谏，不以景为豫州牧。听傅岐之劝，不与魏通和，知景能叛其故主，日后焉能不再叛已，台城焉能破，梁之天下，岂能无一寸净土，焉能只有数十年而亡。如是，帝一生经营之天下，一旦拱手而让于他人，与其子孙数十余口尽皆绝灭，此事、此景，岂不悲乎。

从史鉴的记载看，梁武帝之所以亡，是由于其子孙既无君父之心，又无兄弟之情。故其记室参军萧喷，知其主绎，不兴勤王之师以救君父之危，心非之，遂饮食不进。曰："殿下都无下意"。绎听而不悦，及奉君父之命，绎欲进兵而退。喷曰："景以人臣举兵向阙，今若放兵，童子能斩之矣，大王以十万之众，未见贼兵而退，奈何"。绎欲恨之，未几，因他事而杀之。

武陵王纪，颇有武略，闻侯景陷台城，湘东王绎将讨之，谓僚佐曰："七官文士，岂能匡济。会内寝殿柱统节生花，纪以为已瑞，遂称帝于成都。

台城围"，参军徐怦欲劝纪，火速入援，以救社谡之危，而纪意不欲行。于是内恨之，亦令人诬告怦之反，遂将怦父子与家人十余口，尽斩之于军内，以示再有言兴兵者。因此永丰侯叹曰"王事不成矣，善人之基也。今先杀之，不亡何待"。后武陵王纪，因不受湘东王绎之节制，一家十余口，皆被绎杀之。

据此知帝之子孙，在逆贼未平，视萧喷、徐怦之言不听以杀之，置帝于困辱之中而不顾。其忤逆之罪，虎狼之心可见。帝之子孙为什么不救君父之危，非无智可施，非无力可以救援，而是帝之子孙不兴勤王之师之故也。

梁元帝继梁大位后，不以武帝前车之鉴，而终日事佛。值魏师入侵，遂停讲一日，又内外戒严。但部将向梁主报曰："境上无事"，又复讲一日，魏师至城下，部将战败。但朱买臣按剑进曰："唯斩宗怀，黄罗汉可以谢天下"。梁主曰："曩实吾意，宗黄何罪"。他率左右巡城，犹口占为诗，群臣亦知和者。魏师百道攻城，反者开四门纳魏师入城，梁主退保金城，请质求和，乃焚古今图书十四万卷，以宝剑击柱折之。叹曰："文武之道，今夜尽矣"。遂白马素衣出降，或问梁主何意焚书。答曰："读书万卷，致有今日，故焚之"。[1]如此之说，历代数千年中，未有为帝王者，其所以亡国，是因为读书太多而焚古今图书。且不知失天下者，是他们所读之书，乃浮屠邪说之故也。

梁主詧在都城破，谋臣尹德毅曰："今魏师之精锐尽会于此，若殿下为设亭会，豫伏武士，图而杀之，分命诸将掩其营垒，大歼群丑，俾无遗类，收江陵百姓，抚而安之，然后朝服济江，入践皇祚，略刻之间，可立大功，愿恢远略，勿怀匹夫之行"。梁主詧曰："卿此策非不善也，然魏人待我厚，若遽为此，人将不食吾余"。[2]至是阖城击虏，又失襄阳，乃恨不用德毅之言，愚认为此乃匹夫与妇人之见尔。如是，梁主詧之所以被魏王所杀，武帝之天下自此彻底而亡，只能说梁主詧不听良臣之谏，以救社稷之危，致使身亡国亡，为历代君王子孙少有也。

梁武帝为统一全国，遂遣将伐魏。为了攻取魏之寿阳城，遂计以水淹其城。故于天监十二年，始筑淮堰，长九里，下广140丈，上广45丈，高20丈，树以杨柳，军垒其上，于天监十五年夏四月，其堰成功。九月因淮水暴涨，堰坏，其声如雷，

①《袁了凡资治纲鉴》卷十八，P38。

②《袁了凡资治纲鉴》卷十八，P39。

闻三百里，沿淮河城池与村落十余万户，皆漂入海。又于梁普通七年，三筑淮堰而成，帝乘淮堰水盛，再次遣将伐魏，以淮堰水淹其城，遂平其地。在三筑淮堰中，沿淮河百里之内，老少皆役，寒暑疾疫，死者相枕，一日溃决，数十万民众之命皆葬于鱼腹。愚认为武帝其贪啧之兵，志取一城，而三筑淮堰。其费十年之力，耗天下巨财，视人民如草芥，其不恤民之苦可知，岂非帝之信仰浮屠所为，与假仁假义之技也。故谓帝之天下又安得不亡哉。

武帝于大通元年，始舍身于于同泰寺，未几，不但捐资为天下营造塔庙，还亲手督办营造佛阁七层，终被大火所焚。大同十二年三月，帝再次幸同泰寺，遂停寺讲三慧经，是夜又被大火所焚。帝曰："此魔鬼也，宜广为法事"，遂起十二层浮屠塔，将成，值侯景乱而止。如此之说，帝之谜于佛教，尚不知佛之所以然。曰一日、二日之间，尚不知有几事所失，何况帝留居僧寺数次，且每次愈月余，其不知天下所失者多少事。且帝迷而不复，归于魔降，穷极土木，劳民伤财，以肆虎狼之心，其为淨心能舍者乎。故谓君者，唯以仁义道德治天下，视民如子，则天下无敌，国家才能太平，民才能安居乐业。而帝则不然，却背道而驰，此不左乎。此帝之所谓厚其所薄，而薄其所厚若此尔，岂非仁义道德之国君所能取之也？

帝过于慈柔，又废国家之法，溺于异教而薄于宗庙之礼。不但捐金粟以营造塔庙，还三舍身于同泰寺，为僧徒讲解佛经，百官以亿万之钱而赎回。如是，人生于天地间，有此生则有此身，生不可灭，则身不可舍，抑不知帝之所谓舍者，以何为而舍尔。

若以屏富贵弃妻子为舍尔，则是为他舍，而非曰舍身。若以委其身于佛事为舍尔，则为佛者当取其身。今既曰舍，其身犹在，则是初未尝而舍尔。身未尝舍，而强曰舍，则因已昧其心于不诚。如此之说，历代数千年中，未有为帝王者，舍帝王之尊，而就寺僧之徒，岂非愚而又愚也。

帝于晚年之间，信中原牧守之梦，遂不听良臣之谏，而纳侯景内附之谋，朝廷既有异客，而与其国复为连和，致景自疑而举兵向阙。台城一破，帝却安卧不动。曰："自我得之，自我失之，亦复何恨"。是夜帝所求多不如意，饮膳亦为减少，卧净居殿，口苦索蜜而不得，遂忧愤成疾数月而亡。帝之所以如此者。其信仰浮屠之佛力又果安在哉？为何而不佑之者乎？

永安侯确，值侯景之反，诈降于侯景，因其勇深受景之器重，常随景左右。邵陵王纶暨遣人呼之。确曰："景轻佻，一夫之力耳，我欲手刃之，恨未得其便，即还启家主，勿以确为念。景与确游锺山，确引弓射鸟，欲射景，因弦断不发，景觉而杀之。"①如帝子绎与纪，虽不效确之忠，以身殉国。如能听萧喷、徐怦之言，诏告天下，兴勤王之师，以救君父之危，那台城焉能破，梁之天下，又焉能亡得如此之快。其所以然者，是帝之子孙无君父兄弟之恩，各自称王，兵戈相见之故也。

武帝之天下，外难未除，家祸又起。值侯景之反，武陵王纪称帝于成都，河东王绎坐视于江陵，其他子孙各据一方，未闻遣一兵一骑以讨贼。侯景授首之后，河东王绎称帝于江陵，

①《袁了凡资治纲鉴》卷十八，P34。

以残忍之心，而绝纪属籍。亲讲老子复蹈覆辙，夷狄逼城，亦释甲稽颡，城破身囚之中。作诗曰："南风且绝唱，西陵最可悲，今日还蒿里，终非封禅时"。欲此可知梁主在国家面临垂危之际，竟有如此荒唐之言，为历代君王少见也。

若武帝之孙萧察，于魏师入侵之际，亲当率军决战，与国与民共存亡。可他不这样做，还助魏以灭梁宗，其罪悉不可言，又不能恢弘远略，大灭群丑，而奉魏正朔，以称帝于江陵。身为中国之主，而俛首承睫于夷狄，岂堪称南国之主。其所以如此者，葸佛死弃人伦，而武帝崇佛教，其流祸之醒不至于人道撕灭则不已，父子不亲，兄弟不友，叔侄不容，华夷不辨，君臣不顾，夫乃释氏之遗言欲，其罪乃我国史上奇闻而不可赦也。如是，亦知帝之子孙，兵戈相见，其引弓见志，劳兵损义，其子孙焉能不遭绝灭之祸。欲观历代君王之家，子孙其能如此者，亦所罕见，不亦悲乎。

王夫之以唯物论的观点，认为武帝其所以过于慈柔而就浮屠，致其子孙无君父兄弟之恩而失天下；又以科学的理论予以批判，可于后世君臣者而提供借鉴；也为我们今天识别与破除迷信，提供有力依据。如是，尊重科学，才是为民之途径也。否则，其祸害亦不可论也。

2011 年

十五、王夫之论“刘裕抗表伐南燕不当与桓温专权”并论

《袁了凡资治纲鉴》卷十六。《东晋纪》第1页：孝宗穆皇帝，丙午二年十一月，桓温帅师伐汉。汉主李势骄淫不理国事，桓温帅师伐之，拜表即行，委长史范汪以留事。朝廷以蜀道险远，温众少而深入，皆以为忧。唯刘淡以为必克，或问其故。淡曰：“以博知之，温善博者也，不必得则不为。但恐克蜀之后，专制朝廷耳。”

安皇帝己酉五年四月，时裕抗表伐南燕，朝议以为不可。唯孟昶、谢裕、藏熹劝行，裕以昶监南府事。初符氏之败，王猛，孙镇恶来奔。[①]

温与裕者，其抗表以讨贼。史鉴评价有云：“裕平定南燕，诚为吮功，然抗表即行，与桓温伐蜀无异，其无君明矣。”[②]从上面的评价看，认为刘裕其所以抗表以伐南燕，虽居奇功，但与桓温抗表以伐汉主李势，同样是目中无君。但王夫之认为刘裕与桓温，同样为抗表而讨贼，不能相提并论，而有不同立场。

①《袁了凡资治纲鉴》卷十六，P45。

②《袁了凡资治纲鉴》卷十六，P46。

王夫之说："桓温抗表而伐李势，讨贼也。李势之僭，渍君臣之分也；温不奉命而伐之，温无以异于势。论者恶其不臣，是也，天下之义伸也。刘裕抗表以伐南燕，南燕，鲜卑也。慕容氏世载凶德以乱中夏，晋之君臣弗能问，而裕始有事，暗主不足与谋，具臣不足与议，裕无所可奉也。论者亦援温以责裕，一时义之伸，而古今之义屈矣。如裕者，以春秋之义予之，可也。若其后之终于篡晋，而后伸君臣之义以诛之，斯得矣。于此而遽夺焉，将听鲜卑之终污此土，而君尚得为君，臣尚得为臣乎？"①

桓温之所以不奉诏命，亦伐汉主李势而讨贼。因为势处于朝廷之上，亦无君臣之义而自立朝廷。温之所以不奉诏命即行，同样是无君臣之义。有论温者之恶，乃非臣之道，但能伸一时之义于天下。裕之所以不奉诏命而伐南燕，认为南燕是鲜卑人。且慕容氏累代扰乱我中华，其祸害不浅，晋之君臣又不能讨伐，裕在晋主昏庸不足与谋之下，不奉诏命而伐之也是对的。有论者称桓温是对的，刘裕是不对的，以一时之义而言，恒温其不奉诏命伐汉虽是对的，却失去古今之大义。刘裕其不奉诏命而伐南燕，既合乎一时之大义，又符合古今之通义，故谓裕与桓温伐汉主李势之不同。但刘裕最终还是篡晋天下，则另当别论。从君臣之义角度而论，裕罪该当诛灭。若以刘裕此后篡晋天下而否定他征南燕，听任鲜卑横行，而废古今之大义，这是错的。不但非我先朝之制，而且污我中华之地。其能如此者，是由于

①《读通鉴论》卷十四，东晋安帝十四论，《船山全书》，第10册，P536。

晋君愚昧过人，当有裕之行。

王夫之说：“有一人之正义，有一时之大义，有古今之通义；轻重之衡，公私之辨，三者不可不察。以一人之义，视一时之大义，而一人义之私矣；以一时之义，视古今之通义，而一时之义私矣；公者重，私者轻矣，权衡之所以自定也。三者有时而合，合则亘千古，通天下，而协于一人之正，则以一人之义裁之，而古今天下不能越。有时而不能交全也，则不可以一时废千古，不可以一人废天下。执其一义以求伸，其义虽伸，而非万世不易之公理，是非愈严，而义愈病。”①

人有个人之正义，也有一时之大义，还有古往今来之通义；三者如何权衡轻重，辨析公私，不可不认真审察。以个人之义，与时代之大义相比较，那个人之义是“私”，一时代之大义则为公。以时代之大义，与古往今来之通义相比较，以一时代之义是“私”，而古往今来之通义是为公。故曰公义重，私义轻，反复掂量权衡自然就明白了。他对公与私之事，认为有一人之正义，也有一时之大义，还有古往今来之通义。能集于一身者，其功则流芳千古，又为天下所用。为一人做好事，则是一人之正义，但不能废时代之大义，与古往今来的通义，而置国家利益于不顾。有时不能成全以上三者，而为一人与一部分人做好事，而废古往今来的通义，也是“私”字。执意为一人谋利益而得其利，不但是一人之私，而且为大众所不会公认的，是事之非，以国家的利益来核量，其伸一义者，都是私字。

①《读通鉴论》卷十四，东晋安帝十四论，《船山全书》，第10册，P535。

王夫之说:“事是君而为是君死,食焉不避其难,义之正也。然有为其主者,非天下所共奉以宜为主者也,则一人之私也。”①

他以忠君思想，认为臣者，事事都要为君着想，为君效力，及至粉身碎骨为止，这才是为臣者该履行的职责。然而为其主者,非天下所公认,且不适合为天下之主而奉之,也是一人之私。

王夫之说：“为天下所共奉之君，君令而臣共，义也；而夷夏者，义之欲严者也。五帝、三王，劳其神明，殚其智勇，为天分气，为地分理，以绝夷于夏，即以绝禽于人，万世守之而不可易，义之确乎不拔而无可徙者也。”②

为天下民之所拥护的君王，与颁布的政令，为臣者应遵命行事，这才是为臣所应该做的事；至于夷狄与我华夏者，其事理之义尤为重要。故黄帝、颛顼、帝喾、尧、舜为五帝。以大禹、商汤、周武为三皇。费其神，用其智，而淡泊化俗，始制干支、定三辰，分昼夜，辨日月，相山川，分九区之下，而劳其心，费其力，用其智勇，为天下分其势，为华夏定其基，以制夷狄而固华夏。使夷狄灭绝而益于我华夏之民，此万世之君守之而不可易于夷狄者，乃华人之义举，不可推卸与变革之责。故谓人之正义，一时之大义，不可废古往今来之通义，这才是为人做事之原则。

王夫之在三百多年前，对桓温不奉诏命而伐汉主李势，与刘裕抗表以伐南燕，从公私轻重等角度立论，认为不可相提并论。对公与私相互存在之关系，以君臣之义，夷夏之别，何为

①《读通鉴论》卷十四，东晋安帝十四论，《船山全书》，第 10 册，P535。

②《读通鉴论》卷十四，东晋安帝十四论，《船山全书》，第 10 册，P536。

公，何为私，反复论证，来区别公与私之分。其远见卓识，实在是别开生面，令人领首。但愚对此与当今社会存在一些问题，而补充如下：

对于桓温与刘裕不奉诏命而讨贼。愚认为桓温，恃其材略位望，阴蓄不臣之志，而常抚枕叹曰：“男子不能流芳百世，亦当遗臭万年”。从他这两句话中，他之所以抗表以伐汉主李势，以此举来扩大自己的军事实力，来篡夺晋之天下，这是桓温一人之私。刘裕之所以抗表伐南燕，以南燕是鲜卑人，是夷狄，且他们经常扰乱我中华，是敌人，是为民族利益和国家安全，是一时之大义，也符合古往今来之通义，乃公也。

至于刘裕于戊午十四年十二月，弑晋恭帝于东堂，开我国历代君王被弑之先河。以古往今来之通义而言之，其罪不但可诛，且臭名远播矣。

当今社会有些人，利用自己的权力，在出售土地、承包建设项目，提拔干部，或从国家发放项目补助资金，捞取大量金钱，或为子女与亲朋谋利益，这些非法行为，而无奇不有。因此，愚奉劝这些人，应该学习王夫之公与私之辨，要分清正义、大义和通义，多行大义、通义，达到为清官之道。否则，其祸不可料也。

2012 年

十六、王夫之论《高宗见胁悍妇内不能忍》

《袁了凡资治纲鉴》卷二十二第4页。《唐纪》高宗乙卯六年九月，上一日还朝，召长孙无忌，李勣、于志宁、褚遂良于内殿。遂良曰：今日之召，多为宫中，既受顾托，不以死诤之，何以下见先帝。勣称疾不入，无忌等至内殿，上顾谓无忌曰："皇后无子，武昭仪有子，今欲立昭仪为后何如"。遂良对曰："皇后名家子，先帝为陛下娶之，临崩，执陛下手谓臣曰：朕佳儿佳妇，今以付卿，非有大故，不可废也"。上不悦而罢，明日又言之。遂良曰："陛下必欲易皇后，请择令族，何必武氏。武氏经事先帝，众所共知，天下耳目，安可蔽也，万代之后，谓陛下为何如，愿留三思。臣今忤陛下意，罪当死，因置笏于殿阶，解巾叩头流血。曰：还陛下笏，乞放归田里"。上大怒，命引去，昭仪在帘中大言曰，何不扑杀此獠。无忌曰："遂良受先朝顾命，有罪不可加刑"。于志宁不敢言，韩瑗因间奏事，泣啼极谏，上皆不纳。他日李勣入见，上问之曰："朕欲立武昭仪为后，遂良因执以为不可，遂良既顾命大臣，事当且已乎"。对曰："此陛下家事，何必更问外人"，上意遂决。

许敬宗宣言于朝曰："田宅翁多收十斛麦，尚欲易妇，况天子立一后，何预诸人事，而妄生异议乎"。昭仪令左右以闻，贬逐良为谭川都督。其后韩瑗上疏为遂良讼冤曰："遂良体国忘家，风霜其操，铁石其心，社稷之旧臣，陛下之贤佐，无罪斥去，内外咸嗟，愿鉴无辜，稍宽非罪"，上不听。十月，下诏废王皇后，萧淑妃为庶人，命司空李勣赉玺绶册皇后武氏，百官朝后于肃仪门。故后王氏，淑妃萧氏竝囚于别院。上尝念之，闲行至其所呼之，王皇后泣对曰，至尊若念畴昔，使得再见日月幸甚。上曰："朕即有处置"。武后闻之大怒，遣人断去手足，投酒瓮中。曰："令二妪骨醉"，数日而死，又斩之。后数见王萧为禁，如死时状，故多在洛阳，不敢归长安。[①]

高宗乙丑二年五月行麟德殿，十月车驾东都。十二月至泰山，[②]寿张人张公艺九世同居，齐隋唐皆旌表其门。上过寿张幸其宅，问所以能共居之故，公艺书忍字百余以进，上善之，赐之缣帛，而王夫之对此确有不同看法。

王夫之说："张公艺以百忍字献高宗，论者谓其无当于高宗之失，而增其柔懦。亦恶知忍之为道乎！书曰：'必有忍，乃克有济'。忍者，至刚之用，以自强而持天下者也。忍可以观物情之变，忍可以坐奸邪之机，忍可以持刑赏之公，忍可以畜德威之固。夫高宗乍然一怒，听宦者之辞，而立命上官仪草诏以废武氏，是唯无激，激之而不揣以愤兴，不忍于先，则无

①《袁了凡资治钢鉴》卷二十二，P5。

②《袁了凡资治钢鉴》卷二十二，P9。

恒于后，所以终胁于悍妇者正此也。”①

公艺在高宗幸其宅，而书以“忍”字百余以献。有史学家认为公艺所献“忍”字百余，非助于高宗之忍，而助于高宗之柔。亦恶知忍之道，故有书曰：“忍”不失其一，而能使事成全。“忍”亦有智又有谋，才能治理好天下。“忍”可以观世上事物之变，而能适应其时。“忍”可以打击奸邪之谋，而确保国家安全。“忍”可以处理囚犯及赏罚之明，而还其世上之公道。“忍”可以增加德与威而固天下。但高宗以一时之怒，听奸臣之说，立命上官仪拟文书以废武氏，则不知废武氏而激其怒之后果。然后又受制于武氏，此高宗非善于“忍”与审时度势，欲废武氏于先，而后又不能自始至终而行焉。所以终于被武氏篡权，而号称周天下正此也。故谓太宗创业之天下，只有数十年，以高宗不能“忍”，而卒使大唐中道灭亡。

王夫之说：“一激即不能容，他日悔之而弗能自艾，不忍于耳，即不忍于心，高宗之绝其天良，恶岂在忍哉？”②

人一旦性急暴躁，亦不能克制于己，到后来反悔也无济于事。对流言蜚语，能做到耳不听，心能忍，而高宗却做不到这一点。高宗其所以将太宗才人武氏，在感业寺为尼而纳入后宫，又立为昭仪，旋而又立为皇后，岂非高宗不遵太宗之训，又不听褚遂良等忠臣之劝，亦知高宗无有天良之心，而恶非忍之故。故谓高宗非孝、非礼、非德，非智之君。

王夫之说：“公艺之以忍而保九世之宗，唯闻言不信而制

①《读通鉴论》卷二十一，高宗四论，《船山全书》，第10册，P791。

②《读通鉴论》卷二十一，高宗四论，《船山全书》，第10册，P791。

以心也，威行其中矣。不然，子孙仆妾噂沓背憎以激人于不可忍，日盈于耳， 尺布鬭粟，可操戈戟于天伦，而能饬九世以齐壹乎”？[①]

公艺以百“忍”之道而治，故能保子孙九世同居，是他能做到闻谗言亦不听，推心置腹，使其上下之心而不变。所以公艺在众裔共居之家，具有权威性。否则，其子孙与仆妾可议论纷杂，矛盾加剧，天天听其言，日积月累，致因小事亦动干戈，岂不有损于上下和睦，又能九世同居？

从史载与王夫之的论述看，高宗其所以受制于武氏，张公艺又能九世同居。有史学家认为，是由于高宗与公艺过于“忍”而成。但王夫之认为高宗其所以受制于武氏，是高宗不能“忍”，过于激发武氏之怒，为武氏后来篡唐而有周天下。对公艺九世同居，以“忍”而治，是为可信者。本人就史载之事，结合当今社会实际情况，谈点看法。

高宗欲立武氏为后，被长孙无忌等顾命大臣反对，他还是废王皇后与萧淑妃为庶人，而立武氏为后。愚以为高宗以一朝天子，从天下选美女为后不是件易事吗。但他为何要选父妾武才人为后？为历代君王立后所未有，也为太宗不孝之子孙也

高宗时为太子入侍太宗，见太宗才人武氏而悦之，亦有无父淫蒸之意。若以封建社会礼、义、廉、耻等立论，高宗与杨广戏父爱妃陈氏之罪，又有何异哉。且陈妃以此告其父，而文帝曰：“畜生何以付大事。”故谓自古淫污内乱之事，未有不

①《读通鉴论》卷二十一，高宗四论，《船山全书》，第 10 册，P791。

亡国败家者。太宗去逝后，长孙无忌受太宗之托，将武氏入感业寺为尼，高宗以进香为名私而会之，又以巧言告皇后。可王皇后不知高宗所言之伪，又使高宗不宠幸萧淑妃，阴将武氏纳入后宫，是谓无智者。高宗不听大臣之谏，废皇后，又立父妾武才人为昭仪，旋而封为皇后，“诚非人子之道也”，也非君王之德也。

高宗欲立武昭仪为后，遂以珍宝十车诱长孙无忌使之从己，而无忌宜曰辞官不受其赐，使高宗知大臣之不可以利诱之，或许可阻止其非心。奈何长孙无忌无识与无学，又贪受其财，更不能理解高宗之伪而授之，使武氏之怨，为奸臣所谋。其召顾命大臣入内殿，“谓皇后无子，武昭仪有子，今欲立昭仪为后何如”，是高宗探知大臣之谋也。

高宗行废立，奈何又取决于李勣之言。勣若有忠君之心，亦劝高宗不可行废立，则武氏必不可立。勣非唯不谏，是勣心术不正。其促使高宗行废立，为唐室中道灭亡，皆勣之罪而不可言矣。

褚遂良以死谏高宗，亦不忘太宗顾命之托，而确保李氏天下，而阻止高宗不废皇后，真社稷之臣，与忠君之心可见也。奈何他缺乏审时度势，故遭其祸，岂乃自取其咎也。若高宗初纳武氏入宫，褚遂良即率群臣上书皇后而阻止其事，深谏高宗割制邪欲，勿忘太宗之训，悉意竭忠，不遗余力，其废立之事未必可成也。当其时而不治，及至事成，亦叩头流血又有何用，不亦愚乎。对于武氏残害忠良，倾覆唐天下，而开创大周王朝，为我国女皇帝之独情，又为我国千古奇观之闻也。

张公艺之所以九世同居，是他够“忍”而治。有史学家认为公艺之“忍”，不该以“忍”字书告高宗。高宗之所以受制于武曌，岂非高宗以“忍”而悟，而是高宗不能“忍”而自取其咎也。高宗若能正朝廷，对所失者，当皆因事有补，不然，高宗非不能“忍”于患，乃过于“忍”之失也。张公艺以“忍”字百余书告高宗，故知其材艺有余而智谋短矣。为公艺者，宜曰臣家所以同居之久，由家长专治，权在男子，妇人不预外事。如此，或许使高宗在“忍”字上有些警觉。故谓高宗不能“忍”，何其不败而亡哉。所以不可以“忍”能将一切事物改变；更不可以“忍”能逢凶化吉。故谓“忍”则有一定的限度，或据事之发展而定，切不可以事事都可以忍也。

一国之君，亦效公艺之“忍”而治，那朝廷上下之官吏，则会图谋不轨，贪赃枉法，虐待百姓，那百姓何以安居乐业，国家又何以长治久安，外国亦会趁机入侵，国家在内扰外患之下，安得不亡哉。

一位家长，同样效公艺之“忍”而治，其子孙难道都能听话，又何以勤劳致富？家一旦一穷二白，不但生活难以维持，又不能立足于社会。故谓“忍”要有一定的限度，还要与刚毅相结合，才能达到应有的目的。否则，事物的发展则会适得其反。一旦成为懦夫，何以成就大事，国与家又何以富强？故谓“忍”要视其事物发展，才是必然之势也。

2012 年

十七、王夫之论《宇文岁给突厥缯絮锦彩十万毒延后世》

明末清初大思想家王夫之，在吴三桂引清兵入关之后，目睹明军节节败退，遂与管嗣裘，僧性翰在南岳方广寺举兵起义。失败后，又到南明朝廷任行人司行人。目睹王化澄结奸误国，使明王朝不能复兴，又迫于清王朝统治中国之现实，在悲愤交集之下，只能用著书来疾呼人民反清与寻找复明贞士。因此，他以北周宇文氏与北齐高氏争天下，岁给缯、絮、锦，彩十万以奉突厥，认为是毒延后世之始祸，来启迪后世君王，以此为戒而不可为也。

王夫之说："中国输岁币于夷，自宇文氏始。突厥挟两端以与宇文、高氏市，宇文畏其为高氏用也，岁给缯絮锦彩十万以縻之，高氏亦畏其为宇文氏用而厚赂焉。夫宇文与高于突厥，何中外高卑之有哉？弱役于强，屈者其常也，而突厥固曰：宇文、高氏，中国之君也，中国之奉我，常也。此骄夷狄之始祸也。宇文、高氏朘削中国以奉于其类，非其土，非其民，无不可也。而后世驽窳之君臣，且曰：宇文、高氏，中国之君也，不惜悉索之于民以奉突厥而国以安，吾亦奚不可邪？此启惰君陋臣之

祸始也。”(《读通鉴论》卷十八陈宣帝三论，《船山全书》，第10册P683)

宇文泰事魏冢宰，其子觉袭位周公，遂废魏主为宋公，建国为周，为中国输金帛于夷狄之始。突厥以宇文与高氏争天下，而认为有机可图。宇文亦怕突厥为高氏之用，岁给缯、絮、锦，彩十万以贿赂，而高氏又怕宇文用更多的金帛贿赂于突厥。于是，宇文与高氏竞相贿赂，此种卑鄙之道为中外所罕见。以中国之疲而奉之于强夷，其屈膝虽习以为常，而突厥却曰：“宇文与高氏乃中国之君，尚且事奉于我，已成常事”。如此而肇夷狄之骄，为华夏之始祸。宇文与高氏所掠取民财以奉夷狄，其财产不是土里生长的，也不是民之所愿意，而是宇文与高氏视民之生死于不顾所掠夺。但宇文与高氏之道，只能为后世之暴君、昏君作借口而曰：“宇文与高氏，也是我中国之君，尚且不惜余力括民财，奉夷狄而国以安。”如此之说，宇文与高氏为争夺天下，而括民财以奉夷狄，于国与民所不利之事，岂能效而为之，只能为后世昏君与奸臣而开先河之举。

王夫之说：“地之力，民之劳，男耕女织之所有，殚力以营之，积日以成之，委输以将之，奉之异类，而民力尽、民怨深矣。无财无以养兵，无人无以守国，坐困而待其吞吸，日销月铄，而无如之何，自亡而已矣。而不但此也，方其未入中国之日，已习知中国之富而使朵颐久矣。中国既自亡，而揖之以人为主，其主臣上下皆固曰：此畇畇之原隰，信天地之沃壤也，肥甘之悦口，轻煖之适体，锦彩佳丽之炫目，繁声冶奏之娱耳，求焉而即得，取焉而即盈，昔之天子奉我而如不及，今为我之臣妾，而何求不克邪？故淫虐婪取，川吸舟吞，而禹甸为荒郊，周黎为道殣，皆宇文氏之毒，延及千年而益烈。悠悠苍天，其如此皮骨空存之赤子何也！所为推祸始而为之痛哭者也。”(《读通鉴论》卷十八陈宣帝三论，《船山全书》，第 10 册 P684)

土地之所用，民之所劳动，男耕田、土，女织布帛，都离不开土地，而且男女在这土地上所劳作，与商贾所经营，日积月累之金帛，迫民奉之于夷狄。如是民力尽，而且民之怨声愈深。国家一旦无财力，即无力以养兵，也无人为国守卫边疆，民一日一月被夷狄所剥夺，国家面临这种残局，民只好受苦，国家只能自亡。可夷狄不但如此者，在未入我中国之日，而知中国之富即想任意宰割。王夫之认为中国之亡，主要是那些叛国之徒，只计个人利益，拱手以奉夷狄。而夷狄君臣皆曰：“我等其所以能为中国之主，又能共享富贵，也许是神灵送给我们君臣的。这些美好生活，令我们多么高兴，在中国这温暖的气候中，又令我们身体舒适，还有诸多耀眼的锦绣，宫殿悦耳的歌舞声，所求必得，所用之不尽，比以往中国天子，其予我之金帛还要好得多。中国之君臣，如皇宫美女，皆我之臣妾，我需要什么就有什么”。故谓夷狄在我中国之日，无不在淫虐是取，像吞舟之大鱼，纳水之大川，大量吞噬我华夏财物，弄得民疲财尽，致使中国大好河山变成荒郊，周国百姓死于道路，皆宇文流毒所致，为后世争天下者效此法而愈演愈烈。其割民财，割地以奉夷狄，使夷狄在我中国之日，能悠然自在，而不以此为羞者，真不配我炎黄之子孙。其为始祸者，为民所痛哭流涕。

从王夫之的论述看，他在三百多年前，对宇文与高氏争天下，岁给金帛十万以奉夷狄，以高度的爱国思想予以批判，而为后世无可非议也。但愚从历代君王之所以能取天下者，各有千秋，其得失也各不相同而谈点看法。

上古之世，为君王者，以天下为公，荐有德才者而立之。故尧帝以子丹朱不肖，向天下荐之以自代，群臣咸举舜而立之。舜以子商均亦不肖，以禹治水有功，荐之以自代。后禹又荐益于天下，而益避禹之子启于箕山，可天下诸侯不从禹之荐而奉禹之子启。曰："为吾君子也"[1]。但启不以天下为公，却将天下授于己子太康，遂开我国家天下之先河也。

三皇五帝之后，历夏、商、周，而史称三代。虽未效尧、舜，向天下荐之以自代，但能以德服天下，救百姓于涂炭之中。诚如商汤退而就诸侯之位曰："天下非一家之有也，唯有道者可以处之，可以治之"[2]。如是，三让诸侯皆推汤而即天子位，可谓仁义之君也。

自秦、汉、三国、晋、南北朝、隋、唐、五代、宋、元、明、清，数千年来，之所以能君临天下者，数以百计。唯以秦始皇，刘邦，刘秀，李世民，朱元璋之辈，凭自己的能力，削平海内群雄而有天下，可谓英雄，亦枭雄也。

曹操，司马仲达，刘裕，肖道成，肖衍，陈霸先，赵匡胤之流，不但无大功于天下，而行狡诈之术，以欺孤儿寡妇而取天下，

①《袁了凡资治纲监》五帝纪卷一十二，P18。

②《袁了凡资治纲鉴》汤纪卷一，P36。

皆鬼雄，亦奸雄之流也。但他们都没有以财贿赂外夷者耶？而前者石敬瑭，后之宋真宗，尤其宋高宗为保存皇位，不听岳武穆、韩世宗之谏，不挥师北上以恢复中原，而听秦桧之言，尤而效之，也输金帛，割地与金和议。为开放后世蒙古、满族蹂躏我中华数百年之机。此为王夫之所痛心疾首者也。

王夫之对宇文为与高氏争天下，岁给金帛十万以奉突厥，认为是毒延后世之始祸，与国家当代外交与民族政策有些相悖逆。但他的民族气节之精神，爱国之热情，可为当今吏与民所学习之典范，也为后世执政者，尚有借鉴之处。因此，对他的论述，不能一概否定其非也。

对于国与国之关系，据其情况而论，秉着相互友谊，且有利于国家与民生大事，或一旦为友好之国，遇到不可抗拒的天灾人祸，捐财捐物，以救百姓之苦，亦未尝不可取也。但对一些国家一向与我为敌，曾残杀我百姓，掠夺我财产，还有些国家曾接受我无偿援助，后又反过来与我为仇之国家，不论其困难多大，只能从道义上表示同情，但不能以财物而予之。尤其是与我非友好，又无灾难的国家，更不可予金帛而贿赂之。诚如王夫之所说："积日以成之，委输以将之，奉之异类，而民力尽，民怨深矣。"①。

在他看来，将民财过于给予他国，将会导致民力枯竭。因此，国家应优先发展文化教育，以新的理念来培养具有高素质科研人才，而为治国之本。还要采取有效措施，限制大量的土地搞

①《读通鉴论》卷十八，陈宣帝三论，《船山全书》第10册，P683。

所谓城镇化建设，亦影响粮食生产，而不能忽视“民以食为天”之说也。同时，以雄厚的经济与军事实力，才能有效对抗来犯之敌人。如是，亦不愧为我炎黄之子孙。否则，正如王夫之所说，“为其败类者乎”。

2012 年

十八、王夫之论《陈兢九世同居》

《袁了凡资治纲鉴》卷二十九，《宋纪》太宗庚寅淳化元年，夏四月，诏贷江州义门陈兢粟。鉴初，江州陈崇，数世未常分异，唐僖宗诏旌其门，南唐又为之立义门，免其徭役。崇子衮，衮子昉，九世同居，长幼凡七百口，不畜婢妾，人无闲言，每食必群坐广堂，未成年人者，别为一席。有犬百余，共一牢食，一犬不至，群犬亦皆不食。建书楼以延四方之士，乡里率化。唐亡，州上其事，诏仍旧免其徭役。至兢之世，子姪益众，尝苦乏食，知州唐戬言于帝，诏本州每岁贷粟二千石”。

当愚拜读这段史事后，对陈兢“九世同居，长幼凡七百口，不畜婢妾，人无闲言”与“有犬百余，共一牢食，一犬不至，群犬亦皆不食”之说，无不钦佩。亦认为不但有治家之良法，或有天人之相助也。但王夫之却有不同的看法。

王夫之说：“人之可信者，不贪不可居之名；言之可信者，不传不可为之事。”[1]

在他看来，能为民办事又为民所信服者，亦不贪不属于自

[1]《宋论》卷二太宗七论，《船山全书》，第11册,P62。

己之名与利；其言为民所能听者，亦表现在平常工作与生活实践中，不讲虚话，更不宣传虚伪之事，可为我们后世做人而定下基本要求。

王夫之说：“江州陈兢九世同居，而太宗岁赐以粟、盖闻唐张公艺之风，而上下相蒙以矜治化也。九世同居，天下亦多有之矣。其宅地广，其田牧便，其习业同，未可遽为孝慈友爱，人皆顺以和也。公艺之告高宗也，曰‘忍’。夫忍，必有不可忍者矣。则父子之谇语，妇姑之勃谿，兄弟之交瘉，以至于斁偷伤化者皆有之。公艺悉忍而弗较，以消其狱讼雠杀之大恶而已。使其皆孝慈友爱以无尤也，则何忍之有邪？故公艺之言，犹不敢增饰虚美以惑人，为可信也。传陈兢之家者曰：‘长幼七百口，人无闲言’，已溢美而非其实矣。又曰：‘有犬百余，共一牢食，一犬不至，群犬不食’。其诞至此，而兢敢居之为美，人且传之为异，且以史载为真，率天下以伪，君子之所恶夫乱德之言者，非此言哉？”①

江州陈兢能九世同居，太宗又能赐粟与帛，似有张公艺九世同居之风，而上下又能去污保洁以保其身，为乡民表率，故能九世同居。九世同居者，天下多有之。因有广阔的田地与房屋，又有优良的牧场，不缺吃，不愁穿，岂非论孝慈友爱，而人皆顺以和睦。公艺在高宗幸其宅，书“忍”字百余以献。但他又认为“忍”必有不可“忍”之处。如父子杂语，姑嫂排挤，兄弟矛盾，均有损于上下和睦者皆有之。但公艺之所以不予计

①《宋论》卷二宋太宗七论，《船山全书》，第11册，P62。

较，以消除不必要的官司，牢狱，仇杀等大恶发生。使其子孙能孝顺友爱，又何须以“忍”之为。故曰公艺之言，不敢增饰虚伪之词以惑人，所以公艺九世同居者为可信。至于陈兢家“长幼凡七百口，人无闲言”之说，此乃虚伪之言而不可信。所谓“有犬百余，共一牢食，一犬不至，群犬不食”之词。其传至今，是陈兢贪此美言而自居，又代代相传以为异，且史载以为实，天下又信以为真，是那些有文学素质之人，以乱道德之言者。因此，王夫之对公艺之所以能九世同居给予肯定，对陈兢九世同居，上下无闲言，一犬不至，群犬不食之说，不但不可信，而且给予批判。

王夫之说：“人而至于百，则合食之顷，一有不至，非按而数之，且不及察矣。犬而至百，盆涌而前，一犬不至，即智如神禹，未有能一览而知者，奚况犬乎？计其家七百口之无闲言，为夸诞之说，亦如此而已矣。”①

一百人于一公堂就餐，一时能知多少，必按人而数之，尚且未数为何而知之。陈兢有犬百余，共一盆而食，一犬未至，哪有群犬不食之理。即使有大禹之神智，也不能一看就知犬有多少，况且犬乎？且陈兢七百口共居，上下无闲言，也是夸大之说。

王夫之说：“且以陈氏之族如彼其善矣，又何赐粟以后，九世之余，寂寂无足纪数；而七百口敦仁崇让之子弟，曾无一人能树立于宋世哉？当唐末以后之丧乱，江州为吴、楚交战之

①《宋论》卷二，宋太宗七论，《船山全书》，第11册，P62。

冲。陈氏所居，僻远于兵火，因相保以全其家，分数差明，而无讼狱雠杀之衅。陈氏遂栩栩然以自矜，有司乃栩栩然以夸异，太宗且栩栩然以饰为时雍之化，相率为伪，而犬亦被以荣名。史氏传其不足信者，而世信之；妄人售，而为父兄者恤虚名以渎伦纪；君子所以为世道忧也”。①

陈兢既然能九世同居，子弟又能从其善，在衣食住行皆为之不缺，为何又受太宗之赐粟，且陈兢家能九世同居，又有七百口，具有人义道德又建书楼以延四方之士，而必有文才横溢者，岂非一人在朝为官？唐末，五代十国争雄，江州取于吴、楚交战之处，陈氏所居之江州，亦为战乱之中，而陈氏为避免战火亦客居于外，以保护家人安全无虞，让家人无牢狱，官司之灾，又无仇杀之事而发生。可陈氏欣然以此为然，有司以如见其事而夸大其异，太宗又以为率化乡民之表，故使天下之民信以为真，而犬百余又获其殊荣，史氏传其不可信，世人又信之。此等狂妄之言，作为父兄恤其虚名而破坏人伦道德，为君子者，所当心世道而不务实。

史称陈兢九世同居之说，有史学家赞赏其事。但王夫之以唯物论观点，却认为是陈兢自己欲贪其名，与天下以诧传诧之故，而认为是不可取信的。现就当今社会存在的现象，与陈兢九世同居相比而谈点看法。

“陈兢九世同居，家有七百口，上下无闲言”，虽有夸大之词，但他能以“公”而治，使上下无私心，亦具治家之良法也。

①《宋论》卷二，宋太宗七论，《船山全书》，第 11 册，P63。

且陈氏以孝义相传能九世同居，又受太宗厚赐之禄，为其子孙富贵之宜矣。

当今社会，一家数口，亦有婆媳争吵，夫妻离婚，子女不孝敬父母者比比皆是，与陈兢能以九世同居，家有七百口，而不能全信。但愚又认为陈兢非九世同居，非有七百口，或只有五世同居，三、四百口，与当今一家数口相比，其相处之难，亦不言而知也。即使五世同居，三、四百口而食，还是以“公”而治。因为有了“公”，就可以“公”办事，使上下能心服口服，不但无怨言，且乐意做好自己本职工作，大家一旦把事做好，其效果之大，收益之多，一个家，一个国家，何为而不富强。相反，国与家，同样不以“公”而治，那官吏则相互徇私枉法，而祸害国家与民之利。民之家一旦不和，那生产就不能发展。如是，两者之结果不可料也。因此，国家对“公”与“私”之分，要加强对民与吏教育与宣传力度，同时还要采取有效办法，使官吏以公办事，使民奉“公”无“私”，这才能达到上下和谐，国富民强，不亦善乎。

还有些官吏，一旦握了大权，将“为民办好事，为民办实事”，说在口头上，实为自己与亲属谋利益。据有些媒体披露，一些贪官少则数百万、多则几十个亿，住的是豪宅，吃的是高档食物，穿的是名牌衣服，又包养二奶、三奶……，其奢侈生活不可论也。但有少数贫困地区的老人，却将家里几个鸡蛋到街上去变卖，而换取自己需要的东西。如是，两种不同生活情况，其悬殊之大，为天下君子者所认为不公也。所以国家对那些贪官，在贪污数额要有明确标准。在处理中，国家对超标者，不能以官大小，亲与疏同等对待。一是判刑，二是格杀勿论，只有这样才能刹住歪风，平民愤，国家才能长治久安。故谓陈兢九世同居，还是值得我们今天有所借鉴。

2013 年

十九、王夫之论《诸葛之志不尽行于先主》

我尝读《三国演义》，对诸葛公治军作战之才，治国安邦之术与廉洁自律，可堪称一代名臣，乃王者之佐，伊尹之德，为我国史上少见也。故有先主于白帝城托孤之言曰："君才十倍曹丕，必能安邦定国，终定大事，若嗣子可辅则辅之，如其不才，君可自取为成都之主"[①]。而公流涕且曰："臣敢不竭股肱之力，效忠贞之节，继之以死乎。"又观其出师表，与公临终手书遗表，亦不油然起敬，热泪满眶。故谓公辅佐先主，竭尽全力，天地可鉴也。但王夫之认为诸葛公，其所以为先主之谋，不得尽行于此，而另有其意。现将其说作一探讨。

王夫之说："公之心，必欲存汉者也，必欲灭曹者也。不交吴，则内掣于吴而北伐不振。此心也，独子敬知之耳。孙权尚可相谅，而先主之志异也。夫先主亦始欲自强，终欲自王，雄心不戢，与关羽相得耳。故其信公也，不如信羽，而且不如孙权之信子瑜也。疑公交吴之深，而并疑其与子瑜之合；使公

① (《三国演义》第 85 回，P476

果与子瑜合而有裨于汉之社稷，固可勿疑也，而况其用吴之深心，毋庸妄揣也哉！先主不死，吴祸不息，祁山之军不得而出也。迨猇亭败矣，先主殂矣，国之精锐尽于夷陵，老将如赵云与公志合者亡矣；公收疲敝之余民，承愚暗之冲主，以向北方，而事无可为矣。公故曰：'鞠躬尽瘁，死而后已。'唯忘身以遂志，而成败固不能自必也。"①

武侯之志，为汉室将亡而谋求中兴，必欲灭操。不与吴交，吴则牵制于后，其出兵北伐而不能成功。其与吴交，才能制操，存汉社稷，唯子敬知之。孙权其不知，尚可姑息，而先主岂非心不知。因他非有存汉社稷之心愿，而有刘秀自称帝之志。故谓他自起兵以来，总以保存自己实力，故于取川之后，即称帝于成都，与关羽欲遵备为帝之意相同。故先主其信公，不如信羽之诚，而且比不上孙权信子瑜。于是，先主疑公与吴交，公与子瑜之合，一旦成功，将有益存汉社稷，则无可疑。公与吴交之明，与子瑜之亲，而先主与羽则无不知。故谓先主不死，将为关、张报仇之忿，与吴开战终不能息，而祁山之师也不能出。及至先主败于猇亭，又崩于白帝城，国家精锐之军尽皆毁于夷陵，于是，公与赵云之志亦不能实现。公取于民穷兵疲之下，与愚昧之后主而职掌朝政，虽委邓芝与吴重新修好才率众北伐，为无可奈何。其所以明以为攻，实为保蜀之计。故公曰："鞠躬尽瘁，死而后已"。其意能否存汉社稷，只能尽心尽力，及到死为止，方能让后世人知之，非我所能强行而为之。

①《读通鉴论》卷十，三国四论，《船山全书》，第10册，P377。

王夫之说：“乡令先主以笃信羽者信公，听赵云之言，辍东征之驾，乘曹丕初篡，人心未固之时，连吴好以问中原，力尚全，气尚锐，虽汉运已衰，何至使英雄之血不洒于许、雒，而徒流于猇亭乎？公曰：‘汉、贼不两立。’悲哉其言之也！若先主，则固非有宗社存亡之戚也，强之哭者不涕，公其如先主何哉！[①]

先主若能以信羽之诚而信公，又听赵云之言“国贼曹操也”，不率众伐吴，乘操尸骨未寒，曹丕初篡，人心未定之时与吴交好，率军直捣中原，其时尚有实力，军士尚有锐气，虽汉运衰弱，何不将英雄之血流于许、雒之间，却将国家精锐之师毁于猇亭。公且曰：“与曹贼势不两立。”其存汉社稷之明，决心之大，其言也哀，而先主之志，非公欲存汉社稷之心。所以他闻献帝崩，欲哭无泪，其与公之心相比，不能相提并论。

从王夫之论述看，公其所以忠心耿耿，尽力而辅佐先主，不单独为先主之谋，而是助先主以灭操。欲存汉社稷，只能与吴交，则能涉千里以伐魏。但先主与关羽，却认为公与吴之交，则有益于汉祚，有损自己将来称帝，所以对公所主张“东联吴越，北拒曹操”之策有成见，对公之信非羽之诚。公目睹曹操称王，曹丕称帝，汉祚不能复兴，其内心之苦衷。正如王夫之说：“张良遇高帝而志伸，宗泽遇高宗而志沮；公也，子房也，汝霖也，怀深情而不易以告人也，而成败异。公怀心而不能言，诚千秋之遗憾与！”[②]而王夫之能将二千多年前诸葛孔明，其内心之

①《读通鉴论》卷十《三国》四论，《船山全书》，第10册，P377。

②《读通鉴论》卷十，三国，四论，《船山全书》，第10册，P378。

苦衷能一一论述出来，为古今之人所未有也。然而对公之北伐未能成功，而谈点看法。

史学家陈寿先生，对诸葛公评说："诸葛亮之相国也，抚百姓，示仪轨，约官职，从权制，开诚心，郁公道，尽忠益于时者，虽仇必赏，狠法怠慢者，虽亲必罚，服罪阴情者，虽重必释，游辞巧 言者，虽轻必戮，善无微而不赏，恶无纤而不贬，刑政虽峻而无怨，以其用心乎而劝诫明也，可谓识治之良才，管箫之亚夫矣"。[①]我认为陈寿对公之评说，是无可非议的。但对公"连年举众，未能成功，盖应变将畧非其所长也"之说[②]，却不敢苟同。现将其说，作一浅析，又为世人对公之评说，有助于参考者一也。

世人论将者，往往以司马与诸葛不及一战以决胜负，此乃以形势而不究其理也。五丈原之师，与赤壁之役相同，然而曹操大败于赤壁，何也，此乃形势佐佑孙刘，俾公能与吴合。故操以八十万大军，战将千员，欲渡江南下，为吴使十艘火船所破二也。

公六出祁山，若能引五丈原之师，深入客地，耕田积谷，声势震薄，而意思安闲，养精蓄锐以待进发，而后来天下之局势，将不知为何三也。

司马仲达虽善于用兵，然终不敢出战，请与蜀战以示武，情见势穷。甘受巾帼之辱，殊无他计也。于此时，公不急于伐魏，一旦有机会，则率众以图中原，其天下之势不可论四也。

①《袁了凡资治纲鉴》卷十四，P21。

②《袁了凡资治纲鉴》卷十四，《船山全书》，第11册，P21。

公如听主簿杨颙之言，“为治有体，上下不可相侵”，欲效丙吉与陈平为官之道，使司各守其职，不理军中细事，公岂非食少而事烦，何致耗尽精力。与懿之战，身不患重病于床而懿又焉能不败五也。

公在北伐中，若李严不失其职，苟安不延误粮草，马谡不失街亭，昏君刘禅不听宦臣之言，不召公回，孟达于新城举事成功，岂但擒懿，长安以东诸郡，可破竹而下，而汉室可兴六也。

公率众出祁山以伐魏，屡胜而不能成功，何也。此乃天助魏而不佑汉，与公早逝七也。

公在北伐中，与懿争天下数十年，与公不俟兵刃之交，而懿已被靡大败。故以形势观之，谓魏胜而蜀负，而“有亟血酸辛之叹”八也。

然而公自曰：“亡则知汉室之决不可兴也，夫成败之利害，繫于一时，而理之得失，事之是非，虽千载而不泯。”由此知之，公之谋略，忠义之行，节制之兵，皆可详细思考，反复观者，使人懦气激昂。由今观之，诚如其言，世人岂可以成败论人物九也。

2013 年

二十、王夫之论《关羽不终吴好》

我尝读《袁了凡资治纲鉴》，《三国演义》，悉知刘备与关张少相友善，恩若兄弟，而无慢易之失。其侍立终日，不避艰险，而无睽疎之态。故世谓备行义之修，而关张二人，于贤者能狎之，敬之，畏而爱之。其与庸人之远，宜为后世人学习之典范。

刘备三顾茅庐后，以诸葛亮为军师，以“东联吴越，北拒曹操”之策，与孙权败曹操于赤壁。备取西川，因庞士元被乱箭射亡，故留羽守江陵；亮与张飞，赵云，将兵沂流取巴东，破巴郡，遂定益卅。盖备自新野奔江南，依刘表，荆楚之士，从之如云。在亮佐备治蜀之下，于汉献帝二十四年七月，备自称汉中王，还治成都。羽率众攻樊城，致操议徙许昌以避之。但羽后来反败于麦城，又失荆州，父子遇害。备在羽与飞遇害后自己又败于猇亭。以无颜而不好回成都，遂建宫于白帝城，在病危而托孤于诸葛孔明。后来诸葛孔明为什么不以隆中决策而行之。其原因，且看王夫之如何论述。

王夫之说“吴，蜀之好不终，关羽以死，荆州以失，曹操以乘二国之离，无忌而急于篡，关羽安能逃其责哉！关羽守江陵，数与鲁肃生疑贰，于是而诸葛之志不宣，而肃亦苦矣。肃以欢好抚羽，岂私羽而畏昭烈乎？其欲并力抗操，匪舌是出，而羽不谅，故以知肃心之独苦也”[①]。

吴，蜀之间，终以破裂而战。至于羽之死，荆州之失，操以吴，蜀不合而战，亦无后顾之忧而篡汉天下，羽岂非其责任。羽守江陵，多疑肃有异谋，于是亮“东联吴越，北拒曹操”之策不能贯彻，而知肃之苦心。至于肃能以好言而慰羽，不是他与羽私人之好而怕昭烈。其目的是与羽共同对抗曹操，反而其谬言是出，可羽又不能体谅其诚意，故鲁肃一人之苦衷，为人所不知。

王夫之说“羽争三郡，贪忿之兵也，肃犹与相见，而秉义以正告之，羽无辞以答，而婞婞不忘，岂尽不知肃之志气与其苦心乎？昭烈之败于长阪坡，羽军独全，曹操临江，不能以一矢相加遗。而诸葛公东使，鲁肃西结，遂定两国之交，资孙氏以破曹，羽不能有功，而功出于亮。刘琦曰：‘朝廷养兵三十年，而大功出于一儒生’。羽于是以忌诸葛者忌肃，因之忌吴；而葛，鲁之成谋，遂为之灭裂而不可复收”。[②]

权从张昭之计，将亮弟瑾老少虚监于府中，使瑾往西川说备，以讨还荆州，备在亮哀求下，将长沙、零陵、桂阳三郡与吴。因羽与备虽有桃园结义，但他以“将在外，君命有所不受”而拒之。于是权使肃屯兵陆口，邀羽赴会。肃曰：“昔日令兄皇叔使肃于吾主前，保备借荆州暂住，约于取川归还，今西川

---

①《读通鉴论》卷九，汉献帝三十三论，《船山全书》，第10册，P370。

②《读通鉴论》卷九，汉献帝三十三论，《船山全书》，第10册，P370。

已得，而荆州未还，得毋失信乎？”[1]，肃之以礼义之词告羽，可羽在无辞对答下，坚持已见，仍不归还其三郡，岂不知肃因未讨还荆州与其苦心，备败于长阪坡，而羽军无损一人一骑，在赤壁之战，未发一矢以制敌。其赤壁之胜，是亮东结吴与鲁西助备之故，遂定吴，蜀之交资孙氏共破曹，非羽之力，而功出于亮与吴合。于是羽疑亮与肃有异谋。其谋一旦成功，将有害于刘备称帝。故亮与肃其共同抗曹之策，遂不可成功。

王夫之说：“然而肃之心未遂忿羽而堕其始志也，以义折羽，以从容平孙权之怒，尚冀吴，蜀可合，而与诸葛相孚以制操耳。身遽死而授之吕蒙，权之忮无与平之，羽之忿无与制之，诸葛不能力争之隐，无与体之，而成谋尽毁矣。肃之死也，羽之败也。操之幸，先主之孤也。悲乎！”[2]

肃以愤怒之情，在索取荆州未果，而成关羽之愿。其以好言好语告羽，又徐徐劝解孙权之恨，其意与蜀好，与亮共同以制操。肃在未能讨还荆州，又相继谢世，故权将兵权授予吕蒙。于是，权之忿亦无人来劝解，羽之忿也无法制之，而亮又无法解其内心之非。羽与权又不体谅肃之苦心，而亮与肃其共同抗曹之策，一旦毁灭，遂不可复收。至于肃之死，羽又败于麦城，父子遇害，操后来能称王，丕又能称帝，先主又败于猇亭，又有白帝城托孤之事，为操善用贤才，与备不信诸葛公之故。

从上面论述看，王夫之对关羽之死，荆州之失，归咎于羽对亮与肃，共同抗曹的方针有成见，与操在吴，蜀不合，无人

①《三国演义》，P371。

②《读通鉴论》卷九，汉献帝三十三论，《船山全书》，第10册，P370。

牵制而篡汉，有不可推卸的责任，固然是对的。但我觉得，羽之所以如此者，还有别的值得商榷之处也。

关公过于私义而短于公义。刘备失徐州而投绍，关公在穷困土山上，犹有“吾今虽处绝地，视死如归，汝当速去，吾即下山迎战”，在故友张文远述公有三罪，公亦有三约之请。[①]然而公知备离绍奔荆楚，即过五关斩六将，兄弟三人会于古城。公在赤壁战中，奉诸葛孔明之命守华容，公以昔日之恩，将操释而放之。如此之说，公对备与操之义，亦昭然可揭。故谓公私义重，而有损于公也。

关公过于骄慢而欠智谋。公虽善于抚恤卒伍，得众心，而不礼士大夫，委糜芳，傅士仁，以心腹之地，寄莫重焉。然其二人以公素轻己，又声言将治其罪。故吴军一到，不发一矢，即开城门投降一失也。不知与吴合好，共成犄角之势，使曹操能虎视江南二失也。不与吴申固情义，狂妄自大，不许吴婚，还辱骂其使，致权忿而使吕蒙袭取江陵。故谓公乃自取其败三失也。荆州之失，岂独关公一人之过，先主与诸葛公焉非其责任。备当初取西川，若与亮同往，留庞士元与公同守荆州，那庞士元不甚亡于落凤坡，公亦不有麦城之败，荆州之失也。备知公远离千里，率众攻樊城，只知与羽有桃园结义情深，又以公之勇可任，则不知江陵无心腹之将守而防之，与权多次派肃索取荆州未果必有其忿，而有偷袭荆州之心也。亮虽知不如公与备之亲，但在这与国共存亡之时，何不向刘备力争使一智谋之士

①《三国演义》138 面。

代羽守荆州，那吕蒙焉能偷袭江陵，荆州又何以失守之也。如是，樊城指日可破，许昌亦将在公掌控之中，操一迁都，魏国上下震动。于此时，诸葛公若率飞与云出汉中而取长安，那时天下之局势，则将别论四也。

荆州之失，世多奇吕蒙之功。以愚观之，此乃小人舞智不足取也。其匿兵为商贾行，潜取荆州以破公，此乃一时之利，尚不知吴，蜀之好，共能破曹。故谓吕蒙虽巧取荆州，然而未受爵而身先亡，此乃吕蒙心术不正；非以大丈夫有名之师，以仁义而胜者乎。

2014 年

廿一、王夫之论《张汤用诈而死于诈》

余观《史略》，《史记》，《袁了凡资治纲鉴》诸书，对张汤为官之道均有记载。其不相同者，《史记》将张汤列入酷吏列传。诸书对汤之为官之是非，虽有评论，但王夫之对张汤为廷尉，为人之是非，却有不同见解。

王夫之说："张汤治囚导官，见鲁谒居之弟，阴为之而佯不省，奸人诡秘之术也。而谒居弟以之而怨汤，汤以之而死。诈者卒死于诈，鬼神不可欺，而人不可术御也。祸生非所能测矣，奸人挟此术以售奸，而终以自覆也，固然。曾君子而为之乎？"①

张汤为廷尉而致官吏之死，令人难以费解。他之所以厚待鲁谒居，其弟而不知者，岂奸臣害人之术。鲁谒居病时，汤亲为之摩足，被赵王发觉，遂向上奏明汤有大逆不道之罪，又将汤下廷尉。谒居病死，事连其弟，而弟怨汤，又向上告发其兄汤与谒居共谋李文事，于是武帝以汤怀诈面欺，使赵王禹严责汤罪。汤因与谒居共谋李文事发，遂向上致书曰："陷臣者三长史也"，遂自杀。汤之昆弟与诸子，欲厚葬汤。汤母曰："汤

①《读通鉴论》卷三，汉武帝二十论，《船山全书》，第10册，P142。

为天子大臣，被污恶言而死，何厚葬之乎。”[①] 于是，只将汤率葬而已。上闻之，尽诛三长史，丞相青翟皆下狱自杀，此汤以狡诈舞智以愚人之亡者。可见凡为事者，则知鬼神不可欺，不可以狡诈而防其祸。故谓人祸之非非，亦不可预料，然则奸人以奸邪之道，终必自取其咎。为君子者，岂能效此而为之。

王夫之说："周顗弗择而以施之王导，遂与汤同受其祸，愚矣哉！王敦之罪，不加于导，身为大臣，何嫌何疑，不引以自任，而用奸人之诈乎！阳与阴取，欲翕固张，顗沈溺于老氏之教，而不知其蹈张汤之回遹。为此术者，小以灭身，大以偾国，是以君子恶夫术之似智而贼智也。"[②]

从晋史看，王敦与从弟导，可谓同心协力辅佐元帝，故帝推心置腹而任之，以敦为三军统领，以导为机政，然而敦与导诸子弟，皆为朝廷达官，故时谓有"王与马共天下"之语。敦恃有诸多子弟之助，宗族之强盛，遂益于骄恣。帝于是畏而恶之，亦召刘隗与刁协等为心腹，以制王氏之权。但敦不思以为戒，与报效朝廷之心，而率兵反于武昌，又攻陷芜湖，帝遂征渊与隗入卫建康。导以己未能伐敦，知罪于朝门外以待处置，可顗入朝之时，导呼救而不答，可顗向帝明导有忠君之诚。及出朝门，导又呼之以救，顗又不答，且其左右曰："今年杀诸奴"，故导益恨之。适吕猗向敦言"顗与渊有高名，有惑众之力，趟若不杀，必为后患"。于是敦征求导而导不答，遂将顗与渊而杀之。但王夫之认为顗之所以同受张汤之祸，乃自取其咎，可谓愚而

①《袁了凡纲鉴》卷八，汉武帝，P33。

②《读通鉴论》卷三，汉武帝二十论，《船山全书》，第10册，P143。

不可言。由于导以朝廷大臣，对敦之反而不讨伐，是失其责，反而行奸邪之术，阳奉阴违，以骗帝之信用，其罪过于敦之罪。且顗与沈充之徒，又过于信仰浮屠之教，而不知是步张汤之祸。为此术者，小以灭身，大以亡国，岂乃君子与恶夫行智之别而乃贼智也。愚谓导以晋东大司马，不能挽吴江之水，以洗中原之耻，而使晋室偏安于江左，坐视神州之陆沉，而不可逃其责哉。敦与导之恶，终须有报，可为后世人臣之明鉴。

从王夫之的论述与史载看来，汤之为官，其是非则不论而知。以汤人品论，他与公孙弘不肯廷诤以顺上旨，而汤亦专阿上意。弘以奉禄常给故人，迎宾客于家无余资，而汤以救数人子弟获利尤厚。弘开东阁以延贤人，而汤交宾客亦不避寒暑，以求士人之赞誉。以汤心术论，狄山得与汤争议，与匈奴和亲于上前，此人臣之甚所难，而武帝之所欲闻，所谓滥颜以来之，虚怀以受之，忧恐不敢言，又况武帝之怒，而致弘于死地，此汤害人之谋，为武帝之所信用。故使贤人君子，精忠报国之心，不将以上闻，志义不得以自伸，反贻暗昧之诛，皆汤之启，皆汤之罪。汤之死不足道，其报亦不旋踵，独武帝信而用之，惜哉。可谓后世为人主者之戒也

世人有谓“张汤文深意忌，用法严酷，不当有后，为何其子孙蕃衍盛大”。又为之说：“世贤者有后，张汤是也，不然汤亦无后者也。”又何说也。故谓人之为善与恶，天未必能个个都知道，又能一一计其祸福，只能是相对之言，而不是绝对的。又有谓“张汤矫伪刻薄，而后嗣显乐，七代不绝，又何也”。愚以为汤虽恶，但汤之子安世，于汉昭帝时封大将军，与孙千

秋皆封列侯，是汤之子孙，为保卫与辅佐汉室有大功，且子孙又嗣之，率皆忠心仁厚，恭俭有余，对夷狄有道不靡，无道免于利戮。于是，其功德光顾于后，续历数世，固其宜矣，又何异哉。

世人有谓人兴与亡者，何也。因事物之发展可谓千变万化，不可尽言，只能以自行而为之。故谓人之所以亡，人之所以兴，是因上人与子孙行善与作恶之分。使上人有余德，而子孙之恶，又甚于上人之善，亦当自亡。上人为之不善，而子孙之余德，又甚于上人之恶，故子孙福禄全集，焉有其祸，此人之兴者。上人为之不善，子孙又无余德，且恶又甚于上人，而子孙之祸，自然延之而不断，此人之亡者。故谓善恶之报，不可谓之不审也。

世人以为有寸功薄居者，则以为天道不公，曰己宜贵，宜长寿，宜子孙发达。还有一些小人，以他人有罪恶，则以为天道必谴怒，而茫乎于善恶之报，此乃偏浅之智而妄猜天道，则不知善恶有循环之理。故谓人亦有自修而已矣。

对于张汤之恶，及至杀身而自亡，乃汤自作自受，理之当然。但汤母对其子汤之恶，何不早以一言而戒之。待汤之死，又出怨言，非坐罪其子，而是纵其恶也。故谓汤之死，其母有不可逃其责哉。

愚认为鬼神之事，巫婆之说，虽不可信。但为民者，凡为事，则三思而行，凭良心以善事而为之，以恶事而去之，为子孙多留余庆，切莫以害人之心而为之，则不怕半夜鬼敲门，其子孙则自然繁衍浩大。为官吏者，当以张汤为戒，切莫效汤以多诈舞智以愚人，不要贪婪无厌，为事不要口是心非，知足常乐，多为民办善事，办实事，否则其祸不浅矣。为人母者，当以汤母为戒，对子孙严加教管，尊师重德，为国家培养有用之才，切莫纵容子孙作恶，作歹。不然，子孙为汤之例，则不可免也。

2014 年

廿二、王夫之论《谢安不能树人以贻后》

余以先父犹人公成份不好，未能升学而被迫在家务农。在务农之余，先父闲谈先人与已一些往事，与史上一些趣事之是非。说“谢安与符坚大战于淝水，其侄玄将前方捷报至，亦置之于旁，仍与客人下棋而说：“小儿辈遂已破贼”。那时以年少无学，又不知其为之如何，及到二十世纪七十年代，拜读《袁了凡资治纲鉴》，亦知先父所言与史载之事实相合，又知安之为何许人氏也。但王夫之认为安与玄在淝水大战中，虽以兵八万而破坚百万之众，使晋垂危而不亡，亦有不世之功勋。但认为安后来不为国家培育人才，却有不可推卸之责任。

王船山说：“有才皆可用也，用之皆可正也，存乎树人者而已矣。操树人之权者，君也。君能树人，大臣赞之，君弗能树人，责在大臣矣。君弗能树人，而掣大臣以弗能有为，大臣有辞也。君不令，而社稷之安危身任之，康济之功已著见，而为天下所倚重，乃及身而止；不能树人以持数世之危，俾免于亡，大臣无可辞也。”①

①《读通鉴论》卷十四，东晋孝武帝九论，《船山全书》，第10册，P517。

天下可用之才，要观其是否德才兼备，培育者是以大公为心抑或处于私心。能善于培育人才者乃君王也。君王能善于培育人才，当然为臣者高兴。为君者不善于培育人才，是臣者未向上进谏，言培育人才是治国之本。大臣对辅佐君王培育人才有不可推卸的责任。若君王不善于培育人才，为臣以国家大事为己任，秉公处理政务，使国家平安无事，民能安居乐业，一旦成绩显著，为天下之所器重，死而后已；若未为国家培育人才出力，以安后世之乱与国之不亡，那为臣未尽其责，就无可推脱了。

王夫之说："王导、谢安，皆晋社稷之臣也。导庇其族而不能公之天下，故庾亮得而间之；然其没也，犹有郗鉴，王彪之，谢安以持晋室之危，虽非导之所托，而树之者犹导也。安以族盛而远嫌，不私其子弟可矣，当其身而道子以乱，追其后而桓玄以篡，廷无端方严正之士，居端揆以镇奸邪，不于安责，将谁责而可哉？"

王导与谢安，皆为晋朝栋梁之臣。然而导确庇佑其族内子弟于朝为官，此导之私心而为国家培育人才。所以庾亮趁此机会于朝为官，在苏竣谋反中，几次失误，使竣犯阙，迁帝于石头；当庾亮没后，而犹有郗鉴，王彪之，谢安，在晋之天下以危而为安，虽非王导之所托付，但不外乎王导有培育之功。但安以族内诸多贤能者，以避天下人之说，不私自培育族内子弟于朝为官，虽然可以。但安不该早退，使导之子侄与桓玄后来乱天下，使朝廷无正道君子，不以国家利益与民之生存，又不镇压那些乱臣贼子，其责任不属于安，那又是何人。

王夫之说：“‘老氏曰，功成身退，天之道，’安，学于老氏者也，故能以力建大勋之子弟，使远引以全名，而宗族虽有贤者，皆无列于朝右。以是为顺天兴废之理与？夫君子之进也，有先之者，其退也，有后之者。退而无以后之，则已成之绪，与身俱没，而宗社生民不被其泽。既已为公辅，建不世之勋，则宗社生民，即厥躬之休戚矣。全身而避名，知衰而听命，抑岂所谓善退者哉！退之难于进也久矣。未退之日而早为退之地，非树人其何以退乎。”①

他引用老氏之语，认为为国建大功者，宜当功成身退，而顺天行道。他认为安在未能退居之时而退居，是安真正未能学到老子之道。所以安与玄于淝水大战中，有大功于朝廷，又流芳百世，却未能为族内子弟具有贤能者，培育于朝为官，认为安之举不能真正顺天之意与兴废之理。对于正道君子之求进取，应观其变，视其先后，退与不退，何去何从早作抉择。这样，既然退了，亦无可后悔，因其祸与福已定，与身与名已俱无，而宗社与民却未能得到泽惠。安既为朝廷宰相，又建不世之功，而置朝廷与民于不顾，未为国家培育人才，又何必退居之早呢？

王夫之说：“安存而政已乱，安没而国以倾，则举生平之志操勋名与庙社河山而消陨。安之退，一退而无余矣。天之道，功成而退，春援之夏，冬援之春，元气相嬗于无垠，豫养其穉而后息其老，故四序循环而相与终古。老氏不足以见此，而安是之学也。史鱼不能进蘧伯玉，死以为惭，此则老氏所谓死而

①《读通鉴论》卷十四，东晋孝武帝九论，《船山全书》，第10册，P517。

不亡者也。”[①]

以上之论，谓安在世之日，而朝廷之政已乱，安一旦谢世而晋已亡。究其原因：是由于安生平之志，在于为国建奇功以获大名，而置晋天下后来安危于不顾。所以安一退，而晋之天下则面临无可收拾之残局。以正常之道，一旦为国建奇功亦退，以防奸臣陷害，而认为是对的。作为国家大臣，不能忽视以“春授之夏，冬授之春”，亦谓国家大臣者，在未退之前，该为国家培育一批有用之才，使已在退下或谢世后，朝廷有人继任才去休息。学老氏而不知“死而不亡”之理，为臣者不遵循四序循环之理，不知悉为国培育人才之重，安之学老氏，等于未学也。

从王夫之的论述看，对安之评价，谓“安存而政已乱，安没而国以倾，”则认为安对晋之天下安危，其功是不可否认的，但安不为国家培育人才，又辞官不做，对晋之灭亡，负有不可推卸的责任，究其原因：

王夫之对“谢安不树人以贻后”予以批评”，但安在秦兵犯境，朝野上下摄动，朝廷诏求天下文武良将之际，亦能推荐其兄之子玄应诏，又命玄镇守淮河之北而御秦，然后以兵八万欲破坚百万之众，使晋垂危而变为安，如是安与玄为晋社稷有盖世之功也。故时人郄超闻之叹曰：“安之明，乃能违众举亲，玄之才，足以不负众举”。此安在国家存亡，不顾个人与玄之安危于不顾，而大胆推荐玄应诏，非等闲之功。因为安对玄之才与德有所了解，故能破坚百万之众。故谓安有报国之心，天

①《读通鉴论》卷十四，东晋孝武帝九论，《船山全书》，第10册，P518。

地可鉴也。

但安后来不为国家培育人才，又不为族内贤才者培育于朝为官，自己又辞官而退居为民，其内心有不可告人之苦衷也。安之所以如此者，也许是安欲效张良欲从赤松子游之道，与辞官不做，以保子孙善终。培育人才一旦有错，不但自己负有失察之罪。一旦居高位，时间已久，易被主上所疑惑，与奸臣陷害之由，而有韩信被灭三族之祸。所以安意识到天下人心难测，与不可预料之祸是早与晚，遂不为国家培育人才，辞官而退居为民，做到无官一身轻。此谓安之不可明言者。

安在坚发长安戎卒六十万，骑兵二十七万，旗鼓相望，前后千里，朝廷上下震恐，而安能率玄大战于肥水之中，其胆量与忠于朝廷，乃史上少见也。玄在作战前夕，而玄入内问计于安。安夷然答曰："已别有旨"，谓皇上有新的指示，玄在安寂然之间，遂不敢复言。其"命驾山圣游，与玄围棋至晚方回，而部将桓冲以京师为忧，欲遣三千精锐以援之"。安谓之曰："朝廷处分已定，兵甲无阙，西藩宜留以为防"。此安在考虑前方之兵力太少，与坚兵之众，其悬殊太大。若兵力一旦减少，不利于调遣，又牵动全局，难以控制而止。此安趁此时正在为备战所思也。

于是桓冲对僚佐曰："谢安有庙堂之量，不闲将略，今大敌垂及，方游不暇，遣诸不经事少年拒之，在众多寡弱，天下之事可知，吾其左衽矣"。谓安虽有宰相之才，但不知为将之道，今面临大敌当前，还有心与时间，到山庙游荡不止，所言非为战争之谋，所委派者，皆为一些不懂事少年，欲与强敌争胜负，又在敌众我寡，于战必败，我等必死无疑。但愚认为安于此时无不在运筹其对策之谋略，非桓冲等人所能及也。

安与坚大战于淝水，玄将捷书驰至，而安本以为欢，可安摄书围棋，了无喜色，安岂轻国之安危于不顾，非也，而是安在思之谋略。安之所以如此者，是安在稳定全军上下之心。亦以为人心一变，则牵动全局，难以指挥，然后必败无疑。其内心，安无不在筹划与敌对策，亦不色露耳，而掩饰时人之说也。

坚拥百万之虎狼，咆哮而来，以气吞江左，安岂坐视于不顾，而时刻在视察人事，观其变化，知秦之可征伐，特以小国当锐师，弱主御骄主，兵簒其气，则战必衰，人生其心，则变心作，故特示之整以外降敌气，与之暇以内镇物情，斯其算也。夫奕者当局昏而傍观胜，安盖身当兵局，而心则傍观图势。故谓安指挥得当，临大变而不摄，成功而不居，乃贤相也。其治军作战之才，有诸葛公用兵之遗风，而非所置议也。

有史学家认为秦王坚与融，“其望八公山草木，皆以为晋兵”，与兵率其逃命者，闻风声鹤泪，皆以为晋兵至，昼夜不敢息，草行露宿，冻死者什七八，坚中流失箪骑走，而认为“亦有天幸也”。愚认为此非天之全然者，而是安之为相，天下政事和平，民能安居乐业，安与玄等能尽其责，全国上下团结，在安之谨慎与谋略之下，固有胜秦之理。且秦主坚恃其强大，屡胜而骄，置民之生存于不顾，欲妄想统一天下，又不知晋师之微弱，但无可趁之机，轻举妄动，倾国南下，而国安得不败乎。其草木人形，风鹤王师，非天之力，实为安运筹谋略得当，将士上下同心，奋勇杀敌，使秦之君臣与士卒吓破胆之故也。

且符坚养兵于秦中，凡三十余年，一旦驱众百万，欲以并吞吴会，则曰“大江之流，投鞭可断”，其言夸矣。当与晋兵一交，全师溃败，数十万之众死于淝水之中，使晋之君臣，能挽吴江之水，以洗关河嵩恪之腥秽，其功不可没也。但安没后，晋之政治已衰，旋而国亡，为王夫之论“谢安不能树人以贻后”，有不可推卸之责虽有对的一面。但愚又认为安非有一人之正义，确有一时之大义，与古往今来之大义。在古往今来之大义上，安只不过未为国家培育人才，但安有不可喻言之苦衷也。愚又认为对安不可以此来苛求于他，应以当时的历史背景与形势下，而安能运筹谋略，将坚百万之众大败于淝水之中，与当今持权之人，无不在为己与亲友在谋利益，则不大相同。今为官吏与民者，当以国家利益为重，切不可只顾个人与一部分人之利益，当以此为鉴。否则，又何为炎黄之子孙。故谓王夫之的论述非尽然也。

2015 年

廿三、王夫之论《韩范二公之才》

《袁了凡资治钢鉴》，对宋仁宗之韩琦，与范仲淹在朝为官之道，时人翰林学士王尧臣上疏论兵："因言韩琦，范仲淹皆忠义智勇之士，不当置之于散地。故有论韩琦与范仲淹在兵间日久，名重一时，人心归之，朝廷当倚之为重，且二人号令严明，爱抚士卒，诸姜来者，推诚无接，咸感恩威，而不敢侵犯我边境"。故有人曰："军中有一韩，西贼闻之心胆寒。军中有一范，西贼闻之惊破胆"①。所以天下亦称韩范二公之才，而无所置议者也。但王夫之对韩、范二公之才，非与王翰林学士所言，而是各有千秋也。

王夫之说："韩公之才，磊落而英多，任人之所不能任，为人之所不敢为，故秉正以临险阻危疑之地，恢乎其无所疑，确乎其不可拔也。而于纤悉之条理，无曲体求详之密用。是故其立朝之节，直以伊、周自任，而无所让。至于人官物曲之利病，吉凶变动之机宜，则有疏焉者矣，乃以其长用之于短，其经理陕西也，丞谋会师进讨，而不知固守以待时；多刺陕西义勇，而不恤无实而有害，皆用其长而诎焉者也。若法度、典礼、铨除，

①《袁了凡资治钢鉴》卷三十一。

田赋，皆其所短者。而唯其短也，是以无所兴革，而不启更张之扰。”①

从王夫之的论述看，亦谓韩琦之才，正直而谋多，对人所不能任者，而他能任之；对不敢委者，而他有胆量委之。之所以如此者，是他秉着一心为国之利，在面临困难之际，亦无私心，又无顾虑，此韩公一生为官之道。但他不拘小节，不以损已之体面而求人以为已之谋。故谓他在朝为官清廉，欲自比伊、周之德。至于他在朝为官，对官场之争，前程好坏，变动机宜，亦不去考虑与计较。若韩公善以其长而补其短，则在陕西时不请战以讨贼，宜固守以待命。由于他未意识到这一点，以致其部卒在征战中虽勇，确大多数败于夏军，此乃韩公不体恤士卒以求实效，不然亦不会败如此之惨。对于朝廷法度，典礼、铨除、田赋，皆不知之所以然。由于公对这些不去过问，又不去研究其得失而纠正，故为后来被仁宗听奸臣之言而罢官。

王夫之说“而范公异是。以天下为已任，其志也。任之力，则忧之亟。故人之贞邪，法之疏密，穷檐之疾苦，寒士之升沈，风俗之淳薄，一击于其心。是以内行修谨，友爱施于宗族，仁厚式于乡闾，唯恐有伤于物，而恶人之伤物也独切。故以之临戎，无徼功之计，而致谨于缮修自固之中策。唯其短也，而善用之，乃以终保西陲，而困元昊于一隅。若其执国柄以总庶务，则好善恶恶之性，不能以纤芥容，而亟议更张，裁倖滥，覆考课，抑辞赋，兴策问，替任子，综覈名实，繁立科条，一皆以其心

①《宋论》卷四，宋仁宗九论，《船山全书》，第11册，P129。

计之有余，乐用之而不倦，唯其长也。而亟用之，乃使百年安静之天下，人挟怀来以求试、熙、丰、绍圣之纷纭，皆自此而启，曾不如行边静镇之赖以安也。”①

在他看来，范公欲有胜韩公之才。之所以胜者，是他能以天下之事为己事，也为他终生之志向。他在朝为官，又能任劳任怨，与忧国忧民之甚。故谓人忠与奸，法令之简与繁，担心民之疾苦，寒士升迁之审查，社会风俗好与坏，而范公莫不记于其心。是他内以修谨，以表忠心，对家族贫苦者，与家乡之父老，不但予以救济，而且又莫不尊敬。但他以此作风在边疆与敌军相对，亦无心贪功以自居，唯致力善修即不与敌发生节外生枝，而自保其身作为中策，此公之短处。但他善用此作风，终能护国西方之边疆，而困元昊于一狭小之地，亦不敢犯我中华。若范公掌控朝廷大权以总政务，以其好善恶恶者之严明执行法律，维护朝纲，不过于苛刻来破坏国家大局，制约官吏滥用职权，追究科举考试存在之弊端，纠正好作辞赋，律令繁锁等弊病，倡导下级向上级建言献策，对不务实的官吏予以更换，这些公皆记于其心，乐此不疲，这是其长处。但他正以此长处，不能使晋之天下得到百年安静，到后来招致神宗、熙、丰与哲宗诏圣年间之纷乱，这还不如让公去善于守护国家边疆更合适。

王夫之说:“繇是观之，二公者，皆善用其短，而不善用其长。故天下之不以用所长而成乎悔吝者，周公而后未见其人也。夫才之所优，而学亦乐赴乎其途；才既优之，学且资之，喜怒亦

①《宋论》卷四，宋仁宗九论，《船山全书》，第 11 册，P129。

因之而不可遏。喜怒既行，而物之不伤者鲜矣。”①

王夫之谓二公之才者，皆善于用其短处，而不善于用其长处。认为天下人不善用其长而取其成功者，此自周公旦之后未有其人也。他又认为人之才学者，要优才，又要善于学；人才之所以优秀，是他善于学习之结果，优才、善学，还要善于遏制喜怒之性，一旦喜怒习气发作，难以遏制，难免事情受到伤害，就不可能取得成功。

王夫之说："才之英发者，扩而充之而时履于危，危而有所惩则止。故韩公之于西夏，主战而不终；其刺义勇也，已敝而终改。若其折母后，定储位，黜奸奄，匡幼主，无所三思以直行其道，则正以不劳形怵心于细故，而全其大勇。而范公忧之已急，虑之已审，乃使纤曲脂韦之士，得依附以售其术，固自天下已任之日，极其量而不得有余矣。”②

他认为人的才能的发挥，是他在学习中运用所学来办事，难免陷入危险之中，如能听从有关劝诫，险事就不会发生。故韩公与西夏交兵，主战数次而终不能平复西夏之乱，其部卒虽然勇敢，一味凭义气，幸而于危急关头及时调整，终于使大多数部卒免于伤亡。若韩公之后能折母后之政，定太子人选，斥奸邪，扶幼主登基，则无所顾虑而行直道，亦正大光明又不劳形，不计较小过，故能全其大勇而为国立功。而范公则不然，对国之安危忧之太急，顾虑太周到，乃使朝廷一些贪小利之士，依附己之权力而行其奸邪，所以自己在朝为官、立志以天下为

①《宋论》卷四，宋仁宗九论，《船山全书》，第11册，P130。

②《宋论》卷四，宋仁宗九论，《船山全书》，第11册，P130。

己任之日，识量极其有限，未能尽自己之才，为国为民干一番有益事业。

从王夫之的论述看，韩范二公之才，各有千秋。如“元昊遣众寇渭州，琦乃趋镇戎军，尽出其兵，命瑗庆总管，任福将之。将之，琦戒令出敌之后，度势未可出战，即据险置伏，要其归路。且曰：苟违节制，有功亦斩。福遇敌战于张家堡南，斩首数百，敌佯北走，福等认为颇易攻之，率兵并进，然不知已陷于其伏中，正好于水川与夏军遇，遂格战于道傍，得数银泥台，封袭谨密，中有动跃声，疑莫敢发。福至发之，乃悬哨家鸽百余，自合中起，猛飞军上，于是夏兵四合。福军未列成队，贼纵铁骑突之，俄而夏兵入阵中，忽树刨老旂，左麾左伏兵起，右麾右伏兵起，士卒多坠崖堑死，福力战而死。然后关中大震，秦兵大至，帝震悼，为之肝食，从琦知秦州。”[①] 从这段事实看，韩琦用兵之谋略可称，但用人不当，故福以轻敌陷入重危，以致大败。此韩公才之短也。

可范公则不然，“初元昊阴诱属羌为助，而环庆首长卒六百余人，约为响导，事觉、仲淹至部，即奏行边。以诏书犒赏诸羌，羌人亲爱之，呼为龙图老子。仲淹又据要险，筑大顺城。大顺既成，而自够金汤，寇不敢犯。仲淹在边，其子纯俗年方盛，能带兵作战，与将卒错处，深沟高垒，待其夏军。于是淹任人无失，所向有功。”[②] 故谓仲淹之服西夏，其丰功伟绩，岂唯当时之罕及，亦后世之所能及也。所以他在朝廷为官中，

①《袁了凡资治钢鉴》卷三十一。

②《袁了凡资治钢鉴》卷三十三。

内刚外和，汎爱乐善，咸惜其当朝不久，莫能成先忧后乐之志。所以范文正公尝曰：“士当先天下之忧而忧，后天下之乐而乐”。此数者皆为范公欲胜韩公之才也。

从上面的事实看，韩范二公之才，不言而知其有些不相称。但愚认为韩公之才，虽次于范公，其为国之忠心可见也。故谓二公之才，又如王夫之说：“人之不能有全才也，唯其才有所独优也”，而无不有道理也。然而宋仁宗听奸臣之言，强行罢二公之官，可谓自坏万里长城者也。欲此可知仁宗智谋之甚焉，也为后世为君者之鉴也。

我于童年之时，与先父在务农之余，对我常言道：“做拐骗、当扒子，行小偷，虽是小人之道，但聪明过人。言一次有一小偷，到一家员外家去偷东西，被主家家人发现，曰有小偷。于是该家家人告知主人，而主人又吩咐家人协助寻找未果。小偷为不被主人发现，就尊在主家一厨房一口大水缸内，又用水瓢将头盖住，如此未被主家人发现。”

从这一小例看，愚认为这小偷可谓有不寻常之谋。不然被主家发现，其后果则不知为何也。但愚又认为这些人，头脑如此聪明，为何行这一类无益于社会与民之事，此乃非正道君子，而是道德败坏之小人也。这些小人之所以形成，是因为他们在小时候被父母过于疼爱，与未受到父母良好的教育，或教育不当而成。如这些人通过好的教育，将聪明之头脑用于科研，来研究于人类有益之事，该多好。故谓人之才，有正才与邪才之分，又有君子与奸贼之别。因此，为人父母者，对自己的小孩，当从小加强教育与管理，切莫任其所欲。如是任其所为，不加管教，虽爱子女，实害之不浅矣。

国家提出从严治党，与反腐倡廉，深受国民拥护。但所清查出来的贪污犯，难道是他们未受到教育，或未受到好的教育，非也，而是受到高等与好的教育，所以，这一类人之头脑特别聪明。如头脑不聪明，焉能当上干部与高层领导，又能贪污数千万与数亿元，又焉能有如此高的手段。诚然，这些贪污犯的头脑，不是在考虑国家与民之利益，而是时刻在计划为已与亲人谋不义之财。故谓这些人不只是道德败坏，私欲恶性膨胀，又与那些窃贼何异！但他们终将得到应有的惩罚，新闻媒体报道这类事件层出不穷。王船山说："立法愈密，奸佞之术愈巧"。因此，贪污之手段亦不一定会像"衡阳人大选举案"那样明目张胆地向民索取钱财，而是以更高、更巧妙手段来实现其私心。反贪廉政，是一项长期、艰巨的任务，在待于举国上下共同不断努力，才能完成其使命。

当前反腐工作，比如良医治病，一旦遇到疑难之病，仍按治疗一般病之药方，是不能治好的。国家必施行一种特效之药方，才能够根治好这类疑难之病人。因此国家对贪污钱财巨大，手段极其恶劣者，当严惩不贷。如是官吏者一旦害怕，贪污腐败当有所收敛，官居其位，民安其业，而国家何谓不富强。故谓王夫之论"韩范二公之才"，有独特之见解。

2016 年

廿四、王夫之论《通商邻道江淮富庶》

我在上世纪七十年代，阅读《袁了凡资治纲鉴》，对唐昭宗皇帝，以杨行密为江淮节度使，又征讨叛逆而获悉。可杨行密又以军用不足，欲以茶盐易民布帛。掌书记高勗曰：“若此将复离叛，不若悉我所有，而邻道所无有，相互贸易，选守令，课农桑，数年之间，仓库自实”。行密从之，田頵闻之曰：“贤者之言，其利远哉”。

从记载看，高勗对杨行密在征讨叛逆中，以军用不足，遂以茶盐换取民之布帛，则易激发民之再叛，不如将我多余之物，输送邻道之所无有，双方相互贸易，又选择好县令，鼓励民发展农业生产，不到数年，则国库自然充实，而历史对此未作任何评价。唯田頵言之“贤者之言，其利远哉”，但王夫之对此有何论述。

他说：“据地以拒敌，画疆以自守，闭米粟丝枲布帛盐茶于境不令外鬻者，自困之术也，而抑有害机伏焉。夫可以出市于人者，必其余于已者也。此之有余，则彼固有所不足矣；而彼抑有其有余，又此之所不足也。天下交相灌输而后生人之用全，立国之备裕。金钱者，尤百货之母，国之贫富所司也。物滞于内，则金钱拒于外，国用不赡，而耕桑织紝采山煮海之成劳，委质于无用，民日以贫，民贫而赋税不给，盗贼内起，虽有余者，不适于用，其困也必也。”①

如此之说，为官吏者，据地以对付敌人，又在已之土地上以自守，不把多余之丝绸、布帛、盐茶等输送于境外以供其用者，是自困之道，亦影响我物产停留不能再发展，而民又不能增加金钱。我将多余之物输送于彼，而彼又将多余之物供应于我。我有多余之物，而彼之必有不足之处；彼则希望我多余之物，以弥补其需。如是天下相互输送，则促使人民生产、生活方便使用周全，也为立国之储备和丰裕打下基础。金钱者，为民购置百物必不可少之物，关系国家贫富。若不能将多余之物销售出去，而金钱流失于外，不足以备于国用，而民之耕种、采茶、织布、煮盐等辛劳，废而无用，则民日贫。民一旦日贫，亦无钱上交赋税，国内盗贼自起，而民日益贫困实属必然。

王夫之说："如其曰闭关以扼敌于楞乏，言之似是，而适足为笑耳。凡诸物产之为人所待命以必求其相通者，莫糴粟若矣，闭粜则敌可馁，此尤说之可据者，而抑岂其然哉，苟迫于飢馑而金钱可支也，则逾绝险以至者，重利存焉，岂至怀金以坐毙哉。”②

从王夫之的论述看，闭关以造成敌人的物质匮乏，言之似乎有些道理，而令人适足以为笑。所有之物是人所必需之品，又必求天下相互流通，莫若“民以食为天”所说之粮食，不使

①《读通鉴论》卷二十七，唐昭宗五论，《船山全书》，第10册，P1056。
②《读通鉴论》卷二十七，唐昭宗五论，《船山全书》，第10册，P1057。

我多余之粮食流通于彼，则敌民仍然有粮食可食，不能以我不输送粮食，而彼之民则不能生存，只能说，而抑其自然。若我不将多余的粮食输送于彼，即使彼民遭飢饿之荒，而彼国则千方百计，以金钱从他国来购买，岂以耗金钱而置民生命于不顾，以待死乎。

王夫之说："晋惠公背秦施而闭糴，兵败身俘，国几以亡。剿绝生人之命以幸灾而徼胜，天之所怒，人之所怨，三军万姓皆致死于我，而吾国之民，仰以徒朽其耕获之资，不获赢余之利，怨亦归焉，欲不败亡不，可得已。米粟者，彼己死生之命，胜败之司也，其闭之也，而害且若此。又况其他余于己而待售之货，得以转易衣被器械养生送死之具者，为立国之资，而金钱去彼即此，尤为之所必需，以裕国而富民，举在是乎！"①

晋惠公对秦所施行之政策，不把多余的物产输送于秦，终以兵败与自身被俘，国不过数年而亡。不与彼输送物产以剿绝彼之生命，还以彼之遭灾受困而侥幸取胜，此天怒人怨，三军与万姓皆以我不与彼互通而死，而我民又觉得一年辛苦耕作所获之资，以积压未输送于外，未得到金钱而怨恨。欲使国家不败亡，这些方法实在不可取。粮食者，彼与己死生之命，于国之胜败关系极大。其不与彼互通，而害若此之多。何况将多余之物，销售于彼，民得到金钱以购置衣被、器械、生活用品以及殡葬之具，均为立国致富必须储备之资产。金钱得以流通，民有钱以购买生产、生活必需品，国家富裕人们富足，在此一举。

①《读通鉴论》卷二十七，唐昭宗五论，《船山全书》，第10册，P1057。

王夫之说："且不徒此也，禁之者，法之可及者也，不可禁者，法之所不可及者也。禁之于关渡之间，则其售之也愈利，皇皇求利之民，四出而趋荒险之径以私相贸，虽日杀人而固不可止。强豪贵要，于此府利焉，则环吾之封域，无非敌人来往之冲，举吾之人民，无非敌人结纳之党，阑入已成乎熟径，奸民外告以腹心，间谍交午于国中而莫之能御，夫且曰吾禁之已严，可无虑也，不亦愚哉！"①

谓不将多余的物产与彼互通，其存在的弊端不之此者。禁止互通者，国可以立法；不可禁止者，国无法立法也，所禁关隘与渡口不准私运物产，那物产价会上涨，而商贾者见得利愈多，那些不怕风险，又急于想发财之庶民，千方百计冒险相互贸易，亦不惜手段让物价上涨，虽日日 拘捕杀人也无法禁止。有权势者，趁此之机将粮价上涨，而得利愈多。为防止以上情况，国家对各个隘口与渡口封闭，无非与敌人发生冲突，奸民趁机偷运物产，奸民结纳为内党，在熟悉的道路上从事私运。奸民为勾结外商，将国内情况密告于敌，而难以防范。如认为国内禁止已严，可以无虑者，不亦愚乎。

王夫之说："夫唯通市以无所隐，而视敌国之民犹吾民也，敌国之财皆我之财也，既得其欢心，抑济吾之匮乏，金钱内集，民给而赋税以充，耕者劝耕，织者劝织，山海薮泽之产，皆金粟也，本固邦宁，洞然以虚实示人，而奸宄之径亦塞。利于国，惠于民，择术之智，仁亦存焉，善谋国者，何惮而不为也。"②

①《读通鉴论》卷二十七，唐昭宗五论，《船山全书》，第10册，P1057。
②《读通鉴论》卷二十七，唐昭宗五论，《船山全书》，第10册，P1057。

如以两国互通无阻碍，而视敌国之民犹如我之民，敌国之财皆我之财，既得敌国民之欢喜，又受我之物，那我民亦有金钱，又能上交国之赋税，耕者多产粮食，织者多置衣被，而山海、湖泽所产，皆可以变金钱与粮食。不但以固国本，使国家富裕与安宁，又能让国库充实以示人知道，而奸邪之路可堵塞。如是利国利民，这是为国谋政者，选择最佳之办法，既合乎仁义道德，何谓而不可乎。

杨行密在一千多年前的封建社会里，与科学极不发达的时代，能听高勗言“通商邻道江淮富庶”之策，为他后来征讨叛逆，又能完成朝廷使命，在钱粮方面提供保证，这与当今改革开放的政策有些相似。故谓密与勗，其远见卓识，乃史上少有也。王夫之在三百多年前，对其建议之功，作了深层次之论述，不但有益于当今改革开放，而且别开生面，颇有启迪意义。

当今我国改革开放政策，具有开拓与先进性，民之生活日趋提高。有钱人在本国旅游不够，还坐飞机到数千里之外的国家去旅游，以此显示自己有钱，从用的、穿的、坐的皆为外国货，是不足取的。你有钱，何不将钱捐给贫困学子，孤寡老人，在国内多消费、多享受，何谓不可？为什么硬要把钱送给外国人？故有望国家对外旅游要有一定规定。如是，到外国去旅游者自然减少，而金钱则不流失于外，与王夫之所言“立国备裕”而相符合。

我们是中国人，在口头上讲爱国思想是无用的，而在“行“动上，从用的、穿的、坐的莫不用中国货。那中国生产的东西不会积压，国内的金钱则不向外流失，又能促使生产再发展。

对于国家出口的问题。其方针与政策应多出口，多学习外国先进技术，将国内多余的物产尽量销售于外，不但把外国的钱赚回来，还要做到少花钱，又能用外国货，亦合乎王夫之所说“金钱内集”于我，而无不正确也。

2016 年

廿五、王夫之论《许蒙古夹攻女真之失》

从《袁了凡资治纲鉴》，南宋记载获悉：宋徽宗庚子二年二月，遣赵良嗣如金夹取燕云，与宋理宗壬辰五年，元使王檝来议同伐金。此二者之得失，王夫之又如何论呢。

王夫之说："会女真以灭契丹，非女真之为之也。女真无籍援于宋之情，亦无遽思吞宋之志。童贯听赵良嗣间道以往约，而后启不戢之戎心。使宋闭关以固守，则女真不能测宋之短长以思凌夺。且宋之于契丹也，无君父之雠，则援而存之以为外蔽，亦一策也。不此之虑，而自挑之，其咎无可委也。会蒙古以灭女真，则宋未有往迎之心，而王檝自来，其势殊矣。蒙古之蹂女真也，闻之则震，当之则靡，左驰右突，无不逞之愿欲。其将渡河而殄绝之，岂待宋之夹攻而后可取必，然且间关命使，求之于宋者，其志可知矣。女真已归其股掌，而涎垂及宋，姑以是探其情实，使迟回于为訢为拒之两途，而自呈其善败。故曰宋之应此亦难矣。"①

谓宋会女真以灭契丹，不是女真与宋约，而是宋为了报契丹之仇，才与金约。女真之所以不求宋之援，亦无心以灭宋之志。

①《宋论》卷十四，理宗三论，《船山全书》，第11册，P314。

由于童贯听赵良嗣往金之约，而为后来女真灭契丹，蒙古灭金，与灭宋之始。若童贯不听赵良嗣之言，不与金约伐契丹而固守，女真则不知宋之虚实，而不敢轻意犯宋。且宋与契丹为邻国，又无弑君父之仇，以援契丹而为己之护国，岂非宋之最佳选择。可宋之君臣不去考虑与契丹，又与金之利害关系而与金约，此宋自挑起之祸。至于宋会蒙古以灭金，不是宋有意去约蒙古，而是蒙古遣王檝与宋之约，其势不在预料之中。后来蒙古灭女真与之蹂躏，闻之让人震惊，当之则靡，女真左想右谋，还是逃不脱被蒙古所灭。蒙古举兵南渡以灭女真，岂待宋之夹攻，而是蒙古有实力以灭金。之所以遣使求救于宋之援，可知蒙古已有灭宋之心。女真既在蒙古掌控之中，又想灭宋而探之虚实。使宋不与蒙古相约，则金或能延续数十年而不亡，又能解脱输金帛于金。其遭元人所亡，乃宋自取其咎。故谓宋不与蒙古相约，而报金仇也难上加难。

王夫之说："将应之曰：金、吾与国也，世与通好，盟不可寒。今穷而南依于我，固不忍乘其危而规以为利。如是以为辞，而我诎矣。君父囚死于彼，宗社倾覆于彼，陵寝发掘于彼，而以迫胁要盟之约为信，抑将谁欺？明恃女真为外护，以缓须臾之祸，而阳托不忍乘危以夸志义；怯懦之情不可揜，而使其谋我之志益坚，则辞先诎，而势亦随之以诎矣。唯其不可，故史嵩之亦无可如何，宁蹈童贯败亡之轨而不容已于夹攻之约。昏庸之臣主，势所不能自免也。"①

①（《宋论》卷十四，理宗三论，《船山全书》，第11册，P315。

假如说，金乃我之邻国，又长往通好，所签订之盟约双方不可违背。今乘金主被困之际，而依靠我之援，宋不当乘其危，与蒙古夹攻而取利。如是还以为己有理，亦是错误的。徽、钦二帝及皇后被金囚死于五国城，宋之宗社又被金倾覆，宋之皇陵被金所挖掘，以此迫胁于金，而按盟约归还我燕云十六州，也明示谁不欺谁，相互平等，又明摆着金乃我之外护国，能缓解蒙古入侵之祸，而宋不当乘金之危，不当与蒙古相约夹攻于金，使蒙古加深灭我之谋，亦怯懦之情而不可与战，而使其谋我之志益坚，皆宋之与蒙古相约夹攻女真之故，而亡宋之势随之而来。故史嵩不与蒙古之约，宁愿蹈童贯行于败亡之覆辙，也不停止与蒙古夹攻女真，宋君臣自取败亡就不可避免了。

王夫之说："诚欲拒之而善其辞，必将应之曰：金，吾世雠也，往者我有不令之臣，听其诈诱，资之兵力以灭辽，谓举燕，云以归我；辽命既剿，猝起败盟，乘我不备而倾我宗社，吾之不与共戴天久矣。徒以挫折之后，国本未固，姑许以和，以息吾氏而用之，今者生聚于数十年之余，正思悉率师武臣力以洒前耻，而天假于彼，驱之渡河，使送死于汴、蔡。今河北之地，彼且渐收之以入版图，河南为吾陵寝之土，我固将起而收之，俘守绪而献之祖庙。"①

诚如之说：谓我与蒙古共约伐金，而认为已有正确之理，当曰我与金有世代之仇，不但威胁我称臣于彼，又听其诈骗之言，以兴兵与金共同灭辽，并答应灭辽之后，将燕云十六州归

①《宋论》卷十四，理宗三论，《船山全书》，第11册，P315。

还于我。待辽灭亡，亦出尔反尔，败盟不归还，还乘我不备，兴大兵以犯我大宋，倾覆我宋之庙宇，此我大宋世代之仇不可不报。金一旦被蒙古击败，国家又面临覆亡之际，才与我大宋合好，以息我民之怨恨，而利用我民力以援之。我已聚数十年之财力、人力、物力，正思举全国之力以雪耻，而报徽、钦二帝，及皇太后被囚死于五国城之辱，亦好像天之使元渡河，与我会师于蔡州而灭金。今河北之地，已被金所吞并，河南为我宋室皇陵之地，当兴兵北上而收复，然后俘金主守绪杀之而祭我祖庙。

王夫之说："虽然，宋于此时，诚欲践此言，抑岂无可恃之具哉？童贯之夹攻契丹也，与刘延庆辈茸阘之将，率坐食之军，小入则小败，大入则大溃，残辽且竟起而笑之，祸已成，势已倾，所仰望以支危亡者，又种师道之衰老无能者也。及理宗之世而势屡变矣。岳、韩、刘、吴之威，挫于秦桧，而成闵、邵弘渊、王权，张子盖习于巽愞，故韩侂胄厥起而旋仆。"①

如此之说，宋在金面临覆亡之际，大宋能凭这些理由以兴兵伐金，而宋是否具备这些条件。童贯听赵良嗣之言，兴兵与金夹攻契丹，与刘延庆辈茸阘之将所率那些士兵，只能吃，不能作战，小战则小败，大战则大败，被快要覆亡之辽，竟能打败宋军而为之一笑。如是大宋之祸已成，势必灭亡。之所以能支撑宋一时不能亡者，唯依靠种师道衰老无能之兵，及到理宗之世，大宋之兵力更加薄弱，因岳、韩、刘、吴、英武之师，

①《宋论》卷十四，理宗三论，《船山全书》，第11册，P316。

已被奸贼秦桧陷害，而成闵，邵弘渊，王权，张子盖之徒，又软弱无力，一到韩侂胄之世，大宋朝廷面临君子退，奸人进，使韩侂胄一上台，而宋面临覆亡之境。

王夫之说：“如使君非至闇，相匪甚奸，则尽东南之力，以扑灭分崩之女真而收汴、雒，固有可奏之功。以视昔之闻声而慄，望影而奔者，彊弱之相差亦远矣。诚奉直词以答蒙古，奚患言之不践，徒资敌笑乎。”①

如使宋君唯贤是用，相非为奸邪，以大宋东南之兵力，以剿灭正在分化瓦解之女真，而收复宋之汴京与雒阳，或许有可能。这与昔时契丹与金兵闻风丧胆，望影而逃，其强弱相差太大。如宋能直言相告，不与蒙古相约以伐金，还怕人说言行不一，只能让敌人看笑话耳。

王夫之对于宋与金约会蔡州以攻契丹，然后又与蒙古会师于京湖以灭金，其得失作了深层次之论述，此无可非议。但宋主后来受辱于金，又亡于元之原因，还有待商榷。

宋主遣童贯帅师与金约，以复燕云十六州之际。郑居中对蔡京曰：“公为大臣，国之元老，不能守两国之盟约，制造事端，诚非妙算”。又曰：“公独不思汉世和戎用兵之费用，使百万之生灵肝脑涂地，公实为之”。

辽主耶律淳死后，其妻萧氏主国事。宋昭上书，极言“辽之不可攻，金不可邻，异时金必败盟，为中国之患，乞诛王黼，童贯、赵良嗣等”。且曰“两国之盟，败盟者祸及九族。陛下

①《宋论》卷十四，理宗三论，《船山全书》，第11册，P316。

以孝理天下，其忍忘烈圣之灵乎。陛下以仁义覆天下，其忍置河北之民于涂炭？”

元遣王檝来宋议同伐金，宋之朝廷皆以为可报金之仇。独赵范曰：“宣和海上之盟，厥初甚坚，迄以取祸，不可不鉴”。但宋主不从，命嵩遣邹伸之报谢，元人许之成功，以河南地归宋。于是朝廷遣宦官李宪等，会陕西五路兵马，大举征伐，而认为此千载之一时也。但孙固曰：“举兵易，解祸难，必不得已诸声，其罪薄伐之，分裂其地，使其酋长自守”，可宋之君臣不能效其意而行之。故宋易亡于元也。

宋之君臣之所以不听郑居中，宋昭上书与孙固之言，仍遣童贯等帅师十五万夹攻契丹而灭之。其原因是宋之君臣，以上献岁币五十万，亦视为民之心血，其意虽善，而不知事之恕轻恕重。以愚之见，宋之君臣可乘金侵辽，又依附于我之际，向辽陈其利害，言明以后不收我宋之岁币，不然，我与金约夹攻于彼，而辽则认为己南北受敌，又难于有招架之力，则自然允许我之求。可宋之君臣未意识到这一点，又不考虑女真灭辽，必将涉及于我之理，又破坏与辽之和，百年之交，与金结豺狼之邻，启他日之祸，还以为得计也。而不知救灾恤邻，不但为我好，而且有违古今之通义，而一心报复于辽。在灭辽之后，又不听孙固之言，将收复之地划分其酋长自治，则当蒙古之侵，我又兴兵援之，其势亦难以预料也。然而宋之君主听蔡京、童贯、赵良嗣、王黼等奸贼之言，兴兵五路与金会师于蔡州，而辽安得不亡也。

至于宋昭上书之言，以愚之见，他之官位既非台谏，又非直言之责，不怒素餐之耻，方陈经国之图，见忤奸党，其忠心可见。但王黼奸贼不顾国家与民族利益，即除其名，果何之说，其后金人败盟，一如宋昭之料也。

宋主当时能按高丽王楷之意，不与金约夹攻蔡州，以辽为兄弟之国，存下足为边扞，又认为女真乃虎狼之徒，不可交，不可为邻国，内修政治，择将帅以治军，择官吏以养民，而金怎能南下中原，使我民而受涂炭之苦也。

有论者谓宋报金仇，不宜备加于元，而反中其灭国取祸之计，而愚认为无不有道理。之所以能报金仇者，当元人遣使来议伐金，不与之约，不遣孟珙等帅师与元会于京湖。又能以元人灭国四十，以及于西夏，夏亡则将涉及于我，唇亡齿寒之理，名以为救彼，实为以救我，则金一时不能亡，亦为我之护国，而我则不亡于元。于此时，乘金依附于我，向金主言明，大宋不但不称臣于彼，又不输金帛于他，还要归还我燕云十六州，不然，我将与蒙古联合以攻彼。如是金则考虑宋与蒙古联合夹攻于我不利，则自然应许，而我宋之仇则自然得到报复。由于宋之君臣未意识到这一点，以致金亡以及于我，乃宋自取其咎也。

金主在元与宋夹攻下，只得弃汴京到河北，时汴京粮尽，外无支援，形势十分危急。其臣白华言："若我军使得战，存亡决此一举，外可以激三军之气，内可慰都人之心"。又曰："圣主不能亲出，止可命将，三军欣然为国家效死"。金主不从，与后妃大恸而出，元人复图汴京。以愚之见，金主能听其言，遣使与宋重新修好，言明金与宋之关系，又归还我燕云十六州，待得到宋之谅解与支持，然后与元军决一死战，亦有一线生机，或可延长数年之久。然而金太后王氏，后徒单氏，及诸妃嫔凡三十七辆，宗室男女五百余人赴青城，元人连不台杀二王及族属，而送后妃等于和林，在道艰难万状，尤甚宋之徽、钦之时焉。此谓金辱我宋之报应也。

欲观大宋三百余年，之所以最为失策者，莫不是太祖匡胤，身为周世宗时之太尉，当为国谋而治之，可他不这样做而有陈桥兵变。当他登上九五之尊，又怕武臣叛已。所以他谓普曰：“自唐季以来，数十年间，帝王凡易八姓，僭窃相锺，鬪战不息，吾欲息天下之兵，建国家久长之计，其道何如”。谱曰：“陛下之言及此，天地人神之福也，方镇太重，君弱臣强而已，今欲治之，宜稍夺其权，制其钱谷，收其精兵，则天下自安矣”。帝悟，一日因晚朝，与石守信等饮酒酣，屏退左右谓曰：“朕非卿等不及此，然天下亦太艰难，殊不知为节度使之乐，朕终夕未尝安枕也。居此位者，谁不欲为之”。守信等顿首曰：“陛下何出此言，今天下已定，谁敢有异心”。“卿等固然其如麾下，欲富贵何，一旦黄袍加汝身，虽欲不敢为，其可得乎”。守信等泣谢曰：“臣等愚不及此，陛下哀矜指示可生之途”。帝曰：“人生如白驹过隙，所以好富贵者，不过欲多积金钱，厚自娱乐，使子孙无贫乏耳。卿等何不释去兵权，出守大藩，择便好田宅市之，为子孙立永远不可动之业，多买哥儿舞女，旦夕饮酒如欢，以终其天年，朕与卿等约为婚姻，君臣间无猜疑，上下相安，不亦善乎”。守信等皆谢曰：“陛下停念臣等至此，所谓生死骨肉也”。明日皆称疾，乞罢典兵，赐资甚厚。帝遂以杯酒亦解石守信等兵权，为宋后来帝王者，对有大功之臣欲不敢重用，也为宋之武臣不敢建奇功以保其身。若宋太祖不听赵普之言，乘当时雄威之师，率诸将将北夷驱遂于塞外，然后在边疆划分区域，分别遣将率兵据守，又赐爵厚禄。其责任划分到人，又相互合作的战略部署，而焉有靖康之祸。所以高宗在父兄与皇太后被虏于金，为什么不听岳飞、韩世宗、刘琦、吴介等忠勇者之谏，而听秦桧奸臣之言，不挥师北上以报父兄之仇，不但为保存已之皇位，而且以防岳飞其功劳太大，以篡己之皇位。所以不但将岳飞父子诛谬，还将韩世宗等贬削。如是者，宋之军事薄弱，亦无力对付外夷，使中原陷入夷狄之手达数百年之久，与民遭涂炭之苦，此宋之最为失策者一也。

宋真宗甲辰十一月，边书告急，一夕五至，中外震骇，唯寇准与毕士安力劝帝渡河，在远近望见御盖，诸军皆呼万岁，声闻数十里，故契丹害怕而退军。如是帝当时乘此之势率诸将挥师北上，将契丹驱遂于关外，然后遣能将率兵据守，内修政治，择吏者以治民，发展生产以养民，而宋后来焉有其祸。宋主在这强劲东风吹拂下，还遣曹利用赴契丹议和，而契丹还向我求关南之地。于是帝曰："归地事极无名，若欲货财，汉以玉帛赐单于故事，宜许之"。寇准不但不从，又曰："欲邀其称臣，及献幽蓟地，如此国家则百年无事。不然，数十年后，戎必生心矣"。帝又曰："数十年后当有扞御之者，吾不忍生灵重困，姑听其和可也。"寇准不从，会有潜准幸兵以自取重用，准不得已，以许其成。帝又遣曹利用再次赴契丹议和。曰："不得已，虽百万亦可。"准闻之，召曹利用曰："虽有敕旨，汝所许之过三十万，吾斩汝矣"。曹终以绢二十万匹，银十万两定和议，南朝为兄，北朝为弟，交誓约，各解兵归，自是南北无战争。故曰宋真宗乃懦弱之帝也。所惜者，如此之时，帝当听寇准之谏，不当与契丹议和，这样，契丹不得以此为契机，每年向我索取金帛。不然，北军亦有南下之举，而我以此为仇，遂与金夹攻灭辽，又与蒙古夹攻于金，此帝为宋祸根之源，也为太祖、太宗不孝之子孙也。此宋之最为失策者二也。

从大宋失策者看，悉知国家外交政策，与外国所签订的条件，不论多好多坚决，不能从目前利益看，而要从长远利益着想。因为条约甚好与坏关系到国家存亡，民能否安居乐业之大事。故谓我之钓鱼岛，日本欲想霸占，南海群岛、菲律宾等又想吞并。美、韩在韩部署“萨德”，不但是对付朝鲜施压，而且将涉及我国之安危。所以我国不但要反对，而且在这么多挑战面前，不能退缩，只能前进，始终以捍卫国家领土主权为宗旨。否则，夷狄亦有“得陇望蜀”之想。决不可以宋真宗所言，“数十年后当有扞御之者”，故谓宋真宗非贤才之君也。我们在外夷虎视眈眈之下，国家多培养高科技人才，去研究世界未有的武器，在国家拥有雄厚的经济实力与军事力量，才能击退敢来犯我领土之外夷，而为明智之举也。因此，必以王夫之说“通而计之，酌时势而度之，固有可不亡之道。而要非徒拒蒙古会师之约，可以空言为宋救也。空言者，气矜而不以实者也”。又曰“会女真以灭契丹，会蒙古以灭女真，旋以自灭，若合乎券”。此论弥足珍贵，也为我们今天捍卫祖国之指南，国民之良鉴也。

2016 年

廿六、王夫之论《赵苞之失在迎母到官》

从《资治通鉴》五十七，汉纪四十九，孝灵帝上下获悉："熹羊六年十二月，辽西太守甘陵赵苞到官，遣使迎母及妻子，重可到郡，道经柳城，值鲜卑万余人入塞寇钞，苞母及妻子遂为所劫质，载以击一郡。苞率骑二万与贼对陈。贼出母以示苞，苞悲号。谓母曰：'为子无状，欲以微禄奉养朝夕，不图为母作祸，昔为母子，今为王臣，义不得顾私恩，毁忠节，唯当万死，无以塞罪'。母遥谓曰：'威豪，人各有命，何得相顾以亏忠义，尔其勉之'。苞实时进战，贼悉摧破，其母妻皆为所害。苞自上归葬，帝遣使吊慰，封鄃候。苞葬讫，谓乡人曰：食禄而避难，非忠也；杀母以全义，非孝也。如是，有何面目立于天下，遂呕血而死"。而《袁了凡资治纲鉴》，只记载赵苞迎母到官，未有"遣使迎母及妻子，重可到郡"。其得失，看王夫之对此有何论述也。

王夫之说："论为子为臣之变，至于赵苞而无可言矣。何也？若苞者，无可为计，虽君子亦不能为之计也，无往而非通天之罪矣。以苞之死战，为能死于官守；苞与手刃其亲者均也。为此论者，无人之心。以苞当求所以生母之方，不得已而降于鲜卑，分符为天子守邑，而北面臣虏，终身陷焉，亦不可谓有人之心也。故至于苞，而求不丧其心之道穷矣。此谁使之然哉？苞自处于穷以必丧其心。故曰无往而非通天之罪也。”[①]

谓人之子与为臣之变故，至于苞母被贼劫为人质，苞不顾母命，又与贼即战，其母终以被贼所杀，至于苞也实在无可言矣。其原因，谓苞者，既无计可救其母之生，有道者当设法以营救，而苞则有通天之罪。以苞与贼死战，又死于职守，其不能救母之生，亦等于苞亲手杀母一样。以此而论之，苞亦无人之心。以苞当时之所以能救生母之方，在不得已之下降于贼，亦不能奉天子之命以守城，则被夷狄所俘虏，终身陷入不忠不孝之名，而不可谓人之有心。至于苞以求其不丧其心，已到无可奈何之地步。故曰苞不论怎么说，均负有通天之罪名。

王夫之说：“强寇在肘液之间，孤城处斗绝之地，奉衰老妇人以徼幸于锋镝之下，苞之罪通于天，奚待破贼以致母死之日邪？故曰：‘正其本，万事理’。一念之不若，而成乎昏昧，母子拚命于危城，苞虽死，其可以逭中心之刑辟哉。”[②]

谓赵苞在强寇犯境之间，以守之孤城于边远之地，奉年老体衰之母到战火之下以俸养，使母被贼劫质而被杀，故谓苞之有通天之罪。苞欲想以破贼救母，以一时之气，不思前想后，与贼即战，以致母死于危城。苞虽死，还是逃不脱杀母之罪名。

从王夫之的论述与史鉴记载看，苞不该遣人从东城将母接到辽西，且时有战争发生之地。当母被贼劫质，与贼即战，亦

①《读通鉴论》卷八，后汉灵帝六论，《船山全书》，第10册，P325。

②《读通鉴论》卷八，后汉灵帝七论，《船山全书》，第10册，P326。

无法营救其母。苞致母死于贼手，在于决策失误，岂不痛哉。

鲜卑者虽然众多，而可以设计图取。性贪者可以利诱，其劫质苞母与妻而攻城，鲜卑欲得苞府库之货财耳。今苞又能以金帛赂之，而以救母与妻为请，当鲜卑得苞之利，未必不从者也。苟利未足盈其成，则求而进之，破谨得苞以计攻之，未必苞之不胜者。苞不以此图之，而使母与妻死于贼手，谁可谓有天下人之心？

赵苞急于王事，不能全其母与妻之生，确呕血而死，其行右矣。苞岂不知己一死，又焉能报母与妻被贼杀之仇，又不能为朝廷守好边疆，其愚不可言也。苞该在还乡葬母与妻后，当振作精神，重返守城，与朝廷使者上报为母报仇雪恨之计划，得到朝廷之支持，然后招兵买马，加强军事训练，与边防设施，屯积粮食，再兴兵以伐鲜卑，将贼首祭奠母与妻之亡灵，那时母与妻之仇已报，亦减轻杀母与妻之罪名，又能为朝廷守护边疆，确保民之安全与财产，以尽忠臣义子之责而何谓不可乎。苞未意识到这一切，以一死了却，未酬救母妻之志，实为可悲可叹也。

至于赵苞赴辽西任太守之官，亦迎母到官以俸养与妻同居，可谓人孝之子与有义之丈夫也。但苞未意识到己为太守官，则忙于调理军务与处理各类政务，哪有时间供奉其母起居饮食事，只能由妻与丫环承担这些事。且苞母年老体衰，在家乡居住数十年已成习惯，且生活与气候比辽西条件好，一旦与外夷发生战争，苞全力对付外夷，哪有时间来过问其母之事。故谓苞何不多付金帛回家，让妻与丫环供奉其母，母与妻焉能被贼劫质而死。苞以一时思念其母生育之恩，认为自己当了官，应遣使迎母到官奉养与妻同居，以尽为儿之孝道，与丈夫之义道，而不知迎母与妻到辽西这边远之处，将有什么结果。故谓苞对事务的处理，尚缺乏审时度势之谋，使母与妻与己相继而亡，其情、其景，悲何极哉。

苞母与妻被贼劫质以示苞，其非人性之面已露，可苞欲不知生母与妻之命危在旦夕之中，而“欲以微禄奉养，不图为母作祸，昔为母子，今为王臣，义不得顾私恩，毁忠节，唯当万死，无一塞罪”之句，以洗脱其不能救母与妻之罪名。愚认为苞乃非人之子与人妻之丈夫也。且苞母曰：“人各有命，何得相顾以亏忠义，尔其勉之。”其不求子苞以救己，其言以国家利益为重，可牺牲自己之命之豪言壮语，可堪称人杰之母，而为史上所少见也。

但现有一些官吏，口口声声大公无私、为民办实事，其内心在未得办事者之好处，即不予办理，而无不在为自己谋利益。其与苞子不救母妻之命而毁忠节，与苞母置己生命于不顾之道德，亦相差远矣。

2016 年

廿七、王夫之论《桥玄弃子攻贼无人心》

从《史略》东汉列传卷之十二获悉：桥玄字公祖，睢阳人，光和元年，迁太尉。初曹操微时，尝往侯玄，玄见而异焉。曰："今天下将亡，安生民者，其在君乎"。操尝感其知己，后经过玄墓，辄致祭奠。自为其文曰："故太尉桥玄，懿德高轨，恳哉，缅矣"。

《袁了凡资治纲鉴》卷十二记载，太尉桥玄及南阳何颙异焉。玄谓操曰："天下将乱，非命世之才不能济也，能安之者，其在君乎"。颙见操叹曰："汉家将亡天下者，必是人也"。时汝南许邵与从兄靖，俱有高名，好其覈论乡党人物，每月辄更其品题，故汝南俗有月月评焉，曹操往造邵而问之曰："我何如人"。邵鄙其为人，不答，操乃劫之。邵曰："子治世之能臣，乱世之奸雄"，操大喜而去。

《袁了凡资治通鉴》五十七，汉纪四十九，孝灵皇帝上之下记载，光和二年春，大疫，三月，司徒袁滂免，以鸿胪刘郃为司徒。乙丑，太尉桥玄罢，拜太中大夫，以太中大夫段颖为太尉。玄幼子游门次，为人所劫，登楼求货，玄不与，司隶校尉，河南尹围守玄家，不敢迫。玄瞑目呼曰："奸人无状，玄岂以一子之命而纵国贼乎。"促令攻之，玄子亦死。玄因上言："天下凡有劫质，皆并杀之，不得赎以财宝，开张奸路”，由是劫质遂绝。

从《史略》与《袁了凡资治纲鉴》记载看，均未提及玄弃子攻贼之事，而谓桥玄对操之评价为一致。但《袁了凡资治通鉴》确记载有“桥玄弃子攻贼”之事，对其得失未有评价，而王夫之对此确有新的论述。

王夫之说：“鲜卑持赵苞之母以胁苞，苞不顾而战，以杀其母，无人之心也。贼劫桥玄幼子登楼求货，玄促令攻贼，以杀其子，亦无人之心也。母之与子若是其均重乎？非也。使苞之子为鲜卑所持以胁苞，苞不顾而击鲜卑，则忠臣之效矣，不以私爱忘君父之托也。而苞则其母也。贼所胁玄以求者货耳，货与子孰亲，而吝货以杀其子乎？”①

谓鲜卑掷架赵苞之母，以胁苞之降，苞不顾其母之生死，与鲜卑战，导致鲜卑而杀苞母，故谓苞非人之心。贼劫质玄之幼子在城楼上，求玄之货财，以换取其子之生命。可玄也未同意，又立即命兵卒攻贼，以致贼将其幼子杀害，而谓玄亦无人之心。故谓父母与子之亲，与子又与父母之亲，谁重谁轻，何有轻重之分，而是同样之亲。如苞之子被鲜卑劫质，以胁苞之降，苞不顾其子之命，又与贼即战，而苞则不为私爱其子，不忘君父之托而视为忠臣。现在不是苞之子，而是苞之母。苞在贼胁迫之下，其不顾母之生死，虽为不孝，而同样可为朝廷之忠臣。贼之所以胁玄之目的，是求玄之货财，看玄认为已之货财，与

①《读通鉴论》卷八，汉灵帝八论，《船山全书》，第10册，P327。

已子生命谁为重要。可玄舍不得已之货财，又不设法以计图之，以致贼杀其子。故谓玄亦非人之心。

王夫之说：“或曰，玄非以货也，贼劫质以胁人，法之所不可容也。夫一区区登楼之贼，杀之不足为国安，纵之不足为国危。法者，司隶河南尹之法，非玄之法也，而玄何怙法以忘其天性之恩邪？史氏之言曰：玄上言凡有劫质者皆并杀之，不得赎以货财，由是劫质遂绝。史之诬也。乐道之以为溢美之言，以覆玄绝恩之咎也。友兄，恭弟、慈父，顺妻，苟有劫其亲以求货者，法虽立，孰忍恝置之而不恤，虽严刑禁之而必不从，则谓劫质永绝者，非果有之，为诬而已矣。充桥玄之操，籍其为赵苞也，又奚不可也哉？”①

假如说，玄非以已之货财不救其子，贼劫质玄之子以胁人，从法律上讲，两者是不能容许的。玄岂可以一区区登楼之贼，杀之不足以为国安，不杀之以为国危，而不顾其子之命是不对的。至于法律，皆为朝廷司隶之法，非玄一人之法，而玄不按朝廷之法，对其子之命置之不顾，而忘其父子之恩。史氏之言曰：玄向皇上言凡有劫质者皆处以死刑，不能以货财赎其罪，由是国家未有劫质事件发生，此种说法是不可信的。对于那些乐于称道，以甜言蜜语，掩盖玄其无父子恩之责，从道义上讲，是说不过的。至于兄弟友爱，父母慈爱，与妻之情等，对被劫质求其货财者，虽有法律保护，你能忍心吝于货财而不去救吗？虽曰有国家严刑禁止，则谓劫质之事永不会发生，只能说是自

①《读通鉴论》卷八，汉灵帝八论，《船山全书》，第10册，P328。

欺欺人。

从王夫之的论述看，桥玄对幼子被贼劫质以求货财，而弃子攻贼之道予以批判。又认为玄与赵苞其不救母同样无人之心，而无不有道理也。

但愚认为天下人之最为亲者，莫不谓人之生我者与我生者。谓天下人之情者，莫不谓兄弟、姊妹与妻者。对贼被劫质人子与人母，胁人以求货财者，就以一介平民百姓当设法而营救。何况玄以一朝之太尉，在权、钱不缺，对其幼子，被贼劫质胁人以求货财而不去救者。以愚之见，玄当以已之俸禄之余，足以慰贼欲妄之想，不然当徐图以计取之，何其重货财而弃子以攻贼。其人道主义，诚如王夫之说："充桥玄之操，籍其为赵苞也，又奚不可也哉。"

从"桥玄弃子攻贼"与"赵苞之失在迎母到官"，这两例看来，谓天下人之准则，该在相互来往，上下关系，虽不欲效尧舜之心，商汤、文、武之道。但在为事中，还是要讲究仁义道德，切莫从事伤天害地之勾当，要凭自己之良心为事。如是则心永无愧疚，而可安享晚年。不然，则终生难逃其咎，又与禽畜何异哉。

2016 年

廿八、王夫之论《马援贪功取厌》

从《袁了凡资治通鉴》卷十一获悉：东汉世祖光武皇帝，戊申二十四年，秋七月，武陵蛮寇临沅。马成讨之不克。

马援请行，帝愍其老，未许。援曰："臣尚能披甲上马。"帝之试之。援据鞍顾聆，以示可用。帝笑曰："矍铄哉是翁"，遂遣援行，将四万余人征五溪。援谓故人曰："吾受国厚恩，年迫日索，常恐不得死国事，今获所愿，甘心瞑目。但畏长者家儿，或在左右与从事，殊难得调，介介独恶是耳。而王夫之对此则有一番评论也。

王夫之说："光武之于功臣，恩至渥也，位以崇，身以安，名以不损，而独于马援寡恩焉，抑援自取之乎。"[①]

谓光武帝对于功臣之态，欲以功之大小而封其位，然则其位以贵，其身终生不受牢狱之灾，其名终生不受损坏，而独自对马援之功，未能对其他功臣一样，乃援自取其咎。

王夫之说："宣力以造人之国家，而卒逢罪谴者，或忌其强，或恶其不孙，而援非也，为光武帝所厌而已矣。老氏非知道者，而身世之际有见焉。其言曰：'功成名遂身退'，盖亦察于阴

①《读通鉴论》卷六，汉光武三十四论，《船山全书》，第10册，P247。

阳屈伸之数以善进退之言也。平陇下蜀，北御匈奴，南定交趾，援未可已乎？武谿之乱，帝愍其老而不听其请往，援固请而行。天下已定，功名已著，全体肤以报亲，安禄位以戴君，奚必马革裹尸而后为愉快哉！光武于是而知其不自贵也；不自贵者，明主之所厌也。夫亦曰：苟非贪俘获之利，何为老于戎马而不知戒乎？明珠之谤，有自来矣。老而无厌，役人之甲兵以逞其志，诚足厌也。故身死名辱，家世几为不保，违四时衰王之数，拂寒暑进退之经，好战乐杀而忘其正命，是谓逆天之道。老氏之言，岂欺我哉。”①

谓拼死与效力为人打天下者，而终于以获罪而被谴责，或人主忌其权力过重，或作恶不法者，这些马援都不是，但他之所以为帝所讨厌者，正如老氏所曰，立身处世的原则应该知道。老子道：“功成名就则身退。”亦为知阴阳屈伸之数，善于进退之嘉言。帝在平定陇西与蜀，北御匈奴，南定交趾，都离不开援往而立大功。至于武陵蛮寇临沅，帝念其年老，不愿援往征剿，可援不听帝之言，而坚持请行。援在帝平定天下后，自己封了侯，当以身与亲人团聚，安享晚年以感帝恩，为何言马革裹尸以为快事，于是帝知援不自贵。其不知自贵者，为明主所讨厌。所以有人谓援不贪图钱财，何为说戎马裹尸，而知其请行。援征战所携带的明珠，其遭人诽谤，乃自然之理。谓援不知自贵者，又不服老，所以他请行以呈其志，故谓援不知足。这一切之原因，是援有违四时衰王之数，不知寒暑进退之经验，

①《读通鉴论》卷六汉光武三十四论，《船山全书》，第10册P247。

爱打仗，善于杀人，而忘其正当生活，亦谓援与天背道而驰。

从史鉴与王夫之的论述看，援之一生之战功不可没。但对于援在武陵蛮寇临沅中，帝不许援往而援请行，故有兵败身亡而予以批评。

帝为何讨厌马援，与援兵败身亡之原因。是援在武陵蛮寇临沅中，帝念其老不许，而援坚持请行。援在进军前夕未选择好路线，只考虑到壶头路近，可扼其咽喉，而贼自破。又以充道路远粮草与器械难以转运，则不知壶头路近而山险，以致贼乘高守隘，又遇水疾，船不得上。值天气炎热，将士多有疾病，贼每旦升险鼓噪呐喊，援辄曳以观之，左右哀其壮意，莫不为之流涕，遂无力与贼战，而援又病死于军中。此援对作战不能审时度势，而缺乏谋略，一也。

援在临乡打败蛮夷之后，有疾。虎责中郎将梁松来看他，又独拜于床下，本来是松对援之尊重，可援卧床不起身，又不答话。梁松去后，诸子问曰："梁伯孙，帝婿，贵重朝廷，公卿已下莫不惮之，大人奈何独不为礼"。援曰："我乃松父友也，虽贵，何得失其序乎"。所以援在征蛮夷中病死后，松向帝构诬陷之言，以致帝大怒，不但收缴援新息侯印绶，还将援妻与子媳等皆遭牵连，家财皆被朝廷抄没。如援当时能以好言慰松，不至于援死之后，松会向帝献诬告之言，其侯印得以保存，妻与子媳不遭诛谬之惨。之所以如此者，皆援认为与帝打天下有大功，目中无人，骄傲自大，而自取其咎，二也。

从这一例看来，历代有不少功臣如此者，均以身败名裂而告终。故谓人臣之用舍、进退，当取于义与时。援从事光武二十余年，对援欲待如子，道防于未然，故不委以重任也。光武在平定天下中，锄先零，守陇西，出塞征剿，平交趾，都离不开援之功，而光武得以封侯，当心满意足。同时，援在年老体衰之下，当职守于帝旁，或告老还乡，如宋太祖之言："择便好田宅市之，为子孙立永远不可动之业，多买哥儿舞女，旦夕饮酒如欢，以终天年"。其言马革裹尸之言，虽曰壮哉，不几于冯妇之所为乎。由于援执意征战请行，其意在战役中有利可图，而卒使谗言得行，此君子之所贵于时而行，时止则止焉，三也。

综上所述，可见援之功赫然一世，到晚年落得如此下场，诚如王夫之说"愚而愚也"。因此，对今人一旦掌握了大权，拥有大量的财产，当以援为借鉴而知进退。否则，其祸不可逆料也。

2016 年

家藏船山无价珍

廿九、论家藏船山史论为船山清稿本

——兼与岳麓书社杨坚商榷

一九九四年夏，在参加省船山学术研讨会期间，我拜读岳麓书社杨坚撰写的《《船山全书》编校札记十二，记衡阳莫氏藏〈读通鉴论〉〈宋论〉抄本》一文，见（《船山学刊》1994年第1期）。杨氏对我家所藏的船山史论清稿，有两个带结论性的意见：系抄本，非王船山手迹；与王船山五世从孙王嘉怡的抄本完全一致，可视为同一之本。基于上述看法，杨氏在文章结尾，颇为乐观地宣称："今以《船山全书》之《读通鉴论》与《宋论》，已俱用嘉怡抄本以行补校，则虽不见莫氏之书，度亦可无大憾矣。"显然，杨氏撰写此文，意在贬低已在社会上，有相当影响的莫氏抄本的价值，达到宣扬自己编校的《船山全书》完美无缺之目的。杨氏是该册《船山全书》的责任编辑，他的意见无疑具有一定的权威性，在社会上，将产生一定的影响。但事实果真如杨氏所说的那样吗？我作为莫氏藏本的主人，不得不站出来辨其真伪，以正视听。

一、家藏船山史论清稿是否为船山手迹

家藏船山史论清稿，系王夫之手稿，这是历代先人反复交代的，而深信不疑。否则先父不会如此重视，我也不会在十年

浩劫中置安危于不顾，千方百计，加以保护。但诚如杨氏所言，是否为手迹，“乃一科学问题，与舌辨无干”。因此，曾先后两次，携带船山史论清稿赴京，请求有关专家予以鉴定。兹将其鉴定意见记录如下：

一九七九年夏，携带《读通鉴论》五本，又以五代末，叙论前，注有“戊辰孟夏癸卯朔论成”之语，经北京中科院自然科学史研究所席泽宗先生考证：“从康熙以下四个戊辰年看，只有康熙二十七年四月初一日与癸卯朔相符合，为王夫之手迹无疑”。

一九八三年四月二十六日，又受中国社科院世界宗教研究所所长任继愈先生邀请赴京，由其学生李申同志，携带任先生介绍信，请纸张墨汁专家潘吉星先生鉴定：“船山史论系清初纸张墨迹，为王夫之手迹无疑。”中国历史博物馆专家、国家文物鉴定委员会副主任史树青先生说：“船山史论非为王船山草稿，系王船山清稿，这是我国一大发现，一项国宝，即可在报上发个消息。”四月二十九日，由李申同志写出综合鉴定意见：“该手本纸张系清初纸张，历史博物馆史树青，认为此本可能系王船山手录，但应慎重从事。北图李致忠认为该本系乾隆以前的抄本，不是王夫之手迹。”因我未同意将清稿献给他们，所以李申未将史老先生当时所讲的原话如实记录，而杨氏引述李申的鉴定意见，对原文又有意篡改。

一九九０年四月三日，史老先生又特为函告：“尊藏船山史论手稿，近几年以来很受学术界同志的重视，中国科学院自然科学史研究所潘吉星、席泽宗诸同志与我都有同感，从各方面看是当时的清稿不成问题。”

湖南省社科院文学研究所所长陈书良先生，于一九九０年九月二日，以“农民莫尔雅的壮举”在湖南日报发表，是年九月十三日，又在人民日报海外版著文云：“衡阳县方工乡清泉村农民莫尔雅的先人，是大思想家王船山的学生，莫家世代珍藏王船山《读通鉴论》、《宋论》两部抄稿，据有关专家鉴定，有较大可能为王夫之手迹。这两部书稿是王船山重要的历史著作，历代虽有多种版本，去年岳麓书社又精校出版《读通鉴论》和《宋论》，但莫家所藏仍然具有学术价值和文物价值。去秋笔者有幸在船山学术研讨会上，得晤了莫尔雅，并拜读了这两部手稿，有壮哉农民之感……”。

家藏船山史论清稿，是否为王船山手迹，从前面所引述的有关专家的鉴定意见看，肯定的应该是多数。但杨氏置此于不顾，又从书法角度加以论证，并武断地说：“莫氏藏本似出一人之手，唯书法拙嫩，绝非船山手迹”。又云：他将船山其他手迹，与莫家藏稿对照，“发现其书法风格，皆与此本绝不相类”。杨氏连用两个“绝”字，可谓斩钉截铁，无可置疑。但我与善于研究船山学刘万城先生，与杨氏作同样研究之后，对杨氏的结论却未敢苟同。我们发现王船山手迹复印本，经常将然写成“肰”，将深写成“㴱”。将旁写成“㫄”，将朝写成“鼂”，将创写成“刱”，将退写成“𨓏”，将死写成“𣦸”等。而所有这些字，清稿亦无不是这样写的。这或许可以解释抄写之人，“过于拘谨”原样照录，未予以更动，因而不足为证。但家藏清稿，与船山其他手迹，有些字笔画写法完全一致，例如身字最后一撇特别短，又如余、令、发、大、会、全、金、舍、欠、今、公、人、秋、食、论等字之一捺，其笔锋显得格外秃些，整个字体均呈圆形。此种情况，如果说不是出自一人之手，恐怕很难有别的解释。

综上所述，尽管我家先人与本人，均认为家藏船山史论清稿是王船山手迹。但这一科学问题，尚有待更多的专家，学者进一步鉴定，我们并不想将自己的意见强加于人。令人不解的是，杨氏既郑重声明“自己的意见，系一己之见，却又宣称问题似已解决”。对此，我实在不敢恭维。

二、家藏船山史论清稿，与嘉怡（恺）抄本绝非同一本

家藏船山史论清稿与嘉怡抄本为同一本，这是杨氏新近研究的一大发现，也是促成他撰写该文的重要契机。但杨氏在资料不全的情况下，未将家藏清稿与嘉怡抄本进行校对，而得出这一结论是否准确呢？

首先，杨氏自己就提出两大疑问。其一，唐玄宗第六论《放姜姣归田》，家藏清稿有四九四字，嘉怡抄本与其他各本只有一一六字，比家藏清稿少三七八字，且因脱漏而造成文意阻塞。其二，家藏清稿于五代末《叙论》前，有“戊辰孟夏癸卯朔论成”一语。今查（《船山公年谱》，康熙二十六年，公六十九岁，撰《读通鉴论》，四月一日诗有“韶华读史过”，写恨诗有“云中读史千秋泪”之句）。据中科院自然史科学研究所席泽宗先生考证：“康熙以下四个戊辰年，唯康熙二十七年四月初一日与癸卯朔论成相符合”，即公元一六八八年四月三十日。这说明王船山《读通鉴论》成稿的时间，比史载提前三年，也

与席老先生的鉴定相符合。因此家藏稿本有上述一句这样的话，亦应为王船山当年的亲笔。但这句话亦为嘉怡抄本，以及其他各本所无。如果说家藏清稿与嘉怡抄本为同一之本，那么这两大疑问，又如何解释？对“戊辰孟夏癸卯朔论成”这句话，杨氏未作任何说明。因杨氏未有其他挑剔之处，所以他无话可说。但对三七八字，杨氏则提出如下设想。据有关资料推算，船山史论初稿应为每面九行，每行二十一字，三七八字刚好为初稿一页。“嘉怡抄本，则或跳脱一页，或此页已失。金陵本何以少三七八字，或当二十卷本，初稿经修订为三十卷时，此一页即已失去。”从逻辑上看，这样解释似乎无可挑剔。但事实呢？因为“代远年湮”，“无从究詰”，只好暂且由他如是之说。但有一点，我可以负责任地提出来。按杨氏所说：“家藏清稿是依次抄录，故未漏去三七八字”。今查家藏船山史论清稿亦每面九行，每行二十一字，与初稿相同，照理，页次亦应与初稿相同。但上述三七八字，家藏清稿并不是在一页上，而是分置于两页上。由此推算，这三七八字，初稿也未必如杨氏所言刚好全在一页。再则，据本人校对，家藏船山史论清稿与《船山全书》相异之处达四千余处，其中相异十余字，或数十字者，亦为数不少。如汉宣帝十五论，《船山全书》仅一五六字，而家藏船山史论清稿，却有二三一字，多七五字，占该篇幅三分之一。类似情况，如果仅以“跳脱或失去”来解释，恐怕未必能令人信服。

其次，杨氏为论证二者为同一之本，提出两点理由。一为二者皆为二十卷本。二为衡阳肖某借去家藏清稿，与《船山全书》第十册逐字校对。凡校对三七一页，记录异文五百零五处。杨又将这五百零五处，与嘉怡抄本校对，“果无一处不与后者相同”。但这五百零五处异文中，是否果如杨氏所说，笔者手头没有嘉怡抄本，无法一一验证，只得将《船山全书》证明，从嘉怡本改正的部分，与家藏清稿逐一校对。不对则已，一对就发现了破绽。如《读通鉴论》卷四，汉元帝五论有如此一段：“事既已然，取而求之，合于其术，谓其合则合矣，犹鸟之鸣也，谓之播谷，则播谷矣，谓之提壶，则提壶矣，谓之春归，则春归矣，遂若果然矣，而实固非也。”《船山全书》注曰：“‘取而求之……遂若果然矣’。嘉怡抄本凡四十八字，中华本只作‘取而求之所以然者’八字。按抄本批评京房易捏合矫诬之弊，比喻精辟，删改之句，颇嫌笼统，兹据抄本增补。”[①] 是嘉怡抄本有此四十八字，而家藏船山史论清稿，却与中华本相同，无此四十八字。三七一页之外，是否还有类似情况呢？有，兹亦举二例于下。唐宪宗十六论有一段云：“公开阁以延士，而一时抱负之士，皆依公以利见，公去则不足以留，必群起而为公谋曰，公不可去也，委任重而受知深，志虽不伸，自可因事纳忠，以大造于家国，公姑隐忍以镇朝廷，使吾党得竭股肱之力，以持危而争胜。”其中“抱负之士”，《船山全书》注曰“负”，嘉怡抄本作“贞”，而家藏清稿则为“负”。[②] 又卷末《叙论一》有如下一段云：“五胡起，南北离，而隋苟合之以及唐；五代离，而宋乃合之。此一合一离之局一变也。

① 见《船山全书》，第10册，P179。

② 见《船山全书》，第10册，P968。

至于宋亡以迄于今，则当其治也，则中国有共主；当其乱也，中国无君，而并无一隅分据之土。”《船山全书》注曰：“中华本原作‘中国并无一隅分据之主’，此从嘉怡抄本改。”①而家藏船山史论清稿却是：“中国无君，而并无一隅分据之主”。从而三者均不相同也。

以上是就《读通鉴论》而言，再看《宋论》。杨氏说：“肖培先生一九九0年八月二十六日，致函笔者有云：《宋论》部分，我原先对照过，基本没有发现异文.”真的如此吗？据笔者校对，家藏清稿《宋论》部分，与《船山全书》异文多达数百处。即如肖某复印之首页，亦非杨氏所说：“完全相同一无异文”。如《船山全书》宋论之首页，有如下数句：“得莫民之主而授之，授之而民以莫，天下事毕矣。乃若宋非鉴观于下，见可授而授之者也。”其中“乃若宋非鉴观于下”，家藏清稿为“乃若大宋非鉴观于下”，多一“大”字。另于首页之外，再举二例于下。卷一太祖八论，《船山全书》为“即其不然，割据称雄者，犹且离且合，自守其中疆域，以为吾藩棘，此之不审，小不忍而宁掷之敌人，以自贻凭陵之祸，四顾怀疑，密谋而安于弃割，弗能告人曰，吾之忧在此也。”其中“宁掷之敌人”，家藏清稿作“而宁掷之匪类”。太祖十一论《船山全书》云：“乃若无道之世，吝于俸而裁官以擅利，举天下之大，不能养千百有司。而金蚀于府，帛腐于笥，粟朽于窌，以多藏而厚亡，天所不佑，人所必雠，岂徒不足以君天下哉？君子所弗屑论已。”②

① 见《船山全书》，第10册，P1175。

②《船山全书》，第11册，P40。

家藏清稿在“人所必雠”之下还多了二句，“非夷非盗，孰能安也”。

从以上所述可以说明，家藏清稿与嘉怡抄本，绝非杨氏所言为同一之本，家藏清稿在所有同类版本的地位和价值是任何人都无法否认的。

1995年冬撰

（本文一九九九年发表于福建文萃报）

卅、家藏船山史论清稿本校勘概况

一、船山史论清稿本之由来

据家谱记载，远祖世居河南开封府，其后友泽公第六子明诚公，于明初出任衡阳指挥，始迁衡阳。明清之际，十二代祖世祚公，移居衡阳西乡油溪，与王船山晚年在别峰庵著书之地仅咫尺之分。先人亦书香弟子，因仰慕王船山品德学问，遂以师而事之，又以家富裕而常接济之。正如船山之子王敔所曰："末年作《读通鉴论》三十卷，宋论十五卷，以上下古今兴亡得失之故，制作轻重之原，诸卷帙繁重，一一皆楷书手录，贫无书籍纸笔，多假之故人与门生，书成因以而授之，其藏于家与子孙言者无几焉"。因此，先人有幸，得授船山史论清稿。

二、校勘船山史论清稿之因

一九九０年四月三日，史树清先生特来函："尊藏船山史论手稿，近几年以来很受学术界同志的重视，中国科学院自然科学史研究所，潘吉星、席泽宗诸同志与我都有同感，从各方面看是当时的清稿不成问题。"但有些人却认为不是船山手稿，而是后人或时人之清稿。故于今年三月，我致函国家图书馆任继愈先生，请求推荐国家文物鉴定委员会，对家藏船山史论清稿作最终鉴定。四月初，国家图书馆一同志来电称：“莫先生，因任老年事已高，且身体多病，不能亲自复函于莫先生，现委托我代转其意。一是船山先生系湖南人，首先应由湖南研究船山学的专家鉴定。二是有偿贡献给我们国家图书馆。”故我于四月十日，携带家藏船山史论清稿十七册去长沙，经省文物收藏协会、省文史研究馆、省社科院等专家鉴定是:“莫家藏本《宋论》、《读通鉴论》，无论从字体、书法笔势来看，还是从内容之全，可资弥补以往所有著作之稿本、抄本之不足处来判断，定其为船山稿本之清稿本亦无疑焉。”

为进一步确认家藏船山史论清稿本之真伪，再次与岳麓书社出版的《宋论》、《读通鉴论》进行校勘。其结果清稿比刻本多四千余处，佚文二万余字。如果将避讳和同音不同字者完全手録，还要多六千余处。其附件“光宗手稿”，清稿比刻本多二百六十余处，佚文尚未计算。仍按其十七册数装订，又光宗三论另装一册，共十八册，以俾再版之用。现将其校勘情况，举例以示家藏清稿本为船山之清稿本，可大白于天下也。

三、校勘船山史论清稿之情况

《读通鉴论》卷二，汉文帝十七论，刻本曰：“绝匈奴不与和亲，其冬来南，壹大治则终身创矣。”[①] 而清稿曰：“其冬来南犯”。是“来南犯”不同于“来南”，指匈奴于其冬天侵犯我中国。虽一字之差，但意义却有显然不同也。

①《船山全书》，第10册，P111。

《宋论》卷七哲宗三论，刻本曰：“非是者，自丧其贞，而欲以胜物，徒小人之反噬有辞也。”[①]而清稿曰：“匪徒小人之噬有辞也。”比刻本多一“匪”字，“匪徒”有“不仅”的意义，也有“为非作恶的匪徒”之义，此显示船山先生鄙视匈奴、夷狄，包含反清复明思想之明证也。

《读通鉴论》卷四汉宣帝十五论，其刻本一百五十六字，而清稿却有二百三十一字，比刻本多七十五字，其相异计八处，将清廷比如“虐老兽心”“狼子野心”“匪类”“夷狄”。卷二十二，《唐玄宗六论》，“放姜皎归田”，其刻本只有一百一十六字，而清稿有四百九十四字，多三百七十八字。卷三十，五代末，清稿注有“戊辰孟夏癸卯朔论成”之句，与船山公年谱记载：“康熙二十六年，撰《读通鉴论》，四月一日诗有诏华读史过之句，写恨诗有云中读史千秋泪之句”相符合。中科院自然科学史研究所席泽宗先生考证：“康熙以下四个戊辰年，唯康熙二十七年四月一日与癸卯朔论成相符合”。即公元一六八八年四月三十日，这说明王船山《读通鉴论》成稿时间，比史载提前三年，应为船山当年亲笔，而嘉怡抄本及各种版本均无。亦说明家藏乃船山稿本之清稿又一铁证也。

综上所述，一是刻本未将船山反清复明思想完全反映出来。如“来南”与“南犯”。徒小人之噬有辞也，与“匪徒小人之反噬有辞也”。二是足以说明船山后人在抄录时，为了防止灭门之祸，将逆清之语删除。

①《船山全书》，第11册，P83

四、校勘船山史论清稿亦知刻本之误

《读通鉴论》卷十二,《晋惠帝十三论》,刻本曰:“主其地,习其教,然后人心翕然而附之”。而清稿曰“生其地,习其教,然后人心翕然而附之”。卷十三,《东晋成帝四论》,刻本曰:“刘曜围洛阳,撤金墉之围,陈于洛西,一战而被禽以亡。”① 而清稿曰:“刘曜围洛阳,撤金墉之围,陈于洛西,一战而被擒。”《宋论》卷十三,宋宁宗三论,刻本曰:“自身以下传之子,传之孙,传之曾玄以放,神器攸归无所限止。”② 而清稿曰:“自身以下传之子,传之孙,传之曾玄以后,神器攸归无所限止。”

以上情况,如“主其地”,与“生其地”,亦明示“生其地”是对的,“主其地”是错的。一战而被禽之“禽”字,此乃禽曾之“禽”,非“擒”人之“擒”也。宋宁宗三论传之曾玄以“放”,与传之曾玄以“后”,很显然“放”是错的,“后”是对的。相比之下,而知刻本明显有错误也。刻本为什么会出现这种情况呢?一是船山先生在定稿或誊正之时,对错误之处有所纠正。二是船山后人之抄本,可能是根据未定稿的稿本所抄,而不是以家藏稿本之清稿所抄录,因此刻本沿其错误而出版。如是,可见家藏本之优长实非它本可比,此系船山本人之清稿本又一铁证也。

①《船山全书》,第10册,P476。

②《船山全书》,第11册,P198。

五、校勘《宋论》光宗三论草稿

草稿抄件曰："以谓高宗崩，哀慕尤切，欲致三年之丧，谢绝庶政，日奉几筵，曾如是以为孝也，不亦愚乎。"[①] 而清稿本曰："以谓高宗崩，哀慕切，欲执三年之丧，谢绝庶政，日奉几筵，曾是以为孝，非其饰辞，则愚甚矣"。与之相比，一是清稿文字简练通俗些。如删去"尤、如、也"三处。二是文气显然有所提高。如"非其饰辞，则愚甚矣"。三是纠正当时用笔之误。如"致三年之丧"之"致"字，改用"执"字，当然更好。

草稿抄件曰："若夫身未耄倦，而……父。"[②] 而清稿曰："夫身未耄倦，而遽传于子，以自处于一人之上，于古未之前闻，始之者赵主父。"如此，一是清稿前一句少了一个"若"字。二是后一句空白二十四个字，清稿作了弥补。其原因，一是船山先生在修改或誊正中有所增减。二是草稿年久而有缺损。

综上所述，家藏船山史论清稿应是船山之清稿本，当属无疑焉。

（本文于二〇一〇年发表于"湖南省文史研究馆"第二期总第八十期《文史拾遗》）。

2009 年

①《船山全书》，第 11 册，P272。

②《船山全书》，第 11 册，P273。

卅一、论祖父纯吾公豁达大度

余家屡代知书，世以教书为业，故家有书香门第之称。先父犹人公自十七岁，即在县内各地设帐授徒，直至一九四九年解放，因未从事农业生产而划为游民。一九五七年乡党委书记曾某，向先父借屋未遂而伪造事实，又划为历史反革命。余以先父成分不好，只就读五载，被迫辍学在家务农，遂与先父朝夕相处甚多。在务农之余，先父常谈到太公、祖父与己一些往事，并论其得失。余那时因年少无知，对先父所讲那些往事不甚介意，及至二十世纪九十年代末，才认识到那些往事，对我们有着深远的教育意义，更佩服祖父豁达大度也。

太公原意送长子与满崽去读书。因祖父幼时曾过抚于别人，三天后，太婆梦见“自家堂屋的大门，被人家取走了”，于是，又将祖父接回来。太公那时虽有祖遗水田四十余亩，但生齿浩繁，以其租谷和微薄的教书收入，难以送三个儿子去读书，只好让祖父在家务农，业余时间在家读些书，此乃委屈祖父之时也。

满爷有过目不忘之资，数年之中，读了好多古籍书，其撰写的文章，不但获得太公的青睐，连当时的秀才也佩服不过。

因此，深受太公二老的喜爱。但不幸的是他竟于十二岁那年，以突发疾病而夭亡，逼得太婆哭得死去活来，太公悲痛欲绝。如是，太公只好将祖父已年近二十岁，且已婚配成家，送去读书。由于祖父在就读期间一直勤奋，每每挑灯读到深夜，真正做到“三更灯火五更鸡”。又有超人之天赋，所以他的学习成绩很好。仅二、三年就考入衡阳船山书院，为当时人所赞誉者也。现将主要事实表述如下：

一、辞官不做，隐藏与转移地下共产党人

祖父名家旭，学名之为，字纯吾，号如愚。他出生于清光绪十四年，没于民国二十七年，享年只有五十岁。在治丧期间，前来悼念与送葬者，就鸡卧山方面他的学生与绅士，一次性来五十辆大轿；其他方面来的大轿，包括数位曾任过知县、知府，也乘轿前来悼念，亦在十辆之数。可见当时治丧期间场面之壮观，声望之高。由于他过世之早，原有文集经战乱播迁，没有遗传于世。但他为其叔祖申甫公，于光绪甲午科举人，著有《梅坞山房诗集》作序，为其岳翁曾俊臣公作传（载《曾氏族谱》），与《五修族谱序》，从这些序传之文笔看来，可见祖父之高才也。

马日事变后，祖父被衡阳县府委任锺武镇镇长，还派人持彩旗锣鼓，来迎接祖父上任。可他闻讯后，即从屋后逃走了，还在外躲避两个月才回。民国十六年（1927），他任面湖高等小学校长，内有教师王意德，因参加地下共产党组织，国民党派人来逮捕。祖父得知后，将他隐藏于自家楼上，还供应其生活，住久了，又怕连累自己。于是，通过地下渠道，设法将他

转移到广西，他才放下心来。还有宋氏兄弟俩也参加地下共产党，祖父以附近曾励森，曾任过龙山县知县，永州知府的关系，与衡阳县令张翰仪有一面之交，将他们保全下来。由此说来，祖父在八十五年前，就有上述之举，诚可敬佩，此乃祖父豁达大度一也。

二、不辞劳苦，解房困窘，遵嘱替莫家保存祖传船山书稿

六代祖宏宇公从衡阳西乡油溪，迁居西渡面湖凼百福堂，置田产一百六十余亩，瓦房十一间。及到太公晚年满崽虽亡，尚有二子九孙，一家老少十多人，居住于七间半房之中（另三间半为长房所有），已显得很不适应。考虑一旦九孙娶亲生子，其缺房之事让他颇费思量。祖父目睹太公虽然家大业大，其缺房之事，也让他终日担心，秉着树大宜开枝的道理，又考虑其兄具体情况，遂主动向太公提出由己另建一幢新房，愿将老屋归其兄先吾公所有。这一举动，得到太公的赞许，为勉其心志，嘱祖父替莫家保存祖传船山遗稿。又划二亩田作为祖父另建新房之地，其余田产等一并均分。

民国十八年（1929），祖父经多方谋划，最终决定在老屋之下，约一华里的地方，废弃一些水田，再开山凿石，打屋基，筹备八百块银圆，准备新建一幢一正两横的楼房，取名树德堂。经核算，其资金不足以支出，遂拟定放弃一横，待家后有余资再建，结果共用去一千五百多块银圆。祖父以资金很紧，与先父、二叔及帮工们，从一公里外的河边，背回建造十间大楼房所需的木材。白天做其他事，晚上还要做力所能及之事。如由祖母

撑灯，他一夜要挑土填好一间房屋的地基。如此看来，祖父以超人之才，却不辞劳苦，解房困窘，遵嘱替莫家保存祖传船山书稿，此乃祖父豁达大度二也。

二０一二年夏，余到常宁市看望叔父莫犹文老先生。就上述之事，余虽曾听先父讲述过。但为了求得真实性，向叔父询问其详。据他回忆说："因我那时年少，祖父过世又早，对祖父一些往事，只略知其一、二。你先父系祖父长子，比我大十三岁，当然能听祖父所讲，也能目睹其事。但我只记得三岁之时（民国 16 年），夜里看到楼上有光，就问外婆，可外婆对我说，"楼上有毛人子，吃人"，我就不敢再问了，及到长大些，你祖母才将此事原委告诉我。我少时候随祖父设馆在鸡卧山涵蒸峰庵读书，诵读四书五经、唐诗古文。此外，祖父还选些船山书稿的文章，给我抄，给我读，还要我背出来，又讲解其内容，并说是祖上传下来的，是王夫之自己写的，很值钱，要保存好，还嘱咐后人不准借与别人看，怕遗失或惹祸"。因此，余家所藏船山书稿为世人所不知也。

从上面的事实看来，祖父纯吾公，为什么有如此豁达大度。一是他根据历史的发展，审时度势，认为当时的穷苦人们，其起来闹革命，成功是早与晚之事。所以他辞官不做，还隐藏与转移、营救地下共产党人。他认为自己一旦上了任，官位虽小，但上司赐与之职权，难免不去逮捕与杀害地下共产党人，其欠血债将会遗祸于后人。解放后，先父犹人公以教书为业，尚且划为游民，相继又划为历史反革命。先叔镇西公曾任衡阳县粮管处主任，县拘留所主任，解放后划为历史反革命。如果祖父那时有血债，那先父与先叔镇西公于土改时，岂能逃过。二是不辞劳累，解房困窘，遵嘱替莫家保存祖传船山书稿，是祖父深知船山书稿之价值：“日后，其文必将如日月经天”。所以，他自己宁愿吃亏受累。祖父此二者之明，可为我们子孙学习的典范，其功劳也将永垂不朽也。

王夫之私淑弟子莫尔雅

2012 年 9 月

卅二、浅谈船山教育思想与现代教育

在我国五千多年的封建社会里，从夏、商、周三代而言，其教育方式只有天子才设立学宫，而下无私学。到秦汉以后，其教育方式以私人设馆办学，及到唐太宗才开办文学馆。后来到宋真宗咸平四年，诏赐有文学者聚徒讲诵之所，而天下才有湖南长沙的“岳麓”、衡阳的“石鼓”、江西省的“白鹿”、河南省商丘的“应天”等四大书院，而兴办一些学校，而能入学就读者，乃官家子女也。及至孙中山先生领导的辛亥革命，推翻满清王朝的统治，建立中华民国新政府，主张以“天下为公”，又颁布三民主义。为振兴我中华民族，向西方国家学习，派学者到国外去留学，为寻找安邦治国之术，国家开办的学校才逐渐增多。其能入学就读者，在官家子女之外，还有地方士绅与富豪子女，而平民百姓子女，又焉能入学就读。如是者，我国封建社会时代，不但教育事业落后，使国家陷入贫穷而不可论也。

二十世纪四十年代末，中华人民共和国成立，其教育方式由封建社会私人设馆办学，又转变为国家办学，人人都有上学就读之机会。到九十年代末，国家颁布九年制义务教育法，提倡私人办学，规定适龄儿童，不但要上学，而且其家长有责任完成子女九年义务教育。本世纪初，国家提出新的教育方针与政策，虽与船山的教育思想有些相同，愚就当前教育存在的实际情况，略作探讨以飨读者。

一、中、小学教育方针与政策有待改善，与加强学生道德教育。

从国家教育方针与政策看，提倡“以人为本”，为培养学生德、智、体、美、劳全面发展的人才，将为国家现代工、农业，与国防科技服务无疑是对的，也是民之兴家与治国之本也。

教育之所以存在一些问题，是由于民之生活在不断提高，独生子女与其父母娇生惯养而造成的。因此，为父母者，对子女有望个好前程，有的从小学于双休日，寒、暑假，送到各类培训班去补课，从小肯花大钱，作为智力投资，到名校去就读，以为能考上省示范高中，名牌大学，甚至到国外去留学。回国后，又能找到好工作或当上干部，以便赚到大钱，能过上轻松如意之生活，这就导致有些子女不想读书，只求好玩、好吃，置父母与老师的教导于不顾。还有极少数者，当父母与老师对他进行严格批评，还骂或打父母与老师，如此，这些子女走上社会后其道德行为，则不想而知也。愚认为其父母者，热心培养子女成人成才，为国家作出贡献，无疑是对的，也是出于公心。但要求过高与不严加教育，任凭子女放荡不羁，则未必为宜也。

还有其为父母者，只求子女不危害于社会，不犯法，子女能否成材，或学好知识，则不去过问，可自己天天坐在牌馆打牌、搓麻将，对子女吃早餐只给钱，就不闻不问。子女一旦在校缺作业、迟到，与同学打架、不遵守课堂纪律，同学又不能安心学习，或骂教师等恶习。当老师通知其家长，却说：“我要上班，没有时间，由你们老师处理就行……”。至于是是非非，如何来解决这些问题也不过问，这就导致教师在处理这些问题而增加难度。一旦被老师批评，或打了手板，则有时间来校找老师麻烦。还说：“我送子女到你校是来读书的，是来受教育的，不是给你老师骂的、打的，我作为父母，从未打骂过他们……”。如此可见其家长，对子女何等纵容，而不可思议。

甚至有些家长还去教育局与政府告状，致使校长与老师受批评，或受处罚之辱。但教师却认为之所以对学生如此者，是因为学生累教不改，无可奈何之下而行此下策。于是，教师遂不敢去管教学生，让其自由放荡而不可收拾。故有“学生作恶作歹，以未到成年人，不受法律制裁”之说，而促进学生走向邪路。如是其危害性之大，与为父母者，对其子女关心学习与道德行为与否，而形成两极分化；又促使中、小学教育管理难度与教师难当可想而知。

由于中、小学教育存在一些问题，有的教师不让子女报考师范，当教师，甚至在师范院校毕业的学生，也不想从事教育事业。因此，这就导致当前公与民办教师紧缺，只好请非师范毕业的大学生当教师。因非师范毕业的教师，未经教育学培养，在教学与教育学生中，难免存在不足之处。愚办学二十二年，欲继先人十多代教书育人之志，让船山文化与精神发扬光大，以孙尚华报考湖南师大或北师大，作为学校发展后期有人。可是其父母不同意，而让他报考中南大学，现就读于北京交通大学研究生。又如愚之侄女春香，在衡阳师范学院毕业，可她不愿意当教师,而在广东发展办厂。此真实之例,不可不令人深思。联系当前中、小学教育实际，探讨船山的教育思想，也许不无启迪意义。

船山说：“未成可成，已成可革。”[①]谓人性之善恶，在人之初未成型，而后可以养成，一旦养成后又可以不断改变。之所以如此者，是因为人在未受教育，或教育不当而成。想要挽救这些人之恶习，必须采取有效措施，利用新的环境，行使有效之法，促使能达到自觉，亦形成弃恶行善之习惯，而达到有用之才。若其恶习不改，任其自由放荡而危害社会与已，则不可思议。

船山说:“教是个大炉冶,与其洁而不保其往者,无不可施,故不可行之于子弟。”[②]在他看来,学生在校读书,去接受教育,那学校就等于冶炼之炉。其功能是将学生之恶习，通过教师加强教育，运用各种行之有效的手段来改变。在累教不改的情况下，适当处罚，也未尝不可也。若教师故意刁难、摧残、体罚学生，则另当别论。

国家中、小学教育方针与政策规定，对学生不论在什么情况下，只能教育或多教育，不能体罚或变相体罚。但面临学生屡教不改的情况怎么办，愚认为教师只能加强对学生进行教育、启发，“立志”与“正志”，而学生存在之恶习，关键还是在

①《尚书引义》卷三，《船山全书》，第2册，P301。

②《读四书大全说》，《船山全书》，第2册，P1015。

于学生家长，对子女是否从内心去爱护他，去关心他的学习与道德行为。当发现问题，家长应该与老师配合去加强教育。老师对累教不改的学生，采取严格措施也未尝不可，但需要家长的配合与谅解；学生的知识、觉悟，主要还是靠学生自己，从内心想学、善于学，才能学好，而老师、家长的愿望才能得以实现。

学生存在之恶习，在教师累教不改情况下，如何化解矛盾，防止其恶性发展下去，去危害社会与国家，的确是一件非常棘手的难事。有些家长，对子女学与不学并不关心，但面临子女被教师处罚时，则认为教师违反国家教育方针与政策。甚至在校外发生的事故也找学校纠缠不清，校长、教师甚至几日几夜不得脱身，其苦真不堪言。

因此，有望国家对中、小学教育方针与政策与学生道德行为规范，应采取新的举措，与加强传统文化教育，形成有章可循、有法可依的机制，既合乎国家教育方针与政策，又能化解中、小学教育所存在之问题，达到完善的教育体系，促进中、小学教育事业健康向前发展，为高一层学校输送优秀人才，何谓不可乎。

二、目前教育存在的实际问题有待废除

当前，初、高课程学科之多，又加重学生负担，浪费国家资金，而无实际效果等弊病。因为课程学科太多，对于有些天赋，又能自觉学习之学生尚能承受，对于成绩一般或成绩低劣，又不自觉之学生，又焉能学好，只等于白学、空学，实在是在

浪费青春年华，耗费钱财与精力。因为基础知识学不好，即使到大专院校去就读，同样是学不好的，亦等于瞎子摸象。且知识是有连贯性，必须从基础学起、学好，再由浅入深，以船山先生所教导的“学思相结合”的学习方法，才能学好知识。

学习知识，不把基础知识学好，以后再努力也无济于事。即使到高中、大专院校去就读，只能拿到一张空文凭，而无真实本领。即使找到好工作，也不能适应其需，最终会被淘汰。故谓其父母对子女之前程，须审时度势，量材而用。否则，你为子女之谋而适得其反。

择校费之弊端，为教育不可取。因为择校费一出台，则促进有些家长，以侥幸之心，在子女未录取省示范高中，亦不惜金钱，愿花八、九千元交所谓择校费，让子女去就读，以为将来能考上名牌大学，或出国留学，谋个好前程，而提供有力保证，此乃天下父母之苦心。但不知子女学习基础不好，到省示范高中去就读，同样是学不好。当教师传授新课程知识，因你基础未学好，又焉能听懂，从而乏味，又失去学习信心，有的只读一期或两期，就自动退学，故谓你为子女之谋，则化为泡影。

择校费之形成，亦为省示范高中，收取择校费而提供依据。学校为达到这一目的，亦减少招生名额，让其名额作为收取择校费之工具，使能录取者不能录取，让有钱人之子女，交了择校费而就读。如是，使该录取的学生却不能录取。即使到省示范高中去就读，同样要交择校费。不仅如此，还有更妙的择校费办法，学生在未考之前，要填报志愿于某一学校，当未被这所学校录取，到另一所学校去就读，且分数又高于该校分数，则视为首先未填报我校志愿，同样要收取择校费，此二者太不公也。故望国家废除所谓择校费制度，应按高分择优录取，这才算是公平竞争，亦能调动学生发奋学习积极性，又符合情理。如是为社会营造良好形象，则择校费势必有待改革。

对于有些名校与培训学校，为扩大自己生源而增加收入。在广告宣传中，说其环境比天堂还好，教师的教学水平比大学教授还高，学生又能上清华与北大，还与公办学校班主任承诺，介绍一个学生可得数百元。因此，有些家长为使自己孩子多学点知识，不惜一切代价，送子女到名校去就读，又于寒暑假，双休日到培训班去补课。

我校多年已租一层教学楼于培训学校，经常听到前来接送子女的家长在议论："我孙子虽在公办学校读书，可于小一又在寒、暑假、双休日开始补课……"又说："我一个孙子在衡阳市一所名校读小学，一个孙子读中学，一期要用一万多元，寒、暑假在培训班补课，又要六、七千元，小孙子双休日回来，又在这里补课，一期又要二、三千元，一年要用四万余元……".有的说："我孩子在镇校读小学，一期学费只要一、二百元，但老师于周一至周五每天下午多上一节课，说是补课，一期要一千二百元。又因班上学生有八、九十人，我想让孩子坐在前面，能听到些，多学点东西，一次又要送三、四百元给班主任。虽双休日与晚上在这里补课，但比你孙子在衡阳市名校读书少得多……"。于是，我以好奇之心上前答一句，你们家长的钱太多了。可他们都在说："冒办法，只有一个孩子，留钱有什么用，不如花钱让孩子多学点东西，靠得住些，冒钱也要送他去，我自己多省点就是……”如此，则证明当今社会上之人，其为子女之谋费尽苦心者，可想而知。

至于开办高中复读班，愚曾听过也目睹过。其原因是主管部门与学校通过开办复读班来提高高考一、二本名额，以显示县与学校教学质量之高。如是，有些家长情愿花钱让子女去复读，甚至复读几年。当然有少数学生考上一、二本。但大多数还是无进展，仍然就读专科与三本学校，岂不浪费自己年华与金钱。如是又限制高考应届生名额，使应届生能录取者而不能录取，致使高考恶性循环，愚认为有损于公平竞争。

有些家长对子女，从小学肯花大钱，到名校去就读，到培训学校去补课，固然是好事。可知你子女在一般学校就读，学习成绩是好的，当然到名校与培训学校去就读，其学习成绩同样是好的。当你子女在一般学校就读之成绩不好，即使到名校或培训学校去就读，其学习成绩不一定能学好。因为学好知识，关键是在于学生自己想学，不懂就问，尤其是教师在讲课，做到专心听讲，把心思凝聚在课堂上，又做到船山先生所说的“学思相结合”的学习方法，那学习成绩则自然会学好。因此，不妨看船山先生对此而如何论述。

船山说：“善教者必有善学者，而后其教之益大，教者但能示以进之善，而进之功在人自误”[①]。在他看来，亦谓一位善于教书之先生，必有一批善于学习之学生，而教师在授课于学生才有效果。教师虽有足够学问功底，在授课期间，又善于

①《四书训义》卷五，《船山全书》，第7册 。

表达能力，责任感强，当然对学生学好知识有一定帮助，只能说是其中之一面。但学生学好知识，主要还是肯发奋学习、善于学习，那学习成绩自然日新月异。

王夫之说："必修之事，尽可为之力，而教者以此教，学者以此学。"[①] 他的"必修之事"，是指"平生之志"，亦谓教者教好学生，学生学好知识，必有"立志"与"正志"之观念。同时"立志"与"正志"正确与否，又是教好学生，与学好知识之关健。所以说学生要学好知识，还是靠自己能发奋，其学习才有进步。

从船山先生的论述看，他对学生之所以能学好知识的观点，而无不有道理也。如愚孙尚华，三岁半在自家学校读学前班，四岁半读一年级，十三岁初中毕业，从未到什么补习班与名校去就读。在县一中与中南大学就读时，是班上年龄最少，个子最矮，又是正副班长，父母很少去，又未曾陪读过，可他在中南大学年年获奖学金。他之所以如此者，是孙尚华有高度的自觉性，又有"立志"与"正志"之故也。故谓学生学好知识，其决定因素不是学校，也不是老师，而是靠学生自觉与努力。故谓"金子在什么地方都会发光"，是也。

从上面所说而言，对于初、高课程学科之多，与所谓择校费，培训学校，高中复读班，以愚之见，于国于民不利，又打乱教育秩序。因此，有望国家出台改革措施，让学生有时间去学好需要的学科，而提高初、高中阶段整体素质。在大专院校多开

①《四书训义》卷十五，《船山全书》，第7册。

设专业学科，培养专业人才，以便能发挥一技之长，为国家与社会贡献力量。否则课程学科过多，学生不能学好，岂不浪费国家资金与人才资源。至于家长望子成龙，固然是好事，但要从内心去关心子女学习与道德修养，切莫纵容子女作恶、作歹，去危害社会。

三、培养人才要“学于当务”与扩大职业教育。

国家在数年之前，就大力提倡职业教育，以民之对职业教育认识不足，与职业学校管理不善，致使职业教育发展缓慢，与船山对于培养人才要“学于当务”之观点，尚有些差距，而值得探讨与改善。

船山说“学者之所以学，教者之所以教，皆有其当务焉，而于始教之日，早已定其生平之志行矣。”(《四书训义》卷五，《船山全书》，第 7 册 P255)。在他看来，受教育者之所以到学校去读书，受教育，与执教者，之所以传授知识于学生，都要适应“其当务”，立志为国家政治与社会服务，不能以客套、流俗、无骨之学来教育学生。否则，其效果会适得其反，乃至误人子弟，甚至使人葬送一生之前途。同时要结合“因时立义”，“就固有之心，因必修之事，尽可为之力”（同上），谓执教者在教学中，不但要据其时代之需，去树立远大志向，传授知识，还要“因时立义”，是谓执教与受教育者，应该做到尽应尽之义务而不可忘也。

船山说：“读古人之书，以揣当世之务”(《读通鉴论》卷十，《船山全书》，第 11 册)。是谓学生在学习课本知识之外，还要“读古人之书”，扩大自己的知识面，同时又能从中找出适应“学于当务”之学而学之，以适应后来之用也。若不读古人之书，岂知孔子与周公旦为何称圣人。秦始皇灭六国后，为何天下只有十多年。晋武帝不纳卫瓘言“此床可惜”，而立惠帝与晋之天下有何关系。宋太祖遵赵普之计，以杯酒释石守信等兵权，虽君臣无猜疑，安享晚年，而卒使宋室南迁与灭亡之原因，而正在此也。宋徽宗善于琴棋书画，可谓博学多才，为何被金兵俘虏，而有“宰相误我父子”之言，又何也。曾国藩平定太平天国后，诚为出将入相，虽有人劝进，而他不禅其位又何也。孙中山先生为何称“国父”，其丰功伟绩是什么，如此等不胜枚举。如果读了古籍，亦知上述之事之为何也。故有人谓“不知史鉴者，乃半瞎子也”，愚认为此言有理。因为不读古籍，又焉能从古书中“洞察其精华”，结合当世之“时会”，可供为君者治理好国家，使民安居乐业、天下太平，民又能善于辨别事之是非，而立足于社会。所以王夫之说：“读古人书，欲学之，而不因时以定义，鲜不失矣。”[①] 此乃王夫之诚嘉之言也。

从上面的论述，培养人才要“学于当务”，与扩大职业教育力度，是国家当前教育一件刻不容缓之大事。为解决这些问题，首先要提高高中入学门槛，与压缩高中招生名额30%，然后按考生成绩择优录取，既提高高中学生整体素质，又为大专院校培养优秀人才。在县原有职业学校之外，一个县还要减少一、二所高中学校，作为职业学校与未录取高中的学生就读之

①《读通鉴论》卷七，《船山全书》，第10册，P258。

处。对于大专院校，同样提高入学门槛与压缩招生名额 30%，将专科与三本学校一律开办职业学院。如是，既提高高等院校学生整体素质，又解决大专院校未录取者与中职毕业生就读之处。然后按学生特长、兴趣，文化素质等综合成绩而分配专业，又以语、数、理化与专业学科知识相结合的职业教育模式。为达到这一举措，国家对就读职业教育将采取有效措施，除学生自负生活费之外，其余费用由国家财政补助，亦能调动职业学生就读之积极性。同时教育行政主管部门对职业学校要加强教育与管理，使学生既安心又能学到技术。如是亦不浪费国家人才资源与资金，又为国家培养既有文化，又有实践工作经验高级技术人才，以适应全国各大厂家与企业之需求，又解决学生就业之难题。故谓王夫之对培养人才要“学于当务”，与提倡扩大职业教育力度有些相符合之处。因此，有望国家出台新的政策，其功不可没也。

2014 年

卅三、家藏《读通鉴论》《宋论》与嘉怡抄本绝非同一之本

一九九四年《船山学报》第一期，刊登《岳麓书社》杨坚，撰写的《船山全书》编校札记十二，记衡阳莫氏藏《读通鉴论》，《宋论》抄本 一文，他说："由此可见二本实皆抄自同一之底本，亦有可能系互相转抄。由于抄者之拘谨，遂笔画不苟而相符，如此亦视二本为同一之本，似亦无不可也。按《船山全书》第十册第八三四页唐玄宗第六论《放姜皎归田》，只有一一六字，意不贯串，自船山五世从孙嘉怡抄本，及至金陵本以下凡十余本莫不皆然。故金陵本于文后注云：'此篇有脱误'，而其究意殊不能知。及至衡阳市九三学社萧培，以其录莫氏抄本此论见示，始知此论凡四九四字，各本皆脱其中三七八字以之补之，文意晓然完足矣，此实莫氏抄本之一贡献"。"莫氏藏本于五代末，《叙论》前有字一行曰："戊辰孟夏癸卯朔论成"，亦各本所无，其时康熙二十七年(1688)四月一日一也。此亦当时船山手题，《叙论》则于论成后作之，《读通鉴论》二十卷本，由是得确切之年代，此亦莫氏所藏抄本之一贡献"。

从杨氏之记文中看：他提出这二大问题，我在撰稿中"就

家藏船山史论清稿几个问题，兼与岳麓书社杨坚商榷”，上篇文章中未论及到的，本文以实事求是为原则，而与杨氏讨论。首先从岳麓书社编辑胡渐逵先生来函看：

尔雅先生：

您好！那天您到敝社，匆匆忙忙，连茶也没喝一口，真是于心不安，很对不起，敬请原谅。

今天接到您的来信和大作，一口气将大作拜读完毕，觉得很有说服力。您的先人和您为保存船山先生这两部手稿历经艰苦，真令人敬佩之至。据我所知，杨坚是很想将您保存的船山手稿弄到手的，因没弄到，所以才撰文说是与嘉恺抄本一样的抄本，企图以此贬低您保存的该本的价值，并以此显示自己已将船山著作的各种版本搜罗无遗，以示岳麓版《船山全书》是最全的。

从大作中所述来看，您保存的应是船山的稿本。如第七页所说该本将“由”写成“繇”，即因避明崇祯帝朱由检之讳而改成通假字所致。将“朝”改成“鼂”，即避其父王朝聘之讳而改字并缺笔所致（“鼂”即“朝”的古字，“鼂”为“鼂”的缺笔）。又如《宋论》卷一太祖八论，岳麓版《船山全书》作“而宁掷之敌人”，您的家藏本却作“而宁掷之匪类”，这都表明您所藏之本是未经窜改的，而这正是其可贵之处。

杨坚是根本不懂版本的，于古籍整理，如文字、音韵、训诂、校勘诸学也一窍不通。因此，由他终审终校并任责编的岳麓版《船山全书》，简直错得一塌糊涂，去年《船山学刊》第一期即发表了李若辉的一篇文章指陈其误，我粗略翻阅后，也发现了几百处讹误，今后我还会陆续发表纠杨坚讹误的文章。

今写此信，并用挂号信寄给您，一是谢谢您寄来此文；二是我细读并与有关同志商量后，将尽一切努力争取将大作发表，以明是非，以正视听。

敬祝

春祺

胡渐逵

一九九七年三月十九日

从胡渐逵先生来函看，他对家藏本的价值已肯定为王夫之手迹，并从论文中，举出例子以说明家藏本为手稿之事实，如是家藏本其真相则大白于天下。为让广大学者，对《船山全书》唐玄宗六论《放姜皎归田》，与家藏本之所以不同，现记录如下，以正视听。

嘉怡抄本曰：“姜皎与诛逆之功，玄宗闻宋璟之谏，放之归田，下制曰：‘南阳故人，以悠闲自保。’其于刘幽求、锺绍京，胥此道也。徇国亦为其所可为者而已，过此未有不以召憎恶于明主者。若遇猜忍之君，则里克、宁喜之服刑，亦其自取，而不可但咎其君之刻薄。明乎此，君知所以待有功之臣，臣知所以立节而全身矣。”此嘉怡抄本，与其他各本只有一一六字。

家藏本曰：“姜皎与诛逆之功，玄宗闻宋璟之谏，放之归田，下制曰：‘南阳故人，以优闲自保。’其于刘幽求、锺绍京，胥此道也。所以裁抑私劳，防其僭乱，得矣。而或病其寡恩。夫以远之者全之，而国家不受其败，诚无取于涓涓之惠也，奚病哉！

帝之讨韦氏也，幽求与薛景暕、崔日用与有赞襄之功；其见忌于太平公主、窦怀贞也，则宋璟、姚崇、张说、陆象先、王琚与皎或力争于睿宗，或决计以诛公主。然而帝之待之也则异。非但璟、象先之清忠，崇、说之才干，可任以大，非余子所及也；此诸君子者，昌言于睿宗之廷，持正论以定社稷，从则君受其福，不从则已婴其祸，非行险贪功，以太子为孤注者也。若夫绍京、幽求、皎、琚之流，虽曰仗正，而密谋相结，露刃以向宫闱，亦险矣哉！夫国家之治乱不恒也，大臣之安危无定也，所奉者之贞邪未可据也。韦氏虽逆，而亦一国母；公主虽逆，而亦一懿亲。求遂其拥戴之勋，而推刃于君之骨肉，其可与久居密勿，而弗虑其恩怨之数迁乎？故数子者，幸而不为谢晦、杨素耳；即有姚崇、张说之能，近赵普而已。普为开国元臣，不足以容身于太宗之世，数子者又何微功之足倚邪？璟、崇、说、象先之谏，安玄宗即以安睿宗矣，忠臣效也。幽求、绍京、皎、琚，其去乱人也无几。君子忘身以徇国亦为其所可为者而已，过此未有不以召憎恶于明主者。若遇猜忍之君，则里克、宁喜之服刑，亦其自取，而不可但咎其君之刻薄。明乎此，君知所以待有功之臣，臣知所以立节而全身矣。”从这段文稿看，家藏本亦有四九四字，比嘉怡抄本与其他各本而多三七八字。

附录家藏清稿本：唐玄宗六论全文（照片）

杨氏对家藏本唐玄宗六论《放姜皎归田》，与嘉怡抄本及其各本，之所以多三七八字。亦曰“莫氏藏本为依次抄录，嘉怡抄本或跳脱一页，或此页已失，遂少三七八字。至金陵本所据为三十卷本，何以少此三七八字，则或当二十卷本初稿，经修订为三十卷时，此一页即已失去，亦未可知。因代远年湮，目前似无从究诘矣”。从杨氏之言，他之说似乎无可挑剔。但家藏本果真如杨氏之说在一页吗？而家藏本却分置于二页上，那杨氏又有何说也。且我于二00九年夏，将家藏本与杨氏所编校的所谓《船山全书》、《读通鉴论》、《宋论》而校勘。家藏本比岳麓版多四千余处，佚文二万余字，还有同音不同字者，凡六千余处未录。如按杨氏之说，家藏本所多之佚文，也是嘉怡抄本之抄者，“以跳脱或此页已失”而少如此多之字吗？为让事实说话，现将这三七八字复印于后，亦知家藏本所多之字，是在一页或在二页上，亦不阅而知之。如此，家藏本较嘉怡本所多之佚文，事实俱全，二者同异，世人自有公论矣。

杨氏说：“由此可见二本实皆抄自同一之本，亦有可能系相互转抄。由于抄者之拘谨，遂笔画不苟而相符合如此，即视二本为同一之本，似乎亦无不可也”。按杨氏之说，家藏本不但与嘉怡抄本实为同一之本，而且又是同抄于一抄本。请问杨氏，家藏本与嘉怡抄本，又是据哪一种抄本所抄呢？总不能说嘉怡与家藏本所抄没有稿本。或者说：是家藏本所多之处与佚文是抄者，在嘉怡抄本没有而故意增加的。除此之外，杨氏再没有别的解释，只能说嘉怡抄本是据家藏本所抄，嘉怡抄本之抄者，为不使子孙遭灭门之祸，将反清复明之语删去，这才说得过去。

一九七八年农历六月，内子仇金娥在衡阳附一医院行胆囊切除。在住院期间，一旦有空，便看书写字，被同一病房安徽籍唐师傅所询问，亦告知他我家藏有船山史论书稿等古籍，而他对我予以高度评价。还说他有一朋友冯某常说，我们很想找到王夫之有关著作，并言及上交国家将有一笔大奖金。但我请他千万不要外传，可他不听我劝阻，而告知衡阳市博物馆冯玉辉，从此家藏本始为世人所知也（我在家史录有详细记载）。至今从未听说国家有博物馆、图书舘，私人藏有船山史论稿，或比家藏本有更多内容，与反清复明思想等特点。如果有一抄本具有上述之优点，亦无疑这一抄本可为船山手稿，是无须争辩之事实。但至今四十余年之今天，确未发现有什么抄本，或比家藏本更好的史论稿之抄本，那家藏本亦无疑是王夫之手稿，也是无须争辩之事实。嘉怡抄本为什么比家藏本少四千余处，佚文二万余字，很显然是嘉怡抄本之抄者，将王夫之反清复明之思想删去。如《宋论》卷一太祖八论，《船山全书》注“而宁掷之敌人”，家藏本却是“而宁掷之匪类”。从这句话只有二字之别，亦知家藏本与嘉怡抄本绝非为同一之本。能将王夫之反清复明思想原貌反映出来，这就是家藏本极为珍贵之处，也是船山先生手稿之铁证也。

当今有学者认为王夫之著书百余种，四百余卷，约八百万字，岂有时间来誊正自己之书稿，而是他后人与门生所抄录。可《船山公年谱》中，有王敔述记载：“末年作《读通鉴论》三十卷，《宋论》十五卷，以上下兴亡得失之故，制作轻重之，原诸种卷帙繁重，一一皆楷书手录。贫无书藉纸笔，多假之故人门生，书成因以授之，其藏于家与子孙言者无几焉。”“四月一日有诏华读史过之句，写恨诗有云中读史千秋泪之句”。从王敔的“述”中，可知王夫之著《读通鉴论》《宋论》，对历代帝王之所以兴与亡，以唯物论，忠君与孝道之思想，评论他们所做之事，哪些是对的，哪些是错的。尤其对历代当事人心理，能一一反映出来，又能辨别是非，为后世学者树立学思结合、鉴古推新、古为今用、别开生面之典范。他的才学与智慧，是难能可贵的，也是今人鲜所及的。他虽出身于中等家庭，并无经营产业等经济收入，一生以反清复明为己任，后来目睹明王朝不能复兴，面对满清王朝统治之现实，以皓首穷经、发奋著述来疾呼人民反清复明活动。他面临缺少书藉纸笔，只能依靠故人与门生来提供。为不让子孙遭灭门之祸，书稿又能幸存，亦不言留与子孙而授予故人与门生，此王夫之远谋深虑之大智也。为保存船山史论书稿等，我也学习他之办法，将其藏于仇君之家，后又化整为零，分别转移而幸存至今也。

王夫之常去长乐大云山看望兄长介之，以别峰菴适当路程之中，而作为落脚之处。因王夫之对佛学很有研究，别峰菴二如表长老，对王夫之学问与品德又非常景仰，二人遂结成知心之友。为避免清王朝追捕，遂以此菴作为著书之处，既安全又清静，为晚年之著作，大都在此菴著成也。

我于一九六三年冬，易姓名而入赘于本县方工仇家，与当地一位老读书人，时年已八十有余，名叫杜春庭老先生相识。就有关王夫之情况，向他请教，而他即滔滔不绝讲王夫之故事。还说：“清末与民初，官府为征集王夫之书稿，曾多次派武装在南天峰与附近搜查，南天峰（亦称别峰菴）大门外有巡抚，道台、知府、知县等官府的告示，欲如像妇女贴布鞋底一样……”。所失者，未将杜老先生讲王夫之有关故事记录下来。从杜老先生目击者之言，也证实王夫之在别峰菴著书之事实。别峰菴二如表长老“对众大言天下无和峤之癖者，唯船山一汉媿不克任，而表师者志趣于微矣”。王夫之在二如表长老逝世时，亦往吊唁，诗有“秋山叶落冷孤滕”。由此可知王夫之与二如表长老长相处感情之深也。

有学者认为《读通鉴论》、《宋论》，是王夫之后人与门生所抄录？那王敔在父亲“行述”中，所说“原诸种卷帙繁重，一一皆书手录”亦为假话？愚以为非也。因为王敔在那封建社会时代，岂可置父亲之事而弄虚作假？愚又认为作者文化水平再高，可著书不经修改，绝对是不可能的。尤其是王夫之著《读通鉴论》、《宋论》，长达数十万字之文稿，虽以宋司马光著《资治通鉴》史料为依据，与其赋于天性之睿智，但涉及数千年之事，一时也未必能一一记清。尤其对事物之分析，与当事人之心理，在用词能达到无可非议之境界，确不能以一时之思就能完全定下来，而是要多加思考才能达到应有目的。所以王夫之在《读通鉴论》、《宋论》之草稿上，是需要修改的，这是无可非议的。

从《宋论》光宗三论草稿，与家藏本校勘记看，家藏本比草稿多二百六十余处，佚文数千余字，可知王夫之在修改文句中，一句亦有数字，或有数十字之分。如《宋论》光宗三论：“留正请建皇太子”。第三十七行，草稿曰：“宗室无窥觎之辈，其责于百僚，使新进喜之士”，只有十八字。而家藏本曰：“宗室无窥觎之衅，大臣无逼篡之谋，草泽无弄兵之变，静正之朝野，自可蒙安于事，正乃无故周章彳亍，舍大臣以职，下分其责于百僚，招引新进喜言之士”。从王夫之修改这三句话中，亦有六十字，比草稿而多四十二字，可见其草稿勾勒之处之多，别人是难能辨别清楚的，而是须王夫之本人才能誊正好。如后人与门生来誊正，一旦有错误，亦有损于文稿之价值，那王夫之岂能放心。故有学者认为《读通鉴论》和《宋论》不是王夫之本人手录，而愈显得太幼稚者乎。

杨氏对五代末，《叙论》前，注有“戊辰孟夏癸卯朔论成”之句，亦认为“此示当时船山手题，《叙论》则论成后作之。《读通鉴论》二十卷本，由此得确切之年代，嘉怡抄本与其他各本均无”。但他只说：此实为莫氏抄本之一贡献，但他又未作其他解释。又认为“莫氏藏本实为嘉怡抄本同一之本”。如按杨氏之说，《读通鉴论》不是王夫之手录，但他为什么又要在五代末，“叙论”前单独而手录“戊辰孟夏癸卯朔论成”之句？且其笔锋与《读通鉴论》之文相同。

据中科院自然史研究所席泽宗老先生，对家藏本之五代末，《叙论》前，注有“戊辰孟夏癸卯朔论成”之句而鉴定：“从康熙以下四个戊辰年看，唯康熙二十七年四月一日，与癸卯朔论成相符合，为王夫之手迹无疑”。因为每个甲子六十年，都有戊辰年与孟夏月，其能分晓是看哪一年符合癸卯朔，就等于王夫之著《读通鉴论》成功之年代。又与《船山年谱》，王敔在王夫之逝世十四年后，在“行述”中记载：“四月一日诗有韶华读史过之句，写恨诗有云中读史千秋泪之句”相符合。亦谓王夫之六十九岁，即康熙二十六年，他于四月一日始著《读通鉴论》。其"戊辰孟夏癸卯朔论成"，是王夫之七十岁，康熙二十七年（1688）四月一日，是他历时整整一年，而《读通鉴论》著书成功之日。亦显示他著《读通鉴论》比史载提前三年，更反映他在《读通鉴论》之时，在作诗中，表述他自己在读史过程中，而流露悲惨之情。由此可视家藏本绝非杨氏之说："莫氏藏本与嘉怡抄本实为同一之本"。也意味着有些学者，认为家藏本为王夫之子孙与门生所录，与系乾隆以前之抄本，绝不可信之铁证也。

从以上论述看，杨氏对"莫氏家藏本实为嘉怡抄本同一之本"之说，其真伪是无非争辩之事实。又据潘老先生来函曰：

莫尔雅先生道启，手示拜悉，我已年迈退休多年，迁至通州隐居，对自己内外之事，早已不再参与、过问，只求安度残生。此间距北京市内单位很远，很少再去，未能及早看到大札，故迟复为歉。

贵府先祖所藏船山遗稿之事，因事过多年，已记忆不清原貌如何，恕难再谈什么。但我认为任何文物假的真不了，真的假不了，自然客观标准存在。愚认为还是多请船山研究专家，从字迹及内容本身鉴定。纸墨鉴定有局限性，只能断上而不能断下，还是字迹是重要依据。

关于此稿，既有不同意见，亦不必着急，非要早日统一。纸史的起源确有不同意见，多年来一直聆人攻史与我，且不管他，但还是"走自己的路，不管别人说什么"，历史自会作出最后判断，匆匆奉复。此请大安。

潘吉星 二〇〇七年八月二十五日

从潘老先生之来函看，不但使我茅塞顿开，而且足以证明家藏本，比嘉怡抄本所多余之处，亦属他所说“自然客观标准存在”，是无法可以改变之事实。

家藏本比刻本多段、多句、多字计四千余处，佚文计二万余字，是不可摧毁与挑剔之事实。余将这四千余处，二万余字，仍按其手稿十七册而装订。《宋论》光宗三论草稿，二百六十余处，另装一册，共十八册，待后以供出版社再版之用。

为证实莫氏藏本与嘉怡抄本非为同一之本，因我未有嘉怡抄本校对，只好从湖南图书馆刘志盛先生，著《王船山著作丛书》中，记载获悉：《读通鉴论》二十卷，清王夫之撰，清乾隆年间王嘉怡抄本，《船山全书》六百六十页。又二百五十七面记载：《读通鉴论》三十卷附一卷，四十五万六千八百字。清初衡阳抄本十三册，衡阳县方工乡泉塘村莫尔雅藏。清同治四年(1865)南京金陵节署曾刻《船山遗书》本。

从刘志盛先生著《王船山丛书》记载看，家藏《读通鉴论》是清初抄本，即是王夫之所誊正，比嘉怡抄本乾隆年间早百余年。同时，愚与岳麓书社出版的《船山全书》校勘，家藏本有一千二百玖拾一页，计四十八万八千余字，其相异多三千余处，佚文一万多字，比家藏本少六百三十一页，少一万多字。愚认为杨氏之说：“莫氏藏本与嘉怡抄本实为同一之本”，是不能成立的。故谓家藏《读通鉴论》是船山手稿，是无非争辩之事实也。

对于家藏本是否为王夫之本人手稿本，愚认为若干年后，自然会有正道君子，且学问渊博之学者，站出来主持公道，对家藏本必有正确之判断。

杨氏在“记衡阳莫氏藏《读通鉴论》《宋论》抄本”一文中，说“萧与莫氏颇有交谊”之说，非也。从他这句话看来，萧与莫氏双方亦有来往，且感情深厚。但事实我从未去过衡阳市萧某家，而是他得知我家藏有船山书稿之后，他多次来到我入赘衡阳西乡且边远之仇家。他说：“我对船山学很有研究，待我看过后，对你家的船山书稿是有好处的，我决不会将你家所藏之书稿，多余的史料告诉别人，我会替你保密的”，他违背自己诺言，为我所不可料也。

至于杨氏又说：“曾借用家藏本与《船山全书》第十册逐字核对”，也不是事实。因为我在北京鉴定书稿时，做到书不离人，人不离书，在招待所一单间房而晚上睡觉，还将书包带挂在手腕上，书包垫在脑壳下，岂可以价值连城之宝而借给他人。

2015 年

卅四、家藏《宋论光宗三论》与船山手稿校勘记

岳麓书社杨坚撰写的〈《船山全书》〉编后札记十二，记衡阳莫氏藏《读通鉴论》、《宋论》抄本一文中（见船山学刊一九九四年第一期），对家藏《宋论》稿本认为："至于莫氏所藏之《宋论》抄本，则萧培九〇年八月二十六日，致笔者有云："《宋论》部分，我原先对照过，基本没有发现异文，又据前引中国历史博物馆张自聪、周铮二同志鉴定，有《宋论》理宗部分与王船山原稿略有异同之语，又据萧氏所贻莫氏抄本《宋论》之第一页，与《船山全书》对校竟完全相同，一无异文，故以萧氏之言与周、张合观，则莫氏所藏抄本《宋论》，纵有异文，当亦甚少。要之，此亦须得莫氏能出其书，方知其详。然就《读通鉴论》而言，莫氏所藏抄本与嘉怡抄本既为同一之本，就《宋论》而言，参以上述萧、张、周之说，二抄本之为同一之本亦属可能。今《船山全书》之《读通鉴论》与《宋论》，已俱用嘉怡抄本以行补校，则虽不见莫氏之书，度亦可无大憾矣"。

按杨氏之说"莫氏藏本与嘉怡抄本实为同一之本"，但我不敢苟同。为让广大学者，对家藏《宋论》稿本有足够之认识，

又确认为船山本人手稿，首先将其光宗三论草稿，与家藏本校勘记录如下，以正视听。

《宋论·光宗》三论草稿与家藏本之比较

光宗一论草稿　　　　家藏本

二行：

“哀慕尤切”　　　　“哀慕切”

岳麓书社《船山全书》本（简称书社）同家藏本。

“遽以天下授之”　　“而遽以天下委之”

“授”作“委”。书社同。

“欲致三年之丧”　　“欲执三年之丧”

“致”作“执”。书社同。

三行：

“曾如是以为孝”　　“曾是以为孝也”

无“如”字。书社同。

“不亦愚乎”　　　　“非其饰辞，则愚甚矣”。

书社同。

五行：

“而孤致其泣踊”　　“而孤致其哭踊”

“泣”作“哭”。书社同。

“且所听者　　　　“且所听之宰，抑”

“者”作“之宰，抑”。书社同。

“必绰有余裕于负荷之亲臣也”。

“必绰有余裕于负荷之亲臣也”

书社无“也”字，其余同草稿。

“夫岂不专致其哀哉”。

“夫岂不欲致其哀哉”。

“不专”作“不欲”。书社“不欲”后多“专”字。

六行：

“则所含以归尔者，亦唯以社稷得人”

“则所以慰高宗于宜汉者，亦唯以社稷有主”。

“含”无；“归尔者”作“慰高宗于宜汉”；“得人”作“有主”。“宜汉”书社作“冥漠”，是。

七行：

“亦殚心竭力以治天下”。

“亦殚心竭力以奠安天下”。

“治”作“奠安”。书社同。

八行：

“而高宗之……降而几筵之侍”。

“而以报高宗者至矣。若夫几筵之侍”。

“高宗之……降”作“以报高宗者至矣。若夫”书社同。

“致其哀慕，但使减服食、撤声色”。

“必韶必亲，则但不息心以燕处，不分志于声色”。

“致其哀慕”作“必韶必亲”；“但使减服食、撤”作“不息心以燕处，不分志于”书社“韶”为“躬”，异体字，其余同。

“罢吉礼，停庆赏，自封疆民社而外，庶政一……所司，正自有余时以供馈奠”

“罢昏祭之吉礼，停庆赏之覃恩，正自有余日、余力以伸馈奠”。

“罢”后有“昏祭之”三字；“赏”后有“之覃恩”三字；“自封疆民社而外，庶政一……所司”一段无；“供”作“伸”。书社同。

十行：

“而后可绥我思成哉……而不亲政者”

“而后可终丧纪哉？故以为哀之至，而不能复居天位者”。

“绥我思成”作“终丧纪”；“而不亲政者”作“故以为哀之至，而不能复居天位者。”书社同。

十一行：

“若夫身未耄倦，而……父，继之者拓拔弘而已矣。而高宗…伍之中，膺元良之命，而年将六十之宗臣，则窥伺之奸邪足惧”

“夫身未耄倦，而遽传位于子，以自处于一人之上，于古未之前闻，始之者赵主父，继之拓拔弘而已矣。斯皆蔑礼　　败度，以亵大位者也。若高宗之内禅也，则又有说。己未有嗣，而孝宗以久废之宗支，七世之疏属拔之于幼冲，膺元良之休命，高宗年垂六十，内禅时五十有 七，为三代以后人君之所希有，固无可顾命也之宗臣，一旦危病至而奸邪乘之，不容不早防其变”。

始无“若”字；“而……父”作“而遽传位于子，以自处于一人之上，于古未之前闻，始之者赵主父”，有24字补上脱文；“而高宗…”作“斯皆蔑礼败度，以亵大位者也。若高宗之内禅也，则又有说。已未有嗣，而孝宗以久废之宗支，七世之疏属拔之于幼冲，”有46字增补；“宗臣”作“宗支”；“命”作“休命”；“年将”作“年垂”；“肴有”作“希有”。“固无”书社作“国无”。其余同。

十二行：

“于时逆亮败盟……之可与有为也，而使以方新之气悉帅群工，此变而不失其贞道之得焉者也。”

“于时女真寒盟，兵争复起，哀年益馁，抑无以支不固之封疆。知孝宗之可与有为也，用其方新之气，以振久弛之人情，则及身之存，授以神器，亦道之权而不失其中也。”

“逆亮败盟……之”作“女真寒盟，兵争复起，哀季益馁，抑无以支不固之封疆，知孝”；“而使以”作“用其”；“悉帅群工，此变而不失贞道之得焉者也。”作“以振久弛之人情，则及身之存，授以神器，亦道之权而不失其中也。”书社“女真”作“且于时女直”；“哀季”为“衰年”；“孝”后有“宗”字；“驰”作“弛”。其余同。

十三行：

“自非然者，天子者累积累而上之。”

“自非然者，天子者，既至尊而无尚矣而上之”。

“子者”后多“既至尊而无尚矣，积”八字。书社同。

十四行：

“亦唯孝宗之克负荷也，故高宗优游于琴书花鸟之侧，而鼂政一无与闻，则两宫之欢，无敢有从中间之者。

“持两端者得起而售其奸矣，亦唯孝宗之犹堪负荷也，故高宗得优游于琴书　花鸟之侧，而国事一无所问，则两宫之欢，无有从中间之”。

“亦唯”前多“持两端者，得起而售其奸矣”十一字；“克”作“堪”。“鼂政”（鼂，避讳，改朝）作“国事”；“与闻”作“所问”；“无敢”作“无有”。书社同。

十五行：

“非此而得失安危不能尽释诸怀，小有箴砭”。

“非此而理乱安危不能尽释诸怀抱，小有箴砭”。

“得失”作“理乱”；“怀”作“怀抱”；书社同。

十七行：

“抑非有杨广之奸，能矫饰以欺君父”

“抑非有杨广之奸，可矫饰以欺 君父”

“能”作“可”；书社“君”前有“其”字。

十九行：

“然而汉武舍燕王旦立昭帝，置不肖而授之贤者，终以令誉，光武舍东海王疆而立明帝，两俱贤而授之尤者，卒以允臧”

“然而汉武舍燕王旦而立昭帝，光 武舍东海王疆而立明帝，卒以允臧”

“旦”后有“而”字；“置不肖而授之贤者，终以令誉”12字无；“两俱贤而授之尤者”8字无。书社同。

二十行：

“晋武帝拒卫瓘之谏以立惠帝，贾氏之恶以宣。唐太宗徇长孙之请立高宗武氏之祸以烈。”

“晋武帝拒卫瓘之谏以立惠帝，贾唐太宗狗长孙之请以立高宗，武氏祸以烈”

“以宣”作“宣”；“徇”作“狗”；“贾”手稿作“而贾”；“立”作“以立”；“之祸”作“祸。”书社同。

二十二行：

“夫光宗者，视晋惠为有一隙之明，视高宗犹在层粲而下者也，即不欲以意废置，而违百王之定宪乎，古之人有豫教之道焉，裁之以祖训，正之以圣学，绌其贇御之私人，饰其后宫之家法，渐摩之已久，迨及弥留之际”

“夫光宗之视晋惠，差辨菽麦耳，其于唐高犹在层粲之下也。孝宗即守成宪而不以意废置乎，则辅以正人，导以正学，惩其宵小，饬其 宫闱，迨及弥留之际”

"宗者"作"宗之"；"为有一隙之明，视"作"差辨菽麦耳，其于"；"即不欲"作"孝宗即守成宪，而不"；"置，而"作"置乎，则"；"古之人有豫教之道焉，裁之以祖训，正之以圣学，绌其贄御之私人，饰其后宫之家法，渐摩之已久"作"辅以正人，导以正学，惩其宵小，饬其宫闱"，共38字，改为16字，语言更简练。书社"高宗"作"唐高"，其余同。

二十四行：

"尤有顾命定策之元臣，以镇抚而导之，若韩魏公之于任守忠，无难自我而行其窜殛。然后身虽没，子虽立，而世德相扶，宗祊永固。即其弗克肯堂，亦不至灭裂天彝，贻庙社以阽危之势"

"简德望之大臣，受顾命而总百揆，即有雷允恭、任守忠之内蛊，无难施窜殛之刑，光宗虽闇，亦何至灭绝天彝，贻宗社以阽危之势哉"

"尤有顾命……守忠无难自我而行其窜殛"作"简德望之大臣，受顾命而总百揆，即有雷允恭、任守忠之内蛊，无难施窜殛之刑"；"然后身……阽危之势"作"光宗虽闇，亦何至灭绝天彝，贻宗社以阽危之势哉"；书社同。

二十六行：

"昏懦之习不察也，悍妻之煽无闻也，俟之又不待其时也。俄而使参国政矣，俄而授以大位矣，迨及贵而无位，高而无民之日，乃恶李氏而有废之之语，徒嚅嗫于闲宫，以激其悖逆，岂非教不肖者使疾趋于狂惑哉？郁邑而不永其天年，亦自贻之矣。

“俟之不待其时也，昏懦之习不察也，悍妻之煽无闻也，俄而使参国政矣，俄而使即大位矣，已已处于贵而无位，高而无民之地，乃恶李氏而有废之语，嚅嗫于闲宫，以激其悖逆，岂非教不肖者以冥行乎，篼结而不永其天年，亦自贻之矣。

“昏懦之习不察也，悍妻之煽无闻也”此句移到“俟之又不待其时也”之后；“废之之”为“废之”；“授以”作“使即”；“迨及”作“已已处于”；“民之日”作“民之地”；“之之语”作“之语”；“徒嚅”作“嚅”无；“使疾趋于狂惑哉？郁邑”作“以冥行乎篼结”。书社余同。

三十行：

“高宗经营怀抱者数十年”。

“高宗经营密勿者数十年”。

“怀抱”作“密勿”；书社同。

三十一行：

孝宗之于孝也，亦徒有其末而失其矣。其汶汶无择也，与其生平之所

“孝宗之于孝也，抑末矣，汶汶无本择与其在位之用人行政，殊不相肖”。

“亦徒有其末而失其矣。”作“抑末矣。”“其汶汶无择也”作“汶汶无择”；“生平之所为”作“在位之用人行政”。书社同。

三十二行：

“固蹊今思之”

蹲蹬不成，莫遂其志，其不欲居此位已久，以高宗在而不容释也，故于欲苫次，迫欲脱屣以自解其愤懑。”

“蹊今思之”

“为功堕不就，故不欲居此位也已久，特以高宗在而不容释，甫在苫次，迫欲苫次，迫脱屣，愤耻之余，激为卤莽。”

“固蹊”作“固”；“蹲蹬不成，莫遂其志，其不”作“为功堕不就，故”；“位已久”作“位也已久”；“以高宗”作“特以高宗”；“也，故于”作“甫在”；“以自解其愤懑”作“愤耻之余，激为卤莽”。书社同。

三十四行：

“尚可垂统绪以使后人之兴”

“而能得所畀付者”

“自可保统绪以俟后人之兴”

“而能得守所付畀者”

“尚可垂”作“自可保”；“使后人”作“俟后人”。“所畀付”作“所付畀”；书社作“守所付畀”。其余同。

光宗二论草稿　　　家藏本

二行：

“而卒不能……乃始窃其说以病民。”

“而卒不能行，至贾似道乃窃其说以病民。”

“……乃始窃”作“行，至贾似道乃窃”。书社同。

三行：

“今试取一……无声而可使有声，无形而可使有形”

“今试取一法而思之，无形而可使有形”

“……无声而可使有声”作“法而思之”；“有形”后增加“无迹而可使有迹”七字。书社同。

六行：

“了然于心……如是者。”“而又有一成型者，亦未始不至也，则执其一以槩之，悉见于施行，其不然者必多，”“人固未能辨也”。

“了然于心目，如是者。”“又有一成型者，亦未尝不至也，则执其一以槩见于施行，其不尽然者必多。”“人固弗能辨也”。

“心……”作“心目”；“未始”作“未尝”；“槩之，悉见”作“槩之，悉见”；“不然”作“不尽”；“未能”作“弗能”。书社同。

八行：

“故思者，利与病之交集也”。“古之人而见言之矣。古人之所言者，而既有行之者也。”

“故思者，利与害之交集也。”“古之人屡言之矣。古人之所言者，亦既有行之者矣。”

“与病”作“与害”；“而见言”作“屡言”；“而既有行之者也”作“亦既有行之者矣”。书社同。

十行：

“五声无定和，律吕在，而师旷用之则精，师延用之则靡；规矩在，而公输用之则巧，拙工用之则桡。”

“五音无定和，律吕在，而师旷之 调，师延之靡也；规矩在，而公 输之巧，拙工之挠也”。

“五声”作“五音”；“用之则精”作“之调”；“用之则靡”作“之靡也”；“用之则巧”作“之巧”；“用之则桡”作“之挠也”。书社同。

十二行：

“忘其可用之心，而天下之情”。

“举天下万民之情”。

“忘其可用之心，而”作“举”；“之情”作“万民之情”。书社同。

十四行：

“物皆有类焉”。“乃若其实，则皆有类焉”。

“物”作“乃若其实，则”，此改动五字，书社同。

二十一行：

“以为口分之相侵越乎”。“方穮而各有其获”。

“以为清口分之相侵越者乎”。“方穮而各计其获”。

“口分”作“清口分”；“越”作“越者”。“有”作“计”。书社同。

二十二行：

“其怀慝相凌，而越分以乱之者，则自且不能知，乡邻且不能诘，而欲以南北殊方，乍来相涖之长吏，暂履其地，唯辞是听，以代为之清刷。山川相缪，广野茫然，虽智如神物，亦何能以一日之聪明，折羣疑于不言之块土乎？徒益其乱，而讼愈兴”。

“若其积渐慝侵，自不能理，乡邻不能诘，则以南北殊方，乍来相涖之文吏，唯辞是听，睹此山川相缪之广甸，亦无能以一日之聪明，折群疑于不言之块土乎？徒益其争，而狱讼日繁”。

“其怀慝相凌，而越分以乱之者，则自且不能知”作“若其积渐慝侵，自不能理”；“且不”作“不”；“长吏”作“文吏”；“暂履其地”无。“以代为之清刷”作“睹此”；“，广野茫然，虽智如神物”作“之广甸”；“何”作“无”；“乱，而讼愈兴”作“争，而狱讼日繁”。书社“无能”作“恶能”，其余同。

二十五行：

“以为赋役之相诡射乎”。“以为辨赋役之相诡射者乎”。

“赋役之相”作“辨赋役之相”。“射”作“射者”。书社本有“辨”字。

二十六行：

“等以之三，等之以九，亦至粗之率”。

“等之以三，等之以九，亦至粗 之率耳”。

“等以之三”作“等之以三”。“率”作“率耳”。书社同。

二十八行：

“有不均者也。以均不均，而民更无所诉矣”。

“有不均也。以不均均，而民更无所愬矣”。

“均者”作“均”；“均不均”作“不均均”；“诉”作“愬”。书社同。

二十九行：

“此尤割肥者之肉置瘠者之身”。

“此尤割肥人之肉置瘠人之身”。

“肥者”作“肥人”；“瘠者”作“瘠人。”书社同。

三十行：

“兼……之能钳楚贫民而强夺之也”

“有司之威不……赋也，豪民输之而轻”

“兼并者，非豪民之能钳束贫 民而强夺之也。”

“有司之威，不可向尔，吏胥之奸不可致诘，于是均一赋也，豪民输之而轻”

“……之能钳楚”作“并者，非豪民之能钳束”；“不……”作“不可向尔，吏胥之奸不可致诘，于是均”。书社同。

三十一行：

“于是……便而获利不赀，弱民竭其终岁之劳，以应其必供之职而不足，乃至有司之鞭笞不能规免，吏……不能酬对”

“于是豪民无所畏于多有田，而利有余；弱民苦于仅有之田，而害不能去。有司之鞭笞，吏胥之挫辱，迫于焚溺”。

“……便而获利不赀，弱民竭其终岁之劳，以应其必供之职而不足，乃至”作“豪民无所畏于多有田，而利有余；弱民苦于仅有之田，而害不能去”；“不能规免，吏……不能酬对”作“，吏胥之挫辱，迫于焚溺”；书社同。

三十二行：

“诚使减赋而轻之，节役而易之”

“虽有经界不能域之也，夫岂必堙其沟洫，夷其坠埒而后畸有所归哉，诚使减赋而轻之，节役而逸之”

“诚使”前增加“虽有经界不能域之也，夫岂必堙其沟洫，夷其坠埒而后畸有所归哉”27字；“易之”作“易之”。书社同。

三十三行：

“惩奸胥里猾之凌压，则贫富代谢有其恒数，而民皆乐于有田，兼并者无所容其无厌之欲，而田自均。恃一旦立峻法，夺彼与此，而不恤其安，固有疲懦之民慝走空山，而不愿受者，无已，则假为之名，而兼并若徒资姗笑而已矣。乃若后世为经界之说者，则以民之隐田而不任赋以病国，则必逐亩推求，而无尺寸之土不隶于司农。呜呼，此岂仁人君子所忍言者乎”

“惩猾胥里蠹之恫喝，则贫富代谢之不常，而无苦于有田之民，则兼并者无可乘以恣其无厌之欲，人可有田，而田自均矣。若其不然，恃一旦之峻法，夺彼与此，而不恤其安，疲懦之民，且慝走空山而不愿受，无已，则假立疆畛，而兼并者自若，徒资姗笑而已。若夫后世为经界之说者，则以搜剔民之隐田而尽赋之。于是逐亩推求，而无寸之土不隶于县官。呜呼，是岂仁人君子所忍言乎”

“猾之凌压”作“蠹之恫喝”；“有其恒数”作“之不常”；“民皆乐于有田”作“无苦于有田之民，则”；“所容其”作“可乘以恣”；“而田自均”作“人可有田，而田自均矣”；“恃一旦立”作“若其不然，恃一旦之”；“固有疲”作“疲”；“慝走”作“且慝走”；“受者”作“受”；“假为之名，而兼并”作“假立彊轸，而兼并者”；“已矣。乃若”作“已。若夫”；“民之隐田而不任赋以病国，则必”作“搜剔民之隐田而尽赋之。于是”；“司农”作“县官”；“此岂”作“是岂”；“忍者”作“忍言”。书社同。

三十八行：

“古之有田有莱，非果莱也；有一易，有再易，非果易也。留其有余以劝勤者，使竭力以修本务而邀乐利尔”

“三代之制，有田有莱，莱者非果莱也；有一易，有再易，易者，非 果易也。留其请有余以劝勤者，使竭力以耕，尽地利，而无忧赋税耳”

“古之”作“三代之制”；“莱”作“莱，莱者”；“易”作“易，易者”；“以修本务而邀乐利尔”作“以耕，尽地利，而无忧赋税耳”。“其请有余”，书社无“请”字，疑家藏本抄写有误（或家藏本不误，抄写有误，请再核对原文）。

三十九行：

“无能遯也。”“无能脱也。”

“遯”作“脱”。书社同。

四十行：

“夫田为奸隐而不入赋役者有矣。然抑有地本硗确，”

“夫田为奸隐不入赋额者，诚有之矣，婢妾臼竈之奸不足为富人病也，况人君之抚四海者乎，抑有地本硗确。”

“隐而”作“隐”；“赋役”作“赋额”；“有”作“诚有之”；“然抑”作“婢妾臼竈之奸不足为富人病也，况人君之抚四海者乎，抑”。书社同。

四十一行：

“而勤民以有余之力，强治陇亩”。

“而勤民以有余之力，强加水耕火耨之功”。

“治陇亩”作“加水耕火耨之功”。书社同。

四十二行：

“亦有山溪崖岸，乍涌为丘式，形埒将倾，犹可支数年之耕种，而目前之鳞次相接，他日且荒塌而无存，亦有自昔族属分析，鬻产割留，横亘其中，不成行列，山限水曲，贫民藉以苟安。若此者难以更仆而数。而穷地之力据今之有，使一步之地必有所归，恐李悝之服上刑不是逾也，而经国养民者其忍之乎。以此数者，举其大凡，则经界之敝，必流为贾似道之殃民，谓之曰均平，而岂知物情之不齐，厚德载物者，初不以察察为明哉！”

“亦有溪江洲渚，乍涌为丘，危岸穹崖将倾未圮，目前之鳞次相仍，他日之沈坍不保者，亦有昔属一家，今分异主，割留横亘于山隈水曲，而不可分疆场者，若此之类，难以更仆而数，必欲执一画定之沟封，使一步之土必有所归，以悉索而征及毫末，李悝之尽地力，用此术也。为君子儒，以仁义赞人君之德政，其忍之乎？是则经界之弊必流为贾似道之殃民。仁邪？暴邪？问之天下，问之万世，必有审此者乎”

“山溪崖岸”作“溪江洲渚”；“丘式，形埒将倾，犹可支数年之耕种，而”作“丘，危岸穹崖将倾未圮”；“相接”“相仍”；“且荒塌而无存”作“之沈坍不保者”；“自昔族属分析，鬻产割留，横亘其中，不成行列，山隈水曲，贫民藉以苟安”作“昔属一家，今分异主，割留亘于山隈水曲，而不可分疆场者”；“此者”作“此之类”；“而穷地之力据今之有，”作“必欲执一画定之沟封”；“之地”作“之土”；“恐李悝之服上刑不是逾也，，而经国养民者”作“以悉索而征及毫末，李悝之尽地力，用此术也。为君子儒，以仁义赞人君之德政”；“此数者，举其大凡，”作“是”；“谓之曰均乎，而岂知物情之不齐，厚德载物者，初不以察察为明哉！”作“仁邪？暴邪？问之天下，问之万世，必有审此者乎”。书社同。

四十七行：

“尽心以察，析极秋毫，不可谓非思也，乃抑思孟子所言商、周之制，一国之规耳”

“规画形势，备尽委曲，不可谓未 思也，乃抑思商、周之天下，其于今者何如哉”

“尽心以察，析极秋毫”作“规画形势，备尽委曲”；“非思”作“未思”；“乃抑思孟子所言商、周之制，一国之规耳”作“乃抑思商、周之天下，其于今者何如哉”。书社同。

四十八行：

“国之大者，提封止于万井，为邑宰乃至为司徒者，皆其土著之士，百里以内，耳目相习之土”

“侯国之境土，提封止于万井，王几之乡遂， 采邑分授公卿，长民之吏自酂鄙之师，至于乡大夫，皆百里以内，耳目相习土著之士”

“国之大者”作“侯国之境土”；“为邑宰乃至为司徒者，皆其土著之士”作“王几之乡遂，采邑分授公卿，长民之吏自酂鄙之师，至于乡大夫，皆”；“之土”作“土著之士”。书社同。

四十九行：

“而一统之天下，疆域如此其远，土田如此之众，天子高拱于深宫地官统听于廊庙” “

因仍故址，小有补葺而已定。今则四海一王，九州殊壤，穷山纡曲，旷野浩漫，天子无巡省之行， 司农总无涯之计”。

两段除“天子”两字外，字句均异。家藏本脱“无”字。书社同。

五十行：

“以四海之人，尽三年之力，贤知者必不能给，而昏暴者亦幸以图成”。

“乃欲悬一式以驱民必从，贤知者力必不 任，昏暴者幸以图成”。

“以四海之人，尽三年之力”作“乃欲悬一式以驱民必从”；“必不能给，而”作“力必不任”；“亦幸”作“幸”。书社同。

五十一行：

“在地则肥瘠高下之有异壤，在百谷则疏密稚壮厚薄之异种”

“在地则肥瘠高下之异质，在百谷则疏数穉壮之异种”

“有异壤”作“异质”；“密稚壮厚薄”作“数穉壮”。书社同。

五十二行：

“在人民则有强弱勤惰之有异质，在民情则有愿谲愚智之有异材”。

“在人民则强弱勤惰之异质，在民情则愿朴诡谲之异情”。

“有异”作“异”；“有愿谲愚智之有异材”作“愿朴诡谲之异情。”

五十三行：

“此之所急欲革者，在彼欲因，固有见为甚利，而民视之如荼毒，见为有害而民安之如宴寝，学不可及也。”

“此之所欲革者，彼之所欲因，固有见为甚利，而民视之如荼棘；见为甚害，而民安之如衽席，学不可知也”。

“急欲”作“欲”；“彼欲”作“欲”；“荼毒”作“荼棘”；“有害”作“甚害”；“宴寝”作“衽席”；“及也”作“知也”。书社同。

五十四行：

“言之口口，行之口口”　“言之娓娓，行之汲汲”

“口口口口”作“娓娓”“汲汲”。书社同。

五十五行：

“而害且无涯，久矣”。　“而害且无穷，久矣”。

“涯”作“穷”。书社同。

五十六行：

“故善治地者，因其地而治之则得矣”。

“故善治地者，因其地而治之”。

“之则得矣”作“之”。书社同。

五十七行：

“不可行之一路，一路之善政”

“不可行之一州，一州之善政”

路，一路”作“州，一州”。书社同。

五十八行：

"而唯刑可以齐之"。"则必刑以继之，而后可齐也"。

"而唯刑可以齐之"作"则必刑以继之，而后可齐也"。书社同。

六十行：

"自潜消而与为为体，以君子而与小人争……智，以天子而……竞之资，以鸡鸣梦觉所虚绘之情形，以闭户缁书所乍窥之法术，束四海兆民而入于圈缋之中。善言者言之而已矣"

"自输忱以献，岂元后父母所宜 与争论也哉？以君子竞小人之智，以王章察聚敛之谋，以鸡鸣梦觉所虚揣之情形毫末，以闭户缁书所窥之经史，束四海兆民而入于圈缋之中，言之诚是也"

"潜消而与为为体"作"输忱以献，岂元后父母所宜与争毫末哉"；"而与"作"竞"；"争……智"作"之智"；"天子而……竞之资"作"君子竞小人之智，以王章察聚敛之谋"；"绘之情形"作"虚揣之情况"；"法术"作"经史；"善言者，言之而已矣"作"言之诚是也"。书社"毫末"作"论也"；"情况"作"情形"，其余同。

光宗三论草稿　　家藏本

一行：

"为之罪名曰沽名"。　　"名之曰沽名"。

"为之罪名"作"名之"。书社同。

五行：

“臣以此事其君”。“人臣以此事君”。

“臣”作“人臣”；“其君”作“君”。书社同。

六行：

“而后群工下至士民，皆能奋起而言之。若夫群然竞起，而言之恐后

“而后群工下至士民，皆可奋起而言之。若夫群然竞起，合大小臣民言之恐后”

“皆能”作“皆可”；“而言”作“合大小臣言”。书社同。

七行：

“喧争不已者，则以沽名故而喋喋相仍”。

“未问从违，喧争不已，则其间以沽名，故喋喋相仍”。

“喧”前增补“未问从违”四字；“已者”作“已”。“以沽名故而”作“其间以沽名，故”；书社同。

八行：

“于是而激庸主奸臣，以终不相下”“而置宗社于奸邪之掌”

“于是而激庸主奸臣，以不相下”“置宗社于奸邪之掌”

“以终”作“以”；“而置”作“置”。书社同。

九行：

“若此者，君之过在可浣濯之污，犹将不可，而况天伦之际、

人禽之界，美恶在心，而不徒以迹者哉”

“且夫君之过，不至于戕天彝，绝人望，犹可浣濯于他日，则相激不下，犹小也。若夫天伦之叙斁，人禽之界存于一线，一陷于恶，而终无可逸，是岂 可雷同相竞，使处于无可免之地者哉”

“若此者”作“且夫”；“在可”作“不至于戕天彝，绝人望，犹可”；“之污”作“于他日，则相激不下”；“将不可，而况”作“小也。若夫天伦之叙斁，人禽之界存于一线，一陷于恶”；“之际”作“之叙斁”；“美恶在心，而不徒以迹者哉”作“存于一线，一陷于恶，而终无可逸，是岂可雷同相竞，使处于无可免之地者哉”。书社有“可”“免”两字之增，其余同。

十一行：

“子之孝其亲”

“然子之孝其亲，岂以为义在当孝而始孝乎，子之不孝其亲，固非谓义之宜于不孝”

“子之事其亲也”“然岂以为义在当孝而孝乎，其不孝者，固非谓宜于不孝”。

“孝其亲”作“事其亲也”；“然子之孝其亲”作“然”；“始孝”作“孝”；“子之不孝其亲”作“其不孝者”；“义之宜”作“宜”。书社同。

十二行：

“故称说于孝子之前者，皆无当于孝子之心，称说于不孝之前者”

“故称说孝道于孝子之前者，皆无当于孝子之心，称说孝道于不孝之前者”

“于”作“孝道于”；“于不孝”作“孝道于不孝”。书社同。

十三行：

“能言者，义之当然”。“可言者，义之当然”。

“能言者”作“可言者”。书社同。

十四行：

“言之所不能及”　“夺其心以背其初念”

“固非言之所能及”　“夺其心以背其初志”

“言之所不能及”作“固非言之所能及”；“初念”作“初志”，书社同。

十六行：

“下不可以言矫其上，优柔而养之”。

“优而游之，乘罅而道之”。

两句大部分不同。书社同。

十七行：

则若吾训者，仁爱之心自油然以生，即不若吾训，而抑不相激，以成天伦之大变，宽之用大矣哉！而能以此导人君以全恩者，唯李长源为得之。长源之于肃、德二宗，皆以父处子者也，而密移之于坐论之际，涕泗以将之，密谋而不以告人，独任而不以待众，然其于肃宗事父之逆，结舌而不言，非不敢言也。言之而不听，则势愈激而逆乃滋甚，姑与含容犹不至骇天下而召祸乱也”

“则知悔者，若吾训以渐启仁爱之天怀，怙恶者，抑不相激以人伦之大变，宽之用大矣哉！而能以此导人主以全恩，李长源而外，难其人矣。长源始用之肃宗，继用之德宗，皆以父处子者也。涕泗长言，密移其情于坐论而不泄，独任其调停之责，而不待助于群言，其转移人主之积忿，独掇轻羽也。乃至于肃宗事父之逆，独结舌而不言，夫岂忘其为巨慝而吝于规正哉？力不与张良娣、李辅国争，则言者不听 而激成乎不侧之衅，则弗如姑与含容，犹使不孝者有所惜，而消不轨之心。长源之志苦矣，而唐亦苟安矣”

“若吾训”作“知悔”；“仁爱之心自油然以生，即不若吾训，而抑不相激，以成天”作“若吾训以渐启仁爱之天怀，怙恶者，抑不相激以人”；“人君”作“人主”；“者，唯李长源为得之”作“李长源而外，难其人矣”；“之于肃、德二宗”作“长源始用之肃宗，继用之德宗”；“而”作“之于坐论之际，涕泗以将之，密谋而不以告人，独任而不以待众，然其于”作“其情于坐论而不泄，独任其调停之责，而不待助于群言，其转移人主之积忿，独掇轻羽也。乃至”；

非不敢言也。言之而”作“夫岂忘其为巨慝而吝于规正哉？力不与张良娣、李辅国争，则言者”；“则势愈激而逆乃滋甚，姑与含容”作“而激成乎不侧之衅，则弗如姑与含容”；“犹不至骇天下而召祸乱也”作“犹使不孝者有所惜，而消不轨之心。

长源之志苦矣，而唐亦苟安矣”。书社同。

二十二行：

“岂光宗者，为旷古亘今人貌禽心之无偶者乎”

“岂光宗者，旷古弥今人貌禽心无偶者乎”

“为旷古亘今”作“旷古弥今”。书社同。

二十三行：

“韩侂胄之奸益逞”“韩侂胄之奸得逞”。

“益逞”作“得逞”。书社同。

二十四行：

“而非能以因心之孝，成尽已之忠者也，留正之所以自处也”

“非能以推己之孝，成尽已之忠者也。正之所自处者”

“而非”作“非”；“因心”作“推己”；“留正之所以自处也”作“正之所自处者”。书社同。

二十五行：

“君不能揜其不孝之名，而已获洁身之名以去”

“君益彰其不孝之名，而已得洁身之名以去”。

“不能揜”作“益彰”；“已获”作“已得。”书社同。

二十六行：

“争大恶于一间，而心膂大臣忍以贻之君父乎？光宗之不足为人君，灼然易见者也。正知不可事而不去之于早”

“争存亡于一间，而心膂大臣忍以覆　载不容之名归之君父乎？若以去言，则光宗之不足相与为荃宰，灼然易见者也，知不可相而不去之于早”

“大恶”作“存亡”；“贻之”作“覆载不容之名归之”；“光宗”作“若以去言，则光宗”；“为人君”作“相与为荃宰”；“正知”作“知”；“事而”作“相而”。书社同。

二十七行：

“又一行一止，反覆于国门以摇众志。”

“又且行且止，反覆于郊关以摇众志。”

“一行一止”作“且行且止”；“国门”作“郊关”。书社同。

二十八行：

“适足资小人之诽笑”。“适足资奸邪之笑”。

“小人之诽”作“奸邪之笑”书社同。

二十九行：

“且光宗之恶，非枭獍之凶不可向迩者也”。

“夫光宗之恶，非若刘劭之凶威不可向迩者也。”

“且夫”作“夫”；“枭獍之凶”作“刘劭之凶威”。书社同。

三十行：

“遗荣辱以效于君，而救人伦之斁败”

"以卫社稷，而救人伦之斁绝"

"遗荣辱以效于君"作"遗荣辱以效于君"；"斁败"作"斁绝"。书社同。

三十一行：

"鱼朝恩握兵怙党之淫威，得两宫之片纸"

"鱼鼌恩拥兵怙党之威，得两宫 片纸"

"朝"作"鼌"。"淫威"作"威"。"宫之"作"之"。书社"鼌"仍作"朝"，其余同。

三十二行：

"从容而俟之"。"从容以引之"。

"俟之"作"引之"。书社同。

三十三行：

"而俾可有自新之路""然光宗易位，而不能从中以起，则固未尝不可檠括使驯者"

"而俾有可自新之路"。"而光宗易位，不能从中以起，则固未尝不可衔勒使驯者"

"然"作"而"；"而不"作"不"；"檠括"作"衔勒"。书社同。

三十五行：

"几有商臣之祸"　"则国方乱而不害其图存"

“几有主父之危”　　“国方乱而不害其固存

“商臣之祸”作“主父之危”；“则国”作“国”；“图存”作“固存”。书社同。

三十七行：

“宗室无窥觎之辈，大臣无篡逆之谋，静正之鼍，自可苟安于无事。而正无故　而惊呼震竦，舍大臣之职守，下分其责于百僚，招引新士，下逮太学高谈之子，一唱百和”

“宗室无窥觎之衅，大臣无逼篡之谋，草泽无弄兵之变，静正之鼍野，自可蒙安于无事。正乃无故周章，舍大臣之职，分其责于百僚，使新进喜言之 进喜言之士，下逮太学高谈之子，一鸣百和”

“辈”作“衅”；“篡逆”作“逼篡”；“静正之鼍”作“草泽无弄兵之变，静正之鼍野”；

“苟安”作“蒙安”；“而正”作“正”；“而惊呼震竦”作“周章”；“职守，下”作“职”；“使”作“招引”；“一唱”作“一鸣”。书社同。

三十九行：

“吾之不孝，大臣知之矣，羣士知之矣，海内之士民莫不知之矣。即从其言，而以身试危机，人且曰非吾之能事其亲也，举国之人驱我而使为孝子以成其忠也”

“吾不孝之名，大臣以加我矣，群臣以加我矣，海内士民莫不加我矣，无可谢于后世矣，即以身试危机，就两宫而见幽废，人且曰非吾之能事吾亲也，举国之人以大义束我而使修寝门之节，倚庐之文也”

“之不”作“不”；“知之”作“已加我”；“士知之”作“臣已加我”；“不知之”作“不加我”；“即从其言，而”作“无可谢于后世矣，即”；“人且曰非吾之能事其亲”作“人且曰非吾之能事吾亲”；“驱我，而使为孝子以成其忠”作“以大义束我而使修寝门之节，倚庐之文”。书社同。

四十一行：

“善不可迁，彼奔弛而去者，自少味而反，复奚所恤而不任吾之情哉。然后人心始张皇失据”

“而恶用浣为？彼分崩而去者，自少味而反，奚所恤而不任吾之 高卧哉。于斯时也，张皇失据者”

“善不可迁”作“而恶用浣为”；“奔弛”作“分崩”；“复奚”作“奚”；“情”作“高卧”：“人心始”作“于斯时也”。书社同。

四十二行：

“而不知其固无伤也。疑之深，难且自作，而后易位之策不可缓。究其所以致此，非留正使然而孰使然乎”

“而不知其固无妨也。疑愈深， 人心愈震，而后易位之策突起，以诧再造之功，揆其所由，非正使然而孰使然乎”

“伤”作“妨”；“之深，难且自作”作“愈深，人心愈震”；“不可缓。究其所以致此”作“突起，以诧再造之功，揆其所由”；“留正”作“留正”。书社同。

四十四行：

“名在已而害存国矣，况君子而与至不孝之人争名，每况愈下，而名亦不足以立”

“名在已而害在国矣，况君子而 与至不肖之人争名，争其所不待争，而徒启其争为愈陋乎。一谏一去又恶足以增益留正君子之名哉。”

“存国”作“在国”；“孝”作“肖”；“每况愈下，而名亦不足以立”作“肖之人争名，争其所不待争，而徒启其争为愈陋乎。一谏一去，又恶足以增益留正君子之名哉”。书社同。

四十五行：

“而危之者”　“危之者”。

“而危”作“危”。书社同。

四十六行：

“以正为天伦计者”“正不能正之”

“正莫能救之”“以正为大伦计”

“天伦计者”作“大伦计”；“不能”作“莫能”。书社同。

四十七行：

“而背父以立，则正实成之也。且使举朝呼号奔散之后，光宗悔而就苫次以执 丧，不孝之名，十不能救其一、二；名，而不孝之实，百不能存其毫厘”

“背父以立，则正实使之然也。且使盈廷呼号奔散之后，光宗惧而就苫次以执丧，其于不孝 之十不能减其一、二；不孝之实，百不能救其毫末”

“而背”作“背”；“成之”作“使之然”；“举鼌”作“盈廷”；“悔而”作“惧而”；“不孝之名，十不能救”作“其于不孝之名，十不能减”；“而不孝之实，百不能存其毫厘”作“不孝之实，百不能救其毫末”；书社同。

四十八行：

“此吾率众以争之力也，则谓之曰沽名，亦非过情之毁矣”。

“此吾帅众以争之力也，则谓之曰沽名，亦非求全之毁矣”

“吾率”作“吾帅”；“过情”作“求全”。书社同。

四十九行：

“不谏臣以兴雷同之论”。　“不倚谏臣以兴雷同之议”。

“藉”作“倚”；“论”作“议”。书社同。

五十行：

不引羣臣士庶以沸腾之议”。

“不引群臣士庶以兴沸腾之口”。

“沸腾之议”作“兴沸腾之口”。书社同。

五十一行：

“进退无恒而为物所轻，生死荧怀而不任其害，具臣而已矣。宜乎其为拒谏之君、嫉贤之宵小所轻而不恤其去留者也”

“进退无恒而召物之轻，生死 累怀而不任其害，宜乎其为庸主、悍后、奄人所目笑，而不 恤其去留者也”

“为物所”作“召物之”；“荧怀”作“荧怀”；“害，具臣而已矣。宜”作“害”；“拒谏之君、嫉贤之宵小所轻而不”作“庸主、悍后、奄人所目笑，而不”书社同。

从上面光宗三论草稿与家藏本校勘看，王夫之在草稿上，对某一事件分析有不妥之处而修改，如光宗二论草稿：“诚使减赋而轻之，节役而易之”，十二字。家藏本：“虽有经界不能域之也，夫岂必陻其沟洫，夷其坠埒而后畸有所归哉，诚使减赋而轻之，节役而逸之”，而有三十九字，比草稿多二十七字。

或对某一事件之分析，又认为不够精练而修改。如光宗一论草稿：“然而汉武舍燕王旦而立昭帝，置不肖而授之贤者，终以令誉。光武舍东海王王疆而立明帝，两俱贤而授之尤者，率以无臧”，凡四十七字。家藏本：“然而汉武舍燕王旦而立昭帝，光武舍东海王疆而立明帝，率以允臧”，凡二十七字，比草稿少二十字。

从上述两例中看，可视王夫之在修改草稿后，其文句显得更加优雅，然而其勾勒之处则自然繁多，如王夫之本人不去誊正，靠他人来誊正，是难能为人信服的。

王夫之在草稿上，有些文句未表明有反清复明思想，而在修改后其文句确有所体现。如光宗一论草稿：“于时逆亮败盟，……之可与有为也。而使以方新之气悉群工，此变而不失其贞道之得焉者也”，凡三十六字。可家藏本：“于时女真寒盟，兵争复起，衰年益馁，抑无以支不固之封疆，知孝宗之可与有为也。用其方新之气，以报久驰之人情，则及身之存，授以神器，亦道之权而不失其中也”，凡六十四字，比草稿多二十九字。

由于高宗不听宗泽、岳飞等忠臣之谏，不挥师北弛，使中原失守。在酉年三月春将奔到杨州，八月，金兵又渡江南下，而高宗委派杜时亮到金营议和。逆亮在未与金议和之前，亦奉书于金主曰：“古今有国家而迫于危亡者，不过守与奔而已，今以守则无人，以奔则无地，唯冀阁下见之哀而已。故前者奉书，愿削去尊号，是天地之间，皆大金之国，而尊无二，亦何必劳师远涉而后为快哉”。所以杜时亮在与女真和议中，就出卖国家利益，而王夫之对杜时亮这种行为称之为逆亮。王夫之在草稿上将“逆亮败盟”改为“女真寒盟”，以女真是夷狄，是侵犯我中国之祸首，使我华夏之民受涂炭之苦，长达数百年之久，其罪胜于逆亮。故将“逆亮败盟”改为“女真寒盟”，以表示他对夷狄之仇恨而天地可鉴也，其爱国热情，为世人学习之典范，彪炳千秋。

光宗三论草稿曰：“若此者，君之过在可浣濯之污，犹将不可而况天伦之际，人禽之界，美恶在心，而不徒以迹者哉”，凡三十六字。家藏本：“且夫君之过，不至于戕天彛，绝人望，犹可浣濯于他日，则相激不下，失犹小也。若夫天伦之叙斁，人禽之界，存于一线，一陷于恶，而无不可逸，是岂雷同相竞，使处于无可解免之地者哉”，凡六十八字，比草稿多三十六字。其中家藏本之有“不至于戕天彛，绝人望”，“若夫天伦之叙斁，人禽之界，存于一线，一陷于恶，而无不可逸”，从中可见王夫之反清复明思想比草稿明显多矣。

按杨氏之说：“莫氏藏本与嘉怡抄本既为同一之本。”因我未有嘉怡抄本，只好从湖南图书馆刘志盛先生，著《王船山著作丛书》而获悉：《宋论》十五卷，清乾隆年间，衡阳王嘉怡抄本，四册，一百八十九页。又二百五十八面记载：“一九九六年六月岳麓书社点校排印《船山全书》本，《宋论》十五卷，十二万五千六百字。清初衡阳抄本，四册，衡阳县方工乡泉塘村莫尔雅藏。清道光二十七年（1847）长沙贺长龄、罗饶典听雨轩刻本，湖南图书舘藏。”从上面之事实，与刘志盛先生著《王船山》著作丛书看，家藏《宋论》是清初抄本，为王夫之所誊正，比乾隆年间嘉怡抄本早一百余年。同时，岳麓书社出版的《船山全书》校勘，家藏本有三百六十二页，计十三万八千余字，其相异多七百四十余处，佚文数千余字，还有同音不同字者，比嘉怡抄本多一百七十三页，一万二千余字。愚认为杨氏谓“莫氏藏本与嘉怡抄本实为同一之本”之说，非为可信也。而家藏《宋论》是手稿，是无可否认之事实也。

2015年6月22日

卅五、再谈家藏《宋论》光宗三论与嘉恺抄本绝非同一之本

按杨氏之说：莫氏藏本《宋论》与嘉怡抄本为同一之本。在上面的论文中，愚以诸多事实与他商榷。现将家藏《宋论》光宗三论与岳麓书社出版的《船山全书》校勘，所多二十六处，佚文数百字。现将这三论所多之处择之而披露如下。

《宋论》刻本光宗一论："孝宗急传位于其子"校勘记

刻本　　　　家藏本

八行：

"则孝宗之视天下也，如见高宗，亦殚心竭力以治天下，而高宗……"

"则孝宗之视天下也，如见（视高宗，亦殚心竭力以奠安天下，而以报高宗者至矣"

从上面校勘看，以"视"与"见"之分。在字义上讲，"视"与"见"基本相同，又有相异之处。其"视"亦谓人，对某一事件，亦视为无所用，没有发展潜力。又谓两人相互在看，或

两人意见不合，有不相让之意，亦曰对视。其“见”是谓人对某一事有所成见，或对某人打人有所看见。所曰孝宗者，是他在高宗无嗣、欲问吏部尚书张焘，对曰：“储嗣者，国之本也，天下大计，无踰于此”。帝曰：“朕怀此久矣，开春当议兴礼”。《袁了凡资治纲鉴》三十五卷，来春，适利州提点刑狱范如圭请上立太子，帝遂下诏立宋太祖六世孙秀王称为太子，在宫三十余年，遂即位，是为孝宗。从刻本意看，谓孝宗对高宗之天下，亦“视”高宗，其殚心竭力以奠安天下。但家藏本之意，是谓孝宗对高宗之天下，是他自己看见高宗，其殚心竭力以奠安天下。且刻本上下两句有“视”字，亦显得重复，不精彩，故用“见”字。

二十行：

“絫棋者必倾，栋隆者且桡，大耋之嗟，焚如之咎，必不能保其终矣”

“基累者必倾，栋隆者且挠，大耋之嗟，焚如之咎，必不能保其终矣”

从刻本与家藏本看，以“絫棋”与“基累”之分。前者之“絫棋”，比如屋基不好，其房屋是无法建成的；而家藏本曰“基累”，亦曰屋基更差，其房屋会倒塌下来，比喻无论做什么事，基础不牢固，其事是办不好的。王夫之曰光宗不如孝宗，其“愚顽之声音笑貌，千载而下，犹可想见其情形”，更不能治好天下。

二十行：

"晋武帝拒卫瓘之谏以立惠帝，贾氏之恶以宣。唐太宗徇长孙之请立高宗，武氏之祸以烈"

"晋武帝拒卫瓘之谏以立惠帝，贾氏之恶 以宣。唐太宗狥长孙之请 以立高宗，武氏祸以烈"

从刻本与家藏本看，以贾氏之恶"以宣"，与贾氏之恶"宣"之分。由于晋武帝欲为太子衷娶卫瓘女，贾氏妻郭氏赂杨后左右，使后说纳其女。帝曰："卫公女有五可，贾公女有五不可，卫氏种贤而多子，美而长白，贾氏种妬而少子，丑而短黑"。杨后向帝推荐，荀勗等皆称贾女美，而帝从之。晋武帝丙申年冬，卫瓘为尚书令，是时天下悉知太子昏愚，不堪后嗣，卫瓘每欲启口以述太子之非，又不敢多言。适与武帝会群臣凌云台，以酒醉为名而跪于帝牀前。曰："臣欲有所启"，晋主曰："公所何耶"。瓘欲言而止者三，固以抚牀曰："此座可惜"。晋主意悟，因谬曰："公真大醉耶"，瓘以此不复言。于是，帝拟一疑事，令太子判决，贾氏大惧，请外人具草稿让太子自写，帝曰善"，遂不废太子。贾充密遣人告太子妃曰："卫瓘老奴，几破汝家"。后又使楚王玮矯诏诛瓘子孙九人（引自《袁了凡资治纲鉴》三十五卷）。

从上面史载看，由于晋武帝拒卫瓘之请而立惠帝，致晋室八王树兵，自相残杀，五胡乱华，子孙传四主，五十二年后而偏安于江左，皆贾氏之恶也。家藏本之所以不用"以"，亦加重对贾氏恶之语气，而下面两句谓唐太宗听长孙无忌之言而立高宗，卒使武氏之祸，与唐室中道而灭亡。愚认为君者，对事之非非，忠与逆之言，诚难预料也。

三十七行：

“功不自我成，而能得守所付畀者，即其功也”

“功不自我成，而能得所付 畀者，即其功也”

两版本之不同者，刻本有“守”字，而家藏本无“守”字。刻本之有所“守”字，其意是孝宗自谓在位二十七年，尚得到民心，国家未乱，可自保其社稷之续，以待光宗能有所发展。我虽没有功劳，但能保持赵氏宗庙之不毁，希望光宗能守住我付托之天下，即是他之功也。而家藏本无“守”字，亦谓孝宗希望光宗能治理好国家，更是他之功也。

《宋论》刻本光宗二论：“朱子清行经界之法”校勘记

刻本　　　　　　家藏本

十一行：

“规矩在，而公输之巧，拙工之桡也”

“规矩在，而公输之巧，拙工之挠也”

从校勘看，以“桡”与“挠”之分。刻本之“桡”，乃曲木也。据周礼冬官考，輈人唯辍，直且无桡。又据前汉高帝纪，与郦食其谋桡楚汉，在此比喻公输这位达官，为人、为事虽然精巧，又凶残。家藏本之“挠”，谓物繁则相挠也。据左传成公十三年挠乱我同盟。在此比喻公输达官，为人、为事，虽精巧，但还是被人挠乱了。

十一行：

“举天下万民之情，皆以名相宠而驱入其中，故曰罔也”

“举天下万民之情，皆以名相宠而驱入其中，故曰因也”

从校勘看，“罔”与“因”之分。刻本谓人以古人之说教我，到深处去研究学问，可我不如此，从粗浅，又急于求成去研究，而没有效果。要知天下万民之情况，相信一位名相深入其中去了解，是不能达到目的，故曰“罔”，即不能实现也。而家藏本曰：“因”是认为不能达到目的，或实现，是“因”为有什么原因，或有人在作埂，故不能成功。

十五行：

“物皆有类焉，类之中又有类焉博而极之”

“乃若其实，则皆有类焉，类之中又有类焉，博而极之”

从校勘中看“物皆”与“乃若其实，则”之分。家藏本从实质上进行“分类”，表述分类的客观依据，更准确。

四十三行：

“强加水耕火耨之功”　“强加水耨火耕之功”。

从校勘看，刻本与家藏本其字与字数相同，只不过二字有前与后之分，但水耕火耨与水耨火耕之分，都是古代一种除草之工具而已。

四十四行：

“亦有溪江洲渚，乍涌为邱，危岸穹崖，奖倾未圮，目前

之鳞次相仍，他日之沈丹不保者”　　　　“

亦有溪江洲渚，乍涌为丘，危岸穹崖，奖倾未圮，目前之鳞次相仍，他日之沈丹不保者”

在上述文稿中，以邱与丘之分，其音同，其字异，主要是为避孔子名号之讳。刻本用邱，即是避讳，家藏本用丘，故有所不同。

四十七行：

“为君子者懦，以仁义赞人君之德政，其忍之乎？是则经界之弊，必流为贾似道之殃民”

“为君子者懦，以仁义赞大君之 德政，其忍之乎？是则经界之弊，必流为贾似道之殃民”

上述校勘之不同者，以“人君”与“大君”之分。人君是封建社会对帝王之称。大君是对封建社会对帝王有大功于天下的尊称。王夫之在家藏本用大君，以体现其忠君思想。

四十九行：

“未原本周官，因仍孟子，不可谓非学也”

“夫原本周官，因仍孟子，不可 谓非学也”

两版本有“未”与“夫”之异。“未”与“夫”形似而误。家藏本用“夫”更正“未”之筆误，更符合船山本意。

五十七行：

“王畿之乡遂，采邑分授公卿”

"正畿之乡遂，采邑分授公卿"

从校勘看，以"王"与"正"之分。今查阅《袁了凡资治纲鉴》三十五卷，南宋纪，孝宗皇帝戊申十五年春正月，复置补阙拾遗官，未几左补阙薛叔似等上疏刻王准。帝曰："卿等官以补阙拾遗为名，专至规正人主，不任纠刻，今所奏乃类弹刻，甚非设官命之意，宜思自警"。以愚之见，可能是嘉怡抄本之抄者，将"正畿"误作"王畿"。

五十七行：

"固有见为甚利，而民视之如荼毒，见为有害，而民安之如宴寝"

"固有见为甚利，而民视之如荼棘，见为甚害，而民安之如衽席"

从校勘看，家藏本比刻本少个"民"字，但"荼毒"作"荼棘"；"有害"作"甚害"；"宴寝"作"衽席"。意有所不同。

六十行：

"约略其大凡，无所大损于民，而天下固已均矣"。

"约略其凡，无所大损于民，而天下固已大均矣"。

从校勘看，两版本之不同者，刻本在首句有"大凡"二字，家藏本有"凡"字；刻本末句有"均"字，家藏本有"大均"二字。从这段文稿意看，"而天下固已大均矣"，与"而天下固已均矣"相比，家藏本在末句谓天下已经巩固而不可动摇也。

六十三行：

“若夫匹夫以锱铢之利，设诈以逃唯正之供，则唯王者必世后仁之余，自潜消而与为为体，以公子而与小人争……智”

若夫匹夫以锱铢之利，设诈以逃唯正之供，则唯王者必世后仁之余，自输忱以献，岂元后父母所宜与争论也哉？以公子竞小人智”

从校勘看，刻本与家藏本不同者，“唯正”与“唯正”之别；末句“潜消而与为为体，以公子而与小人争……智”与“输忱以献，岂元后父母所宜与争论也哉？以公子竞小人智”有别。家藏本对此虽有比喻夷狄与华夏民族争利之意蕴，主要是强调不以过分、刻薄之经界法与民争利，以此避免激化、引发新的矛盾。

六十四行：

“……竞…之资，以鸡鸣梦觉所虚绘之情形，以闭户缁书所乍窥之经法术，束四海兆民而入于圈缋之中。善言者言之而已矣，行则非所敢也。虽然亡　　“以王章察聚敛之谋，以鸡鸣梦虑也，言此者，未有能行之者也”

觉所虚揣之情形，以闭户緇书所乍窥之经史，束四海兆民而入于图缋之中。言之诚是也，行则非所敢也。虽然亡虑也，言此者，未有能行之者也”

从校勘看，两版本之不同者，“……竞…之资”作““以王章察聚歛之谋”；“虚绘”作“虚揣”；“圈缋”作“图缋”；“善言者言之而已矣”作“言之诚是也”。文稿之意，在反对以小人之智以使四海之民陷入苦难之中，其爱民、为国谋利益，功在千秋万代的思想较印本更加突出。

《宋论》刻本光宗三论“留正请建皇太子”校勘记

刻本　　　　　　　　　　　　　　　　家藏本

九行：

“则沽名之咎又其奚逭邪？若此者，君之过在可浣濯之污，犹将不可，而况天伦之际，人禽之界，美恶在心而不徒以迹者哉！

“则沽名之咎又奚逭邪？且夫君之过不至于戕天彝、绝人理，犹可浣濯于他日，则相激不下，犹小也。若乎天伦之叙斁，人禽之界，存于一线，一陷于恶，而终无可逸，是岂可雷同相竞，使处于无可解免之 地者哉”

“又其”作“又”；“若此者”作“且”；“在可浣濯之污，犹将不可”作“不至于戕天彝、绝人理，犹可浣濯于他日，则相激不下，犹小也”；“而况”作“若乎”；“之际”作“之叙斁”；“美恶在心而不徒以迹者哉”作“存于一线，一限陷于恶，而终无可逸，是岂可雷同相竞，使处于无可解免之地者哉”。从字义上看，家藏本的补充修改，不仅对“天理、人欲”之辩的道理，阐述得更具体、详细，而且更深刻，是它本无法比拟的。

二十行：

“而密移之于坐论之际，涕泗以将之，密谋而不以告人，独任而不以待众。然其于”

“涕泗长言，密移其情于坐论而不 泄，独任其调停之责，而不待助于群言，其转移人主之积怨，犹掇轻 羽也。乃至于”

刻本与稿本之异，以“而密移之于坐论之际，涕泗以将之，密谋而不以告人”作“涕泗长言，密移其情于坐论而不泄”；“而不以待众。然其于”作“其调停之责，而不待助于群言，其转移人主之积怨，犹掇轻羽也。乃至于”。家藏本对于李长源“独任其调停之责，而不待助于群言”以转移“人主之积怨”之功作了更详细的描述与肯定。

二十七行：

“盖閴然群起而兴者，皆有名心，而非能以因心之孝成尽已之忠者也”

“盖閴然群起而争者，皆有名心非能以推己之孝成尽已之忠者也”。

校勘以“兴”与“争”之分。“兴”是谓兴起，褒义；有“争”可谓纷争，贬词；后者有名利之心用此词更准确；“因心”与“推己”有异，从“孝”到“忠”是心量扩充的过程，故家藏本改刻本之意，用“推己”以成忠孝两全，更契合文意。

二十八行：

“留正之所以自处也，谏不从则去而已”

“正之所自处者，谏不从则去而已”

刻本“所以”比家藏本多一个“以”字；“也”家藏本作“者”字。可见家藏本更精简，故将“以”字删去，将“也”改为“者”。

三十二行：

“君不能掩其不孝之名，而已获洁身之名以去”

“君益彰其不孝之名，而已得洁 身之名以去”

刻本与家藏本不相同者，以“不能掩”与“益彰”、“获”与“得”相异。

三十九行：

“宗室无窥觎之辈，大臣无篡逆之谋，静正之鼂，自可苟安于无事。而正无故而惊呼震竦，舍大臣之职守，下分其周章，亻亍舍大臣之职，分责于百僚，使新进喜言之士，下逮太学高谈之子，一唱百和，呼天吁地，以与昏主妒后争口舌之短长”

“宗室无窥觎之衅，大臣无逼篡之谋，草泽无弄兵之变，静正之鼂 野，自可蒙安于无事。正乃无故其责于百僚，招引新进喜言之士， 下逮太学高谈之子，一鸣百和，呼天吁地，以与昏主妒后争口舌 之短长”

“辈”作“衅”；“篡逆”作“逼篡”；“静正之鼂”作“草泽无弄兵之变，静正之鼂野”；“苟安”作“蒙安”；“而正”作“正”；“而惊呼震竦”作“周章”；“职守，下”作“职”；“使”作“招引”；“一唱”作“一鸣”。书社同。

刻本“舍”家藏本作“亻亍舍”，多“亻亍”字；“亻亍”是封建社会朝廷大员对六品以下官员之敕命。“一唱百和”改为“一鸣百和”，包含贬义。家藏本对留正“无故周章”之所为，及“招引新进之士，与昏主争口舌”，用“一鸣百和”予以批评，更合情理。

四十二行：

“吾之不孝，大臣知之矣，群士知之矣，海内士民莫不知之矣”

“吾不孝之名，大臣已加我矣，群臣已加我矣，海内士民莫不加我矣，无可谢于后世矣”

刻本与家藏本有“知之”与“已加我”之分。其“知之”指一般都知道，“已加我”则有我自己不愿意去做，强加于我之意。家藏本用“已加我”三字，更突显“昏悖之主”的痴昧。

六十二行：

“若留正诸人者，任气以趋名，气盈而易竭，有权而不执，有几而不审，进退无恒，而为物之轻，生死萦怀，而不任其害”

“若留正诸人者，任气以趋名，气盈而易竭，有权而不执，有几而不审，进退无恒，而召物 之轻，生死累怀，而不任其害”

从刻本与家藏本，以“为物”作“召物”、“萦”与“累”之分。“累”亦谓人受累、受苦，而“萦”是牵挂。家藏本谓正虽有名气，可事办不好，有权而不用好，遇事而不研究，时进时退，致使朝廷之是是非非，虽不置身于自己的荣华富贵，难免被昏主、悍后、奸人所笑也。

从家藏《宋论》光宗三论，比岳麓书社出版的《船山全书》多二十六处，佚文数百字。其中有与夷狄争存亡，又有纠正刻本之误，如“正畿”与“王畿”“为物”与“召物”、“萦”

与"累"、"一唱百和"与"一鸣百和"等。余者皆比刻本文句更精简、涵义更深刻，意思更贴切。所以，就上述校勘而言，家藏本绝非与《船山全书》所依据的抄本为同一之本，是无可争辩之事实也。

2015年

卅六、家叔犹文老先生函件

尔雅贤侄：如晤。

来信及复印件收到，所询各情，现我认知如下：

七十多年前，即二十世纪三十年代，先父纯吾公设馆鸡卧山涵蒸峰，曾将船山遗书带至馆中，令我抄读少数篇章，并说此书是王夫之手录，价值连城。一九三八年显考纯吾公谢世，你先父犹人公攘有此书。因我先在成章中学念书六年，后就读于湖南大学，之后在外工作，从未闻听书上有什么批语问题，缘知情不怪尔！迨斗转星移，物是人非，致今人惑之。

一、“大概是周静轩……通鉴外纪”外行话

据先人传说，我高祖考光幬公，号宏宇，住演水（在衡阳县城西渡注入蒸水）下游西岸面湖町。其弟光燕公，少不知事，将祖传此书转让给距西渡约十里之九里渡冯家。约一年后，我祖得知，遂将该书加价赎回，而冯家人在书上所写的批语，因投鼠忌器，就让其存耳。冯家虽赏识此书稿，但不知此书价值实情，致在书上胡批，遂同意退还，否则恐难允准。因宏宇公心知此书是王夫之手录之作，具有很高文物价值，所以宁愿加

价也要赎回来。正是古人因生疑而批字，今人却因批字而生疑，盖忽视此书有“转让”情节也。

二、“此书……宏宇公不知谁人所作”之内情

从批语称宏宇公为曾祖父，肯定是我父辈所写。但批语非我先父手迹，而我父亲只有兄弟二人，只能是先伯父所书。从他到曾祖父，中间还隔两代人，不可能直接耳闻于宏宇公，而是听其父辈传言。自父辈至宏宇公，都生活在清代，虽然这期间，文网疏开。但文字狱惨祸残酷之状，如株连九族，已死者还要开棺戮尸，思之不寒而栗。

按宏宇公生于乾隆五十五年，成长于嘉庆，活动于道光咸丰间，卒于同治六年（1790–1867），郡文庠即院考秀才，与曾国藩几为同时代人。曾氏为扩大传播面，将王夫之著作出版。（据四库《船山全书》。按乾隆帝修四库《船山全书》，广征天下图籍，有逆清文字，删后收入，事毕将原书焚毁。收入王夫之著作，可不会例外。三十八年始修，经十年完成），但当时社会信息闭塞，出书事不会一下为乡居士人所知，而宏宇公又比曾氏先去世几年，其在世时不知，可在情理中，后辈批语也反映这一事实。但此仅是事情之一面，还有另一面前文已谈及“宏宇公心知家传此书是王夫之手录之作”。而他在世时有关这方面言谈，从不讲明，宁将“心知”作“不知”，是内恐而外防耳。后辈批说不知，是不识其用心良苦也。及至先父辈，出版事固已广为人知，主因是清廷已亡。家藏书虽是原著，有逆清文字，亦无畏矣。为破除冯氏批语引起误解，以正观瞻，

乃笔之于书耳。上述种种，是王夫之著书匿名，受书者心知人而身居安，致原著顺利久传，此王夫之深谋远虑有以启之也。

三、相应机遇，得王夫之学术真传

批语云："此书先未发刻……今已刻明"。此意味曾氏所刻印王夫之著作，自有底本。而莫家之书早在宏宇公时即有此祖传之藏书。参照上述；可见曾国藩未出生之前，莫氏先人早在自家书房研读王夫之手写《读通鉴论》《宋论》，朝夕乐道，直如孔子"在齐闻韶，三月不知肉味"焉。其早之上限于何时耶？自宏宇公上溯四代至我之八世祖可京公，郡文庠，生于顺治十一年，卒于康熙五十三年（1654–1714），住演水上游水滨之油溪莫大屋。

按王夫之抗清失败后，不肯薙发易服，先瑶装寓居常宁县洋泉西庄源族戚家，设馆授徒三年，后定居衡阳县曲兰湘西草堂。此处位于湘乡县（今双峰县）交界群山中，且不当路，人迹罕至，只可与顽石交，与风马游，故能隐姓埋名，实化外人也。

由败叶庐而久居湘西早堂，身份易露。为防清廷搜捕，谋居三窟。此前王夫之自湘西草堂往其长兄王介之隐居地长乐云麓，行程约一百五十余里，有距油溪莫大屋约一里之别峰庵，恰在中途，造访数次，结识此庵住持二如。该二如和尚有文化底蕴，对王夫之气节与学问极为仰慕，且喜王夫之又精于佛学研究，相与友善，遂邀王公隐寓庵中，闭门著书，比独居更加安全。其多种著作有相当大部分在此庵写就，书稿藏于庵内秘仓里，后被其子王敔集收。（据说民国初，官府在此庵迭帖告示，派武装人员到此庵搜索王夫之遗稿）。

可京公成长通诗书后，与近在咫尺之别峰庵二如长老日渐交深而洞晓隐情，趁此机遇，邀长老荐引，拜识船山夫子。王夫之生于明万历四十七年（1619）卒于康熙三十一年（1692）。可京公比其晚出生三十五载，后逝世二十二年。此时王夫之贫无书籍纸笔，莫氏家道殷实，常接济并问道之，王夫之爰传道而授书焉。《读通鉴论》《宋论》写作时，正是王莫师生传薪日，有若东莱先生“博议”然耶？

又据王夫之年谱记载：“末年作《读通鉴论》三十卷，《宋论》十五卷，贫无书籍纸笔，多假之故人门生，书成因以授之”。也佐证此事。

官府征书，不知莫家藏有王夫之著作，从而避免征收，删节，直至焚毁，结果得以保全王夫之“史论”手稿原貌也。

鉴于康、雍、干三代，文字狱严厉。历代先人只将书藏之秘籍，虽至亲好友，亦不可示之。甚至每代老辈可能在临终前不久，才将秘密告知被授书后人。因万一那个嘴漏，其后果不堪设想啊。（王夫之既武装反清，又著书指斥满清。《读通鉴论》《宋论》，以反清立场，强调华夷之辨），此种情况，直到宏宇公以后，才有所改变。然“犹抱琵琶半遮面”，如上述见物不见人。

进入民国以后，虽人物俱见，但一直藏在深闺人未识。降至共和国改革开放后，此书客观情况，又更一大变也。你自详知，弗需我说。总观我莫家收藏王夫之手稿三百二十年艰辛历程，先从刀光剑影中度过，后又绕开红羊劫火，最终迎来学术春天。

至于字体问题：一个人在相当长时间，写字笔锋，也多少有些变化，即使在不长时间，也往往因人之精神状态不同，用笔好坏有异，写字亦有些不同，尤其是如王夫之晚年多病，身体衰弱，斯时写字，变化更大矣。此是常识，无庸赘言。

八十四岁老叔莫犹文

写于公元 2007 年 9 月

后记

余因先父犹人公成分不好，只就读五载，被迫辍学在家务农。一九六三年冬入赘于仇家，在十年浩劫中而偷读古籍。上世纪七十年代末，以工余之暇，深夜不眠，抗严寒，用楷书与毛笔，三载而录完船山史论稿。一九八九年受省船山学社邀请，出席省船山学术研讨会，又参加该社组织。因此，对船山学研究倍加信心。上世纪末，对船山学有所研究，而始撰船山学研究的文章。到二0一六年冬，已撰稿论文计二十八篇，附论八篇，共三十六篇。又将上世纪末所撰稿的论文加以修改，然后根据省船山学社副社长徐荪铭先生之意，定为“船山学研究论文集”。为纪念王夫之二零一九年诞辰400周年献上一份薄礼。

叔父莫犹文老先生说：“尔雅崇尚船山，热爱船山，学习船山，研究船山，半个世纪以来，孜孜不倦于研习《读通鉴论》《宋论》等古籍，于今文章也臻一定水平，诚谓船山私淑弟子也”。余认为诚谓古人所言：“学然后知不足”受之有愧，但却之不恭，应考虑叔父鼓励之言，继续奋进，姑受之耳。

《船山学研究论文集》之出版。承蒙刘万城先生，在初撰稿之中做些辅导，叔父莫犹文老先生又做些修改，唐浩明先生题名，徐荪铭先生作序，又作全面修改，王文初与张小平二位写对联，在此表示衷心感谢。

余因读书甚少，在文中必然存在诸多不妥之处，而恳请阅读学者赐教。

附：

唐浩明先生：国家政协委员，省政协常委、省作家协会主席。

徐荪铭先生：湖南省社科院研究员、省船山学社副社长。

王文初先生：湖南省医药总公司总经理。

刘万城先生：衡阳县主管教育副县长。

胡渐逵先生：湖南省人民政府参事，湖南文史研究馆馆员，岳麓书社编辑。

张小平先生：衡阳县公安局

衡阳王夫之私淑弟子　莫尔雅

2018 年冬

附 录

中国历史博物馆史树青先生、岳麓书社胡渐逵先生函

中国历史博物馆

尔雅同志：

三月十八日来函并致文化部长报告均收到。

尊藏船山史论手稿，几年以来很受学术界同志的重视。中国科学院自然科学史研究所潘吉星、席泽宗诸同志与我，都有同感。从各方面看是当时的清稿，不成问题。您的想法欲以此书出版，创设船山书院，用意甚美，不过出版社能否影印，我们无权决定。

您给文化部长的报告，请直接办理邮寄，不便由我转交，现将这份报告寄还，请收。又武汉大学萧箑父先生研究船山史学多年，此稿可请他推荐，争取影印出版，或有可能。

专此奉覆 并致

敬礼！

史树青

一九九〇年四月三日

岳麓书社

尔雅先生：

您好！那天您到敝社，因工作忙，连茶也没喝一口，真是于心不安，很对不起，敬请原谅。

今天接到您的来信和大作，一口气将大作拜读完毕，觉得很有说服力。您的先人和您为保存船山先生这两部手稿历经磨难，真令人敬佩之至。据我所知，杨坚是根据将您保存的船山手稿早就有的抄本，所以才撰文说是与别的抄本一样的抄本，企图以此贬低您保存的稿本的价值，并以此显示自己已将船山著作的各种版本搜集齐全，以示岳麓版《船山全书》是最全的。

从大作中所述来看，您保存的正是船山的稿本，如第7页所说该本将"由"字改成"繇"，即因避明熹宗朱由校之讳而改字所致；将"朝"改成"鼂"，即避其父王朝聘之讳而改字并缺笔所致（"鼂"即"朝"的古字，"鼂"为"鼂"的缺笔）。

您所需之岳麓版《船山全书》，16分册出版后即奉寄。

岳麓书社

又如《宋论》卷一太祖八论，岳麓版《船山全书》作"宁掷之敌人"，您的家藏本却作"而宁掷之匪类"，这都表明您所藏之本是未经篡改的，而这正是其可贵之处。

杨坚是根本不懂版本的，于古籍整理，如文字、音韵、训诂、校勘诸学也一窍不通，因此，由他终审终校并作责编的岳麓版《船山全书》，简直错得一塌糊涂，去年《船山学刊》第1期就发表了李若晖的一篇文章指陈其误，我粗略翻阅后，也发现了几百处讹误，今后我还要设法续发表纠杨坚讹误的文章。

今写此信，并用挂号信寄给您，一是谢谢您寄来此文，二是我细读并与有关同志商量后，将尽一切努力争取将大作发表，以明是非，以正视听。

敬祝

春祺！

（另寄《船山学刊》1997年1、2期）　胡渐逵 1997.3.19

家藏清稿《宋论 . 唐玄宗六论》全文（四幅）

家之治亂不恆也大位之安危無定也所恃者
未可據也韋氏雖逆而亦一國母公主雖逆而宗
親求遂其積藏之勳而推刃於君之骨肉其可
容物而弗慮其怨讟之數還也故數子者率而
晦揚素耳即有姚崇張說之能亦趙普而已普
元也不足以容身於太宗之世數子者又何微
何邪璟崇說象先之諫安玄宗即以安睿宗也

以謔爲懸無知者餽策也未數年而張果葉法善邪和
璞韜釋於天子之廷非此致之哉君可以謔其臣臣抑
可謔其君交相謔則上無章而下無忌蕭瑀大臣也太
宗聽其出家亦謔也此唐之所以無政也論者快之謂
足以懲姦而警俗國憲官箴法律刑紀皆可不用而以
謔懲姦天下其誰警哉淺人之所快君子之所屢稱久
知
姜皎與誅逆之功玄宗聞宋璟之諫放之歸田下制曰
南陽故人以優閒自保其於劉幽求鍾紹京晉道也
讀通鑑論

徇國亦爲其所可爲者而已過此未有不以名僭惡於
明主者也若過情忍之君則里克甯喜之服刑亦其自取
而不可以施其居之刻薄明乎此君知所以待有功之
臣臣知所以立節而全身矣
經國之遠圖存乎通識通識者通乎事之所繇始敝之
所繇生害之所繇去利之所繇成可以廣恩可以制宜
可以止姦可以裕國而咸無不允於是乎而有偶斷者
通識而成其偶斷一旦毅然行之大駭乎流俗而庸主
具臣規目前之損益者則固莫測其爲而見爲重有損

所以裁抑私勞防其僭亂得矣而或病其寡恩夫以逢
之者全之而國家不受其賊誠無取於煦煦之恩也奚
病哉帝之討韋氏也幽求與薛崇暕僅日用與有贊襄
之功其見忌於太平公主實儻負也則宋璟姚崇張說
陸象先王琚與皎或力爭於睿宗或決計以誅公主然
而帝之待之也則異非但璟象先之清忠崇說之才幹
可任以大非餘子所及也此諸君子者昌言於睿宗之
廷持正論以定社稷從則君受其福不從則己嬰其禍
非行險僥功以太子爲孤注者也若夫紹京幽求皎琚

国家文物鉴定委员会、省社会科学院、省文史馆与省文物收藏协会的有关鉴定

湖南省社会科学院

关于莫尔雅家珍藏《讀通鑑論》《宋論》书稿的鉴定意见

據王船山之子王敔《大行府君行述》載："（船山）末年作《讀通鑑論》三十卷，《宋論》十五卷，以上下古今興亡得失之故，制作輕重倚伏之原，諸種卷帙繁重，一一皆楷書手錄。貧無書籍紙筆，多假之故人門生，書成因以授之，其藏於家與子孫言者無幾焉。"（第7—8頁）。此段記載說明：第一、船山先生晚年著《讀通鑑論》等書，"一一皆楷書手錄。"楷書为其重要特徵；第二、書成，則贈故人、門生，家藏不多。

據莫爾雅先生之八十六岁叔叔莫犹文先生2007年函称：莫家藏《讀通鑑論》《宋論》二書稿，是其宏宇公（1790—1867）所祖傳。由此上溯四代，其八世祖可京公(郡文庠，生于順治11年，卒于康熙53年，1654—1714)住衡陽縣演水上遊之油溪莫家大屋，為船山先生到其長兄王介之先生所住之衡阳西乡长乐大云（150里）之中間必經之地，距別峰庵一華里)；1938年，莫爾雅之祖父純吾公謝世，其父犽人公"擁有此書。"以下從書法字體、内容等方面來判斷此書價值。

第一、**莫家藏本字體與船山稿本一致**：查其所藏《讀通鑑論》三十卷，《宋論》十五卷，確系楷書。其字體，較之湖南省博物館編印的《王船山手跡·噩夢》以及先行已出版之《王船山先生墨實四種》、已鑑定為稿本的《讀四書大全說》等清稿本相當接近。莫家藏本《宋論》卷十二第二行（照片0200）既、即字 、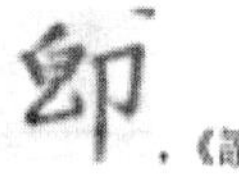，《讀通鑑論》卷二十 （照片020300）與船山《顯妣譚孺人行狀》既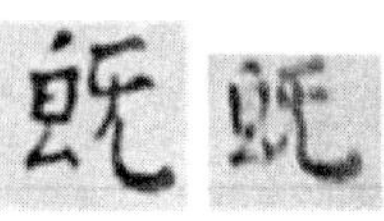（照片4）、即字，（照片39頁第二行、第6行）、（武夷府君行狀照片13）艮下作似去字；莫家藏本《讀通鑑論》卷二十（照片197、0200）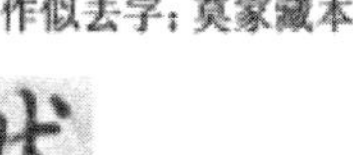與《王船山先生墨實四種》

之一的《武夷府君行狀》（照片 8、13）；莫家藏本《讀通鑑論》卷二十（照片 195）、《宋論》卷十二第二行（照片 0200）與《武夷府君行狀》（照片 10）；莫家藏本《讀通鑑論》卷二十（照片 196、195）、與《武夷府君行狀》（照片 5）比較，兩者相當接近；當然在起筆之撇還是橫頓、收筆捺之頓與提、收鋒之頓與筆勢平緩還是有某些不可忽視的差別。

第二、莫家藏本內容較金陵本所依據的稿本為多且全（據莫爾雅校勘，謂多四萬餘字）；查《讀通鑑論》卷二十二之六，原文曰：

"姜皎与诛逆之功，玄宗闻宋璟之谏，放之归田，下制曰："南阳故人，以优闲自保。" 其于刘幽求、锺绍京，胥此道也。（劉毓崧校勘記："歐陽曉岑曰：道也下，徇國上疑有脫誤。"——嶽麓本校註。此段脫文，據莫家藏本，共二頁，各屬于內側一面，每面 9 行，行 21 字，兩面共 378 字。文曰：

所以裁抑私勞，防其僭亂得矣。而或病其寡恩。夫以遠……忠

臣效也，幽求、紹京、皎、琚，其去亂人也無幾。君子忘身以）

徇国，亦为其所可为者而已，过此未有不以召憎恶于明主者。若遇猜忍之君，则甲克、宁喜之服刑，亦其自取，而不可但咎其君之刻薄。明乎此，君知所以待有功之臣，臣知所以立节而全身矣。" （此篇疑有脫误。嶽麓本校註：嘉怡本無此六字註，蓋系金陵本所加。）

按： 此段脫文，說明劉毓崧當年未見此本，但其有關有脫文的判斷是正確的。 此脫文他處未見，劉毓崧當年所借以校勘的稿本亦未見，金陵本《船山遺書》所依之底本（稿本）也未見， 可見莫家此藏本之珍貴，其為船山稿本之清稿本，是又一確證也。

第三、再從莫家藏本《宋論》卷十二光宗一頁，與王船山手蹟第 207－208、262，與嶽麓書社《船山全書》十一冊第 273 頁六處"……"省略號指明之脫文比較，前者明顯有內容全、未經刪節、無脫落等優點，可以補后兩者據船山稿本及其照片仍無法彌補之不足，說明莫家藏本有勝于船山稿本（如《宋論》稿本殘本）之優點，更是船山稿本之清稿本的又一鐵證。

《船山全書》十一冊第 273 頁

莫家藏本《宋論》卷十二光宗一頁

綜上所述：莫家藏本《宋論》《讀通鑑論》無論從字體、書法筆勢來看，還是從內容之全、可資彌補以往所有同類著作之稿本、抄本之不足處甚多來判斷，定其為船山稿本清稿本，亦无疑焉。

特此鑑定

船山學社　副社長、
湖南省社會科學院哲學研究所　研究員
徐孫銘
2009 年 4 月 12 日

3

湖南省收藏协会咨询、鉴定、监制中心文物古董艺术品咨询鉴定意见书

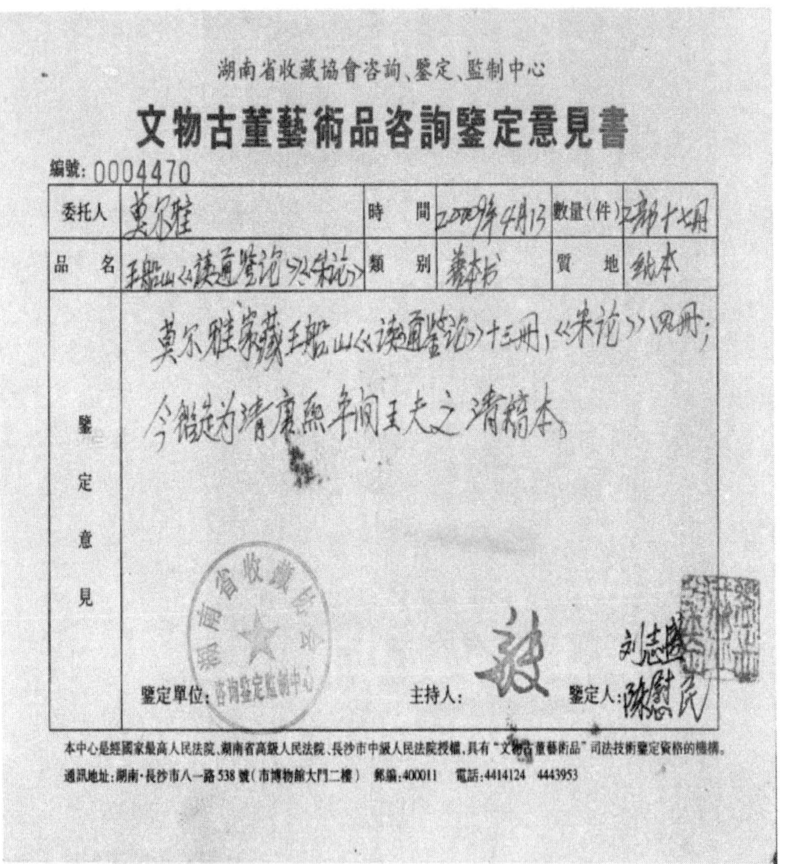

湖南省收藏協會咨詢、鑒定、監制中心

文物古董藝術品咨詢鑒定意見書

编號：0004470

委托人	莫尔雅	時間	2009年4月13	數量(件)	二部十七册
品名	王船山《读通鉴论》《宋论》	類別	善本书	質地	纸本
鑒定意見	莫尔雅家藏王船山《读通鉴论》十三册，《宋论》四册；今鉴定为清康熙年间王夫之清精本。 鑒定單位：咨询鉴定监制中心　　主持人：[illegible]　　鑒定人：刘志盛 陈慰民				

本中心是經國家最高人民法院、湖南省高級人民法院、長沙市中級人民法院授權，具有“文物古董藝術品”司法技術鑒定資格的機構。

通訊地址：湖南·長沙市八一路538號（市博物館大門二樓）　郵編：400011　電話：4414124　4443953

2009 年 春 莫尔雅拜访中央政策研究室主任滕文生。

2007 年 7 月 5 日，衡阳县委邹文辉书记陪同郭开朗副省长，到衡阳县船山学校视察，并接见莫尔雅父子。（莫尚华摄）

1989 年夏，与夫人仇金娥首次参加省船山学术研讨会，与省相关负责人合影。

2002年，莫尔雅与台湾台南大学教授唐女士参加王船山国际学术研讨会，在湘西草堂合影留念。

2000年，莫尔雅率子崇船，孙尚华、肖荣在湘西草堂拜谒王夫之遗像。

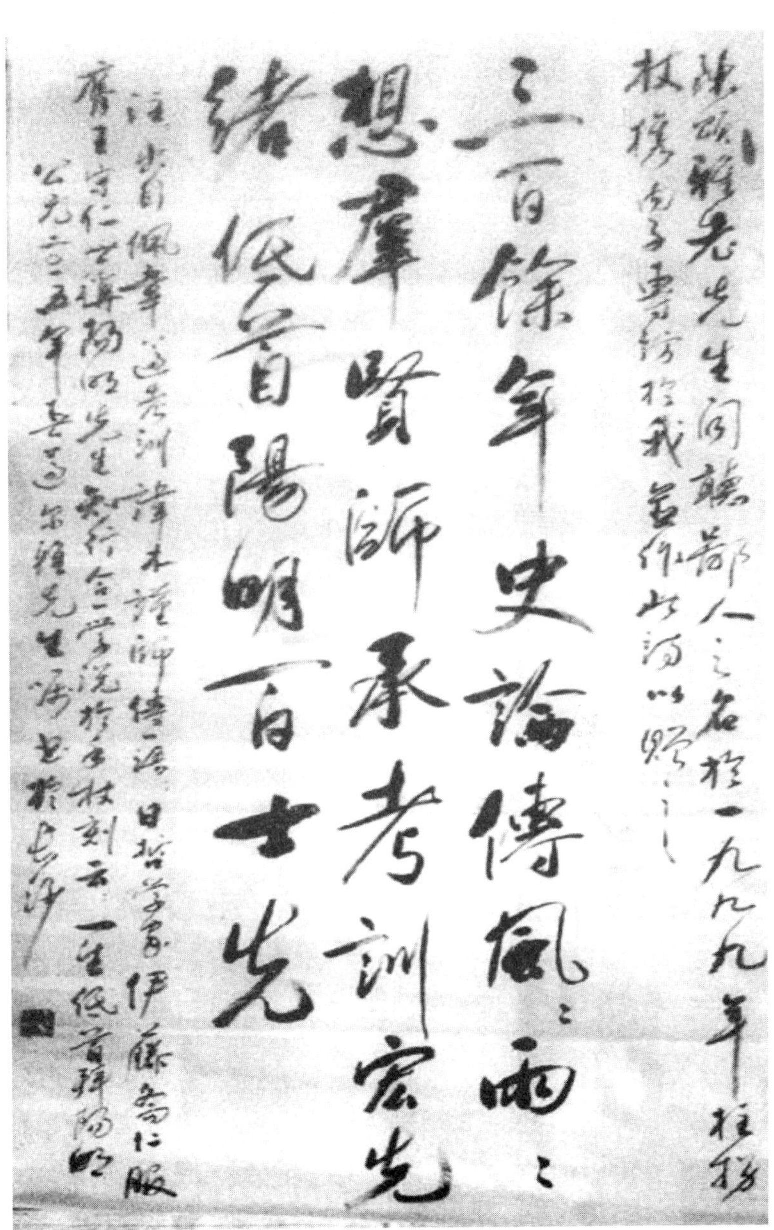

王文初先生惠赠对联。

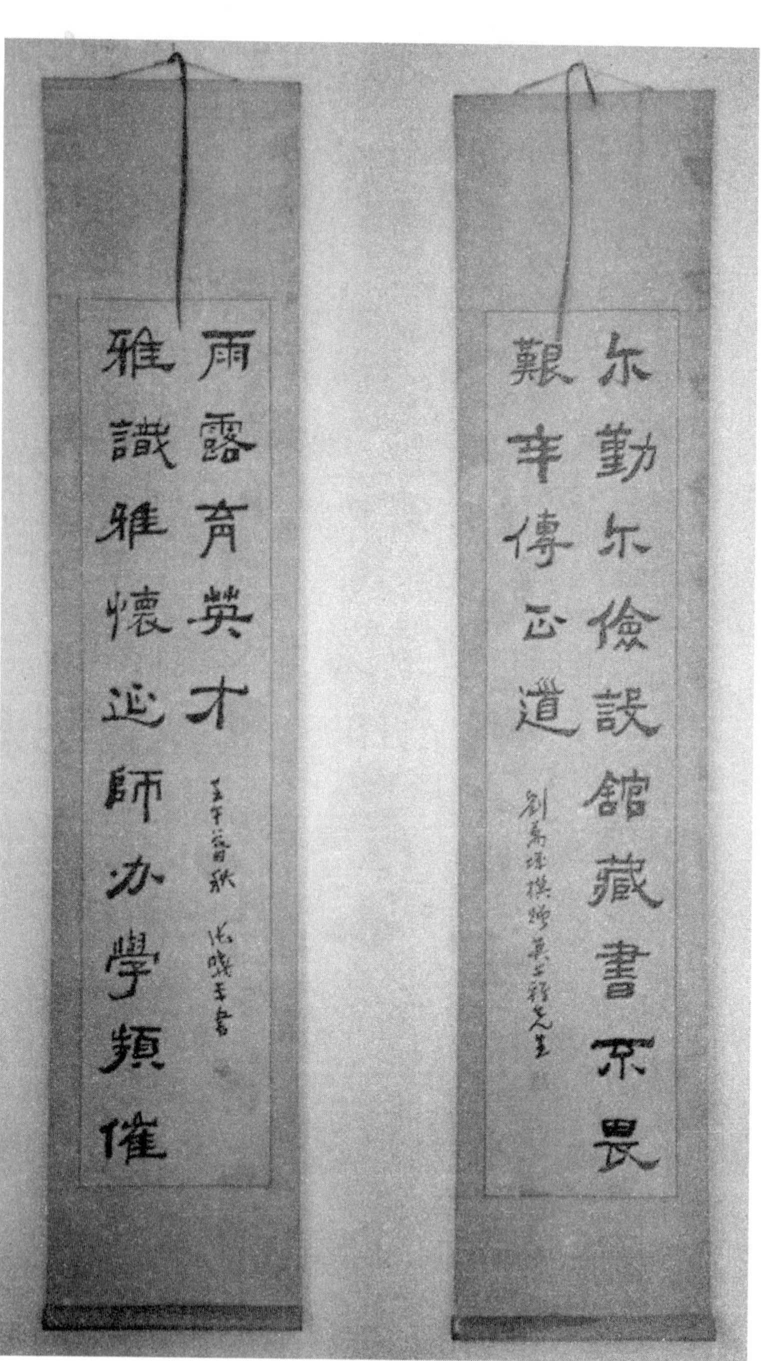
尔勤尔儉設館藏書不畏
艱辛傳正道
雨露育英才
雅識雅懷延師辦學頻催

图书在版编目（CIP）数据

船山学研究论文集 / 衡阳莫尔雅著 . -- 南昌：百花洲文艺出版社，2021.1
ISBN 978-7-5500-4109-7

Ⅰ . ①船… Ⅱ . ①衡… Ⅲ . ①王夫之（1619-1692）- 哲学思想 - 文集 Ⅳ . ① B249.21-53

中国版本图书馆 CIP 数据核字（2020）第 270776 号

船山学研究论文集

衡阳莫尔雅 著

出 版 人：章华荣
责任编辑：刘　云　陈启辉
书籍设计：隐园文化
出版发行：百花洲文艺出版社
地　　址：南昌市红谷滩新区世贸路 898 号博能中心 20 楼
邮　　编：330038
经　　销：全国新华书店
印　　刷：长沙长大成彩印有限公司
开　　本：170mm × 240mm　1/16　　印张　18
版　　次：2021 年 1 月第 1 版第 1 次印刷
字　　数：200 千字
书　　号：ISBN 978-7-5500-4109-7
定　　价：98.00 元

赣版权登字　05-2021-125

邮购联系：0791-86895108
网址：http//www.bhzwy.com